装配式建筑系列工程案例丛书

装配式混凝土结构
技术体系和工程案例汇编

文林峰　主编

住房和城乡建设部科技与产业化发展中心
（住房和城乡建设部住宅产业化促进中心）　编著

中国建筑工业出版社

图书在版编目（CIP）数据

装配式混凝土结构技术体系和工程案例汇编/文林峰主编，住
房和城乡建设部科技与产业化发展中心（住房和城乡建设部住宅
产业化促进中心）编著. —北京：中国建筑工业出版社，2017.5
（装配式建筑系列工程案例丛书）
ISBN 978-7-112-20517-2

Ⅰ.①装… Ⅱ.①文… ②住… Ⅲ.①装配式混凝土-结构-案
例-汇编 Ⅳ.①TU37

中国版本图书馆 CIP 数据核字（2017）第 048197 号

装配式建筑是我国建筑产业化的一个重要方向，目前各企业在推进装配式建
筑的过程中，常有疑惑，对案例性图书有较大需求。本书针对装配式建筑的不同
技术体系，收集整理相关案例，并配有专家点评，结合案例讲述不同技术体系的
适用范围和注意事项等，帮助装配式建筑全产业链企业，包括科研、咨询、设计、
生产、施工、装修企业尽快了解并掌握装配式建筑的技术规范，加快提升装配式
建筑的产业化与规模化发展。

责任编辑：封　毅　毕凤鸣
责任设计：李志立
责任校对：焦　乐　李欣慰

装配式建筑系列工程案例丛书
装配式混凝土结构技术体系和工程案例汇编
文林峰　主编

住房和城乡建设部科技与产业化发展中心
（住房和城乡建设部住宅产业化促进中心）　编著

*

中国建筑工业出版社出版、发行（北京海淀三里河路 9 号）
各地新华书店、建筑书店经销
霸州市顺浩图文科技发展有限公司制版
北京中科印刷有限公司印刷

*

开本：787×1092 毫米　1/16　印张：14¾　字数：368 千字
2017 年 4 月第一版　2017 年 11 月第二次印刷
定价：150.00 元
ISBN 978-7-112-20517-2
（29997）

本书编委会

编　　　著：住房和城乡建设部科技与产业化发展中心
　　　　　　（住房和城乡建设部住宅产业化促进中心）

主　　　编：文林峰

副　主　编：武　振　冯仕章　李晓明　田春雨　杜阳阳
　　　　　　武洁青

主要编写人员：（按姓氏字母排序）
　　　　　　樊　骅　樊则森　甘生宇　龚咏晖　何　磊
　　　　　　康　庄　林家祥　孙海龙　闫红缨　张　波
　　　　　　张裕照　张宗军　王晓冉

评价专家：（按姓氏字母排序）
　　　　　　郭海山　马　涛　汪　杰　于　劲　张守峰
　　　　　　赵　勇

前　言

　　党中央、国务院高度重视装配式建筑的发展，2016 年《中共中央国务院关于进一步加强城市规划建设管理工作的若干意见》提出，要发展新型建造方式，大力推广装配式建筑。2016 年 9 月，国务院办公厅印发了《关于大力发展装配式建筑的指导意见》，提出以京津冀、长三角、珠三角三大城市群为重点推进地区，常住人口超过 300 万的其他城市为积极推进地区，加快推进装配式建筑发展。我国装配式建筑已经进入加速发展时期。

　　各地在推进装配式建筑发展过程中，普遍反映对装配式建筑技术体系和相关标准把握不够准确，理解不够深入，特别是缺乏一些实例性的工程案例作为参考。在此背景下，住房和城乡建设部科技与产业化发展中心（住宅产业化促进中心）在总结装配式建筑技术体系研究成果的基础上，组织行业权威专家和龙头企业编写了这本《装配式混凝土结构技术体系和工程案例汇编》。

　　本书在系统梳理装配式混凝土结构技术体系的基础上，在全国范围内分类选择了 12 个具有代表性的装配式混凝土建筑工程案例。这些案例涵盖了南北方不同气候区域、不同地震烈度设防地区、不同建筑类型和结构体系，重点从装配式建筑技术应用、构件生产和安装技术、效益分析等方面介绍了案例工程的特点和实施情况。本书最大亮点是邀请业内专家系统总结了各类装配式混凝土建筑结构技术要点，并对入选的工程案例逐个进行专家点评，提出可资借鉴的经验和适用范围，指出需要进一步完善的主要问题，为各地选用不同类型的技术体系，加快推进装配式建筑发展提供参考和借鉴。

　　但由于时间紧迫，难免存在疏漏之处，欢迎大家提出宝贵的意见和建议，以便在今后的系列案例汇编工作中不断补充完善。最后，向参加本书撰写及对本书出版作出贡献的各级建设主管部门领导、专家学者、企业家、一线技术人员表示诚挚的感谢，也衷心希望本书的出版能够为装配式建筑的发展作出相应的贡献。

编委会

2017 年 1 月 15 日

目 录

第一章 装配式混凝土结构建筑技术体系简介

1 装配整体式剪力墙结构体系

剪力墙结构体系在我国的建筑市场中一直占据重要地位，以其在居住建筑中的结构墙和分隔墙兼用，以及无梁、柱外露等特点得到市场的广泛认可。近年来，装配式剪力墙结构发展非常迅速，应用量不断加大，不同形式、不同结构特点的装配式剪力墙结构建筑不断涌现，在北京、上海、天津、哈尔滨、沈阳、唐山、合肥、南通、深圳等诸多大城市中均有较大规模的应用。

1.1 技术类型和特点

1.1.1 技术类型

按照主要受力构件的预制及连接方式，国内的装配式剪力墙结构体系可以分为：（1）装配整体式剪力墙结构体系，竖向钢筋连接方式包括：套筒灌浆连接、浆锚搭接连接等；（2）叠合剪力墙结构体系；（3）多层剪力墙结构体系。

各结构体系中，装配整体式剪力墙结构体系应用较多，适用的房屋高度最大；叠合板剪力墙目前主要应用于多层建筑或者低烈度区高度不大的高层建筑中；多层剪力墙结构目前应用较少，但基于其高效、简便的特点，在新型城镇化的推进过程中前景广阔。

此外，还有一种应用较多的剪力墙结构体系，即结构主体采用现浇剪力墙结构，外墙、楼梯、楼板、隔墙等采用预制构件。这种方式在我国南方部分省市应用较多，结构设计方法与现浇结构基本相同，但预制装配化程度较低。

1.1.2 技术特点

装配整体式剪力墙结构的主要受力构件，如内外墙板、楼板等在工厂生产，并在现场组装而成。预制构件之间通过现浇节点连接在一起，有效地保证了建筑物的整体性和抗震性能。

装配整体式剪力墙结构可大大提高结构尺寸的精度和住宅的整体质量；减少模板和脚手架作业，提高施工安全性；外墙保温材料和结构材料（钢筋混凝土）复合一体工厂化生产，节能保温效果明显，保温系统的耐久性得到极大的提高。

装配整体式剪力墙结构的构件通过标准化生产，土建和装修一体化设计，减少浪费；户型标准化，模数协调，房屋使用面积相对较高，节约土地资源；采用装配式建造，减少现场湿作业，降低施工噪音和粉尘污染，减少建筑垃圾和污水排放。

1.2 结构体系

"装配整体式剪力墙结构"是"装配式混凝土结构"的一种。以预制混凝土剪力墙墙板构件（以下简称预制墙板）和现浇混凝土剪力墙作为结构的竖向承重和水平抗侧力构件，通过整体式连接而成。其中包括同层预制墙板间以及预制墙板与现浇剪力墙的整体连接——采用竖向现浇段将预制墙板以及现浇剪力墙连接成为整体；楼层间的预制墙板的整体连接——通过预制墙板底部结合面灌浆以及顶部的水平现浇带和圈梁，将相邻楼层的预制墙板连接成为整体。预制墙板与水平楼盖之间的整体连接——水平现浇带和圈梁。

目前，国内主要的装配整体式剪力墙结构体系中，包括万科、宇辉、中南、中建、万融、宝业等企业，主要技术特征在于剪力墙构件之间的接缝连接形式。各个体系中，预制墙体竖向接缝的构造形式基本类似，均采用后浇混凝土区段来连接预制构件，墙板水平钢筋在后浇段内锚固或者连接，具体的锚固方式有些区别。各种技术体系的主要区别在于预制剪力墙构件水平接缝处竖向钢筋的连接技术以及水平接缝构造形式。按照预制墙体水平接缝钢筋连接形式，可划分以下几种：

（1）竖向钢筋采用套筒灌浆连接、接缝采用灌浆料填实，如万科、中建、万融、宝业等，这是目前应用量最大的技术体系。

（2）竖向钢筋采用螺旋箍筋约束浆锚搭接连接、接缝采用灌浆料填实，如宇辉。

（3）竖向钢筋采用金属波纹管浆锚搭接连接、接缝采用灌浆料填实，如中南集团。

（4）还有部分套筒灌浆连接和浆锚搭接连接混合使用的技术体系，如宇辉、中南等。

1.2.1 套筒灌浆连接技术

钢筋的套筒灌浆连接广泛用于结构中纵向钢筋的连接，在保证施工质量的前提下性能可靠。当套筒灌浆连接技术应用于剪力墙竖向钢筋连接时，就形成了钢筋套筒灌浆连接的装配整体式剪力墙结构体系。

在预制墙体时，要求套筒的定位必须精准，浇注混凝土前须对套筒所有的开口部位进行封堵，以防在套筒灌浆前有混凝土进入内部影响灌浆和钢筋的连接效果。由于套筒直径大于钢筋直径，施工时要保障套筒及其箍筋的混凝土保护层厚度，因此被连接的钢筋与采用搭接连接的钢筋不在同一平面。另外，套筒处如设计中需要设置箍筋，不能因为套筒较粗导致施工不便而省去箍筋，套筒连接处通常位于剪力墙的根部，箍筋存在的意义重大。同时计算箍筋用料时要考虑其长度大于其他部位箍筋下料长度。

套筒灌浆连接技术保障了装配整体式剪力墙结构的可靠性，但由于其对构件生产要求精度高、施工工序较为繁琐，且由于剪力墙内竖向钢筋数量大，逐根连接时仍会存在成本较高，生产、施工难度较高等问题。因此《装配式混凝土结构技术规程》JGJ 1—2014 规定：当剪力墙采用套筒灌浆连接时，剪力墙边缘构件中纵筋应逐根连接，竖向分布钢筋可以采用间隔连接的形式如图 1.1 所示，间隔连接时，连接的钢筋仍可用于计算水平剪力和

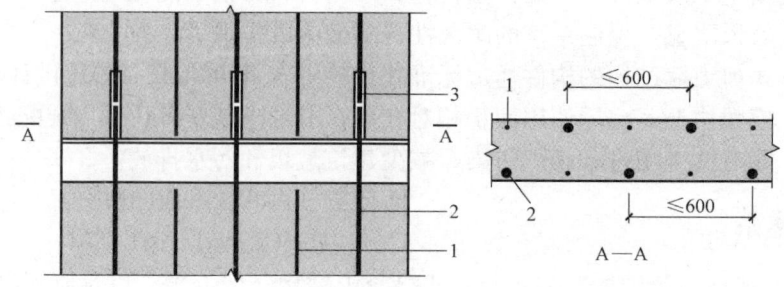

图 1.1 预制剪力墙竖向分布钢筋间隔连接构造示意

配筋率，未连接钢筋不得计入。

1.2.2 约束浆锚搭接连接技术

　　螺旋箍筋约束的钢筋浆锚搭接连接是拥有我国自主知识产权的钢筋连接技术，可以应用于预制装配式剪力墙的竖向钢筋连接。其工艺流程为：在预制构件底部预埋足够长度的带螺纹的套管，预埋钢筋和套管共同置于螺旋箍筋内，浇筑混凝土剪力墙后待混凝土开始硬化时拔出预埋套管；预制构件运输、就位后将待连接钢筋插入预留孔洞后由灌浆孔处注入灌浆料，完成钢筋的间接连接。钢筋约束浆锚搭接连接示意如图1.2所示。

　　预留孔洞内壁表面为波纹状或螺旋状界面，以增强灌浆料和预制混凝土的界面粘接性能。沿孔洞长度方向布置的螺旋箍筋能够有效约束灌浆料与被连接钢筋。与套筒灌浆连接技术区别在于，预埋套筒不等同于套筒，其作用是为形成孔洞的模板，起到套筒约束作用的是螺旋箍筋，套管需要在预制墙的混凝土未完全硬化前及时取出。

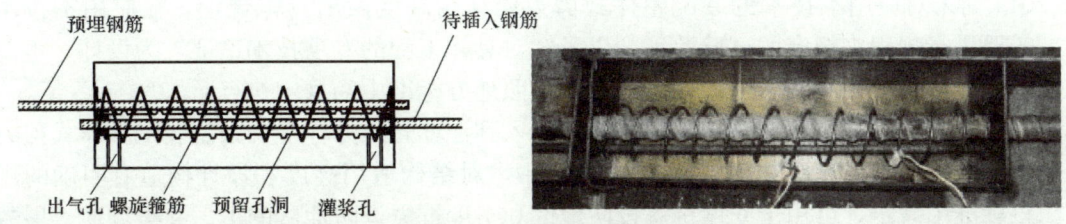

图1.2　螺旋箍筋约束浆锚钢筋搭接连接示意图

　　应用钢筋约束浆锚搭接连接技术的装配整体式剪力墙结构即称为钢筋约束浆锚搭接连接剪力墙结构体系，其主要施工流程与套筒灌浆连接装配整体式剪力墙相同，包括工厂预制、现场就位后临时支撑、封堵，灌浆完成连接。

　　约束浆锚搭接的装配整体式剪力墙结构技术开发和应用的代表为黑龙江宇辉新型建筑材料有限公司。在哈尔滨、沈阳、合肥、湖北等地均有一定规模的工程应用。钢筋约束浆锚搭接连接技术成本较低，更适宜于较细的钢筋连接，剪力墙竖向分布钢筋可全部逐根连接。

　　目前，行业标准《装配式混凝土结构技术规程》JGJ 1—2014尚未对应用本技术的装配整体式剪力墙结构的房屋适用高度、约束浆锚搭接连接的构造细节做出具体规定。规程中规定，纵向钢筋采用浆锚搭接连接时，对预留孔成孔工艺、孔道形状和长度、构造要求、灌浆料和被连接钢筋，应进行力学性能以及适用性的试验验证。直径大于20mm的钢筋不宜采用浆锚搭接连接，直接承受动力荷载构件的纵向钢筋不应采用浆锚搭接连接。在一级抗震等级以及二、三级抗震等级剪力墙底部加强部位，竖向钢筋不宜采用浆锚搭接连接方式。

　　约束浆锚钢筋搭接技术的主要技术参数包括钢筋搭接长度和螺旋箍筋的直径、箍距、配箍率等。这项技术的关键在于孔洞的成型技术、灌浆料的质量以及对被搭接钢筋形成约束的方法等方面。

1.2.3 波纹管浆锚搭接连接技术

　　江苏中南建设集团自澳大利亚引进了钢筋的金属波纹管浆锚搭接连接技术，主要应用于预制剪力墙的竖向钢筋连接。本技术的原理为在预埋钢筋附近预埋金属波纹管，在波纹管内插入待插钢筋后灌浆完成连接。本技术中金属波纹管较薄，在连接中仅起到预留孔洞的"模板"作用，不需取出，但波纹管直径较大，被连接的两根钢筋分别位于波纹管内、外，连接钢筋和被连接钢筋外围除混凝土外无其他约束。金属波纹管浆锚搭接技术示意如图1.3所示。

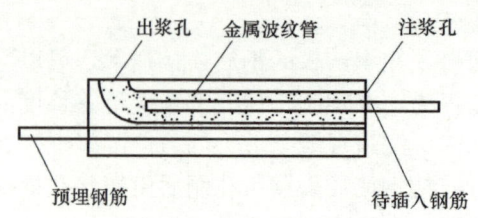

图1.3 金属波纹管钢筋浆锚搭接连接示意

相对于钢筋套筒灌浆连接，金属波纹管浆锚搭接连接技术成本较低，但受力性能差于套筒灌浆连接。

钢筋金属波纹管浆锚搭接连接技术与上述螺旋箍筋约束浆锚搭接以及其他预留孔洞灌浆连接技术统称为钢筋浆锚搭接连接技术。行业标准《装配式混凝土结构技术规程》JGJ 1—2014尚未对应用本技术的装配整体式剪力墙结构高度做出具体规定，在应用本技术时，需要进行规程中规定的试验验证，以及针对具体工程的专项技术论证，为设计、审图和验收提供依据。当有相关地方标准时，可按照地方标准中的规定执行。

钢筋金属波纹管浆锚搭接连接技术已被纳入到江苏省地方标准《预制装配整体式剪力墙结构体系技术规程》DGJ32/TJ 125—2011中，对结构适用高度和设计构造有明确的规定。该标准中规定，可用于6度抗震设防地区和7度抗震设防地区的Ⅰ、Ⅱ类场地、层数不超过12层（个别层层高不宜超过4.8m）的居住建筑。在经过计算并进行试验验证的基础上，对剪力墙的边缘构件和水平缝采取进一步加强措施后，建筑层数和适用范围可适当增加，但不宜超过18层。

为了改善钢筋波纹管浆锚搭接连接剪力墙的延性，东南大学和中南集团通过研究提出了改进构造技术，提出了扣接封闭箍筋约束波纹管浆锚连接技术。钢筋连接技术本身并未改变，而是通过增加箍筋构造措施使剪力墙的边缘构件区具有更好的延性，以此提高了装配整体式剪力墙的性能，其构造措施如图1.4所示。改进措施主要是在边缘构件的竖向钢筋扣接小尺寸封闭环式箍筋，使波纹管浆锚搭接节点位于箍筋扣接环内部，加强约束能力，改善

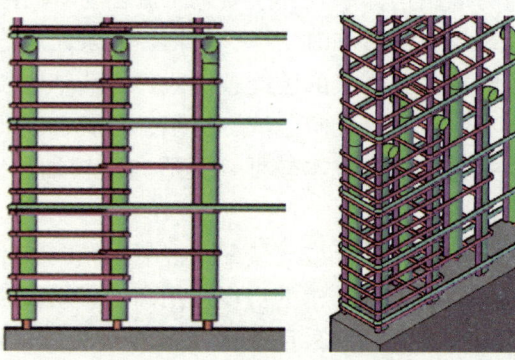

图1.4 扣接封闭箍筋约束波纹管浆锚连接

搭接传力性能。在连接区的最外侧的封闭环式箍筋加密，进一步增加约束效果。研究表明采用改进后的剪力墙结构抗震性能有所改善。

通过在边缘构件区设置多道扣接封闭箍筋增强了结构的性能，弥补了传统金属波纹管连接剪力墙性能的不足，同时也加大了生产和施工复杂性。

1.2.4 叠合剪力墙体系

叠合剪力墙体系主要是宝业等企业采用。

叠合剪力墙的特点是将剪力墙沿厚度方向分为三层，内、外两层预制，中间层后浇，形成"三明治"结构，如图1.5所示。三层之间通过预埋在预制板内桁架钢筋进行结构连

接。叠合剪力墙利用内、外两侧预制部分作为模板，中间层后浇混凝土可与叠合楼板的后浇层同时浇筑，施工便利、速度较快。一般情况下，相邻层剪力墙仅通过在后浇层内设置的连接钢筋进行结构连接，虽然施工快捷，但内、外两层预制混凝土板与相邻层不相连接（包括配置在内、外叶预制墙板内的分布钢筋也不上、下连接），因此预制混凝土板部分在水平接缝位置基本不参与抵抗水平剪力，其在水平接缝处的平面内受剪和平面外受弯有效墙厚大幅减少。因此，叠合剪力墙的受剪承载力弱于同厚度的现浇剪力墙或其他形式的装配整体式剪力墙，其最大适用高度也受到相应的限制。另外，按照我国规范，剪力墙结构应要在规定区域设置构造边缘构件或约束边缘构件的要求，在该体系中不易完全得到满足，这也会大幅度弱化这种结构体系的固有优势。

图 1.5 叠合板剪力墙构件

为增强结构抗震性能，叠合剪力墙体系提出了改进措施，如图 1.6 所示，增加后浇边缘构件或采用多扣连续箍筋约束的边缘构件构造方式，后者同时将边缘构件的竖向受力主筋移至后浇区内。这两种构造措施的改进使叠合剪力墙结构的抗震性能得到了明显改善，在合肥、江苏等地有了一定的应用。

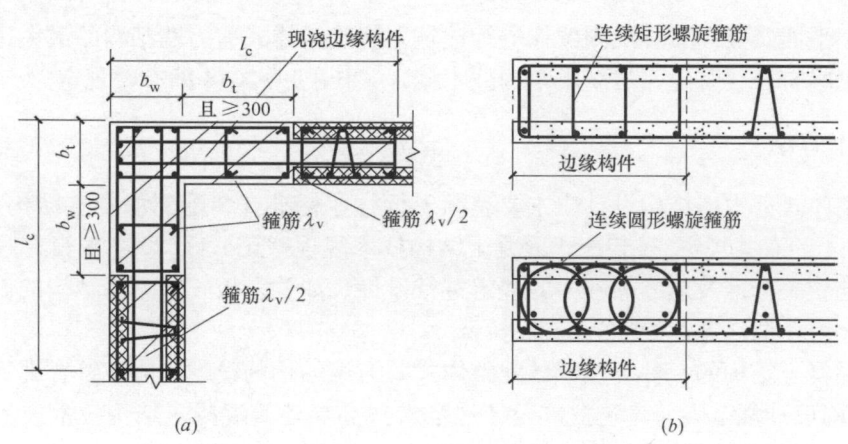

图 1.6 叠合剪力墙结构边缘构件改进措施示意
(a) 叠合板式剪力墙现浇边缘构件做法；(b) 双板剪力墙预制边缘构件做法

1.2.5 剪力墙现浇的技术体系

由于预制剪力墙的接缝较多，存在施工难度较大、成本增加较多、施工周期长等问题，因此出现了现浇剪力墙搭配叠合水平构件、预制围护墙、预制隔墙的技术体系，避免了结构主体的拼接，同时也可以解决外保温寿命、外墙防水等现浇结构中常遇的问题，实现外墙的结构保温和装饰一体化，实现免砌筑；在搭配使用铝模板的情况下，也可以省略抹灰等后续工序。预制外墙板在工厂内完成了贴砖、保温等多道现场施工困难且不易保证质量的工序，且在工厂可随意加工任意形式的立面，大大降低了高层建筑结构外立面施工的难度，提高了施工质量和安全性。结构体系中竖向构件均为现浇，其适用范围、最大适用高度等与现浇结构相同。

在住宅现浇剪力墙结构中，外挂墙板作为围护结构，主要采用线支承式连接技术，即在墙板的边缘预留钢筋与键槽，与主体结构梁或者板连接并后浇混凝土形成整体。

线支承式外挂墙板技术施工，分为先主体结构后外挂墙板连接和先外挂墙板就位再施工同层的主体结构两种方式。先外挂墙板就位后施工主体结构的流程通常为：外挂墙板吊装就位并设置临时支撑后，现场绑扎内部剪力墙钢筋，并与预制叠合楼板的现浇层一同浇筑混凝土。

现浇剪力墙配预制外挂墙板剪力墙结构体系技术要点：

（1）既要保证外挂墙板本身的安全以及与主体结构连接的安全性，又要避免对主体结构的刚度及内力分布造成不利影响；

（2）挂板与主体结构之间、挂板之间缝隙要进行防水、防火、隔声、保温等处理措施，缝隙要避免刚性材料填充；

（3）外挂墙板除与结构的可靠连接外，还可能需要平面外的定位、限位措施。

现浇剪力墙配外挂墙板体系应用以深圳万科、上海万科等企业为代表。为配合现浇剪力墙与外挂墙板体系的应用，深圳市出台了《预制装配钢筋混凝土外墙技术规程》SJG 24—2012。

1.3 技术条件

适用于平面及竖向布置规则的住宅等建筑。装配整体式剪力墙结构的最大适用高度和最大高宽比应符合《装配式混凝土结构技术规程》JGJ 1—2014 的有关规定。

1.4 设计方法

装配整体式剪力墙结构设计应主要遵循现行行业标准《装配式混凝土结构技术规程》JGJ 1—2014 的有关规定。《装配式混凝土结构技术规程》JGJ 1—2014 中没有规定的，可以按照其他相关标准及地方标准中的规定进行设计。如叠合板式剪力墙结构的设计，可按照安徽、上海、浙江等地的地方标准进行。

作为混凝土结构的一种类型，装配整体式剪力墙结构的设计还应该符合现行国家标准《混凝土结构设计规范》、《建筑抗震设计规范》、《高层建筑混凝土结构技术规程》中的相关规定。针对装配式混凝土剪力墙结构的特点，结构设计中还应该注意以下基本概念：

（1）应采取有效措施加强结构的整体性。本书中所述的装配式整体式剪力墙结构，是在选用可靠的预制构件受力钢筋连接技术的基础上，采用预制构件与后浇混凝土相结合的方法，通过连接节点合理的构造措施，将预制构件连接成一个整体，保证其具有与现浇混凝土结构等同的延性、承载力和耐久性能，达到与现浇混凝土结构性能基本等同的效果。其整体性主要体现在预制构件之间、预制构件与后浇混凝土之间的连接节点上，包括接缝混凝土粗糙面及键槽的处理、钢筋连接锚固技术、设置的各类附加钢筋、构造钢筋等。

（2）装配式混凝土结构的材料宜采用高强混凝土、高强钢筋。预制构件在工厂生产，便于高强混凝土技术的采用，且可以提早脱模提高生产效率；采用高强混凝土可以减小构件尺寸，便于运输吊装。采用高强钢筋，可以减少钢筋数量，简化连接节点，便于施工，降低成本。

（3）装配式结构的节点和接缝应受力明确、构造可靠，一般采用经过充分的力学性能试验研究、施工工艺试验和实际工程检验的节点做法。节点和接缝的承载力、延性和耐久性等一般通过对构造、施工工艺等的严格要求来满足，必要时单独对节点和接缝的承载力进行验算。如果采用相关标准、图集中均未涉及的新式节点连接构造，应该进行必要的研究及论证。

（4）装配式结构的整体计算模型与连接节点和接缝性能有关，与现浇混凝土结构有一定区别。对于本书中所述的装配整体式剪力墙结构，采用基本等同现浇的概念，因此其整体计算模型与现浇结构基本一致。

（5）装配整体式剪力墙结构中，预制构件合理的接缝位置以及尺寸和形状的设计是十分重要的，它对建筑功能、建筑平立面、结构受力状况、预制构件承载能力、制作安装、工程造价等都会产生一定的影响。设计时，应满足建筑模数协调、建筑物理性能、结构和预制构件的承载能力、便于施工和进行质量控制等多项要求，同时应尽量减少预制构件的种类，保证模板能够多次重复使用，以降低造价。一般来说，从方便施工的角度，预制墙板的水平接缝设置在楼面标高处，竖向接缝根据上述原则确定。

（6）与传统的现浇剪力墙结构相比，装配式混凝土剪力墙结构有更多的连接，因此，对工业化生产的预制件而言，选择适宜的公差是十分重要的。规定公差的目的是为了建立预制构件之间的协调标准。一般来说，基本公差主要包括制作公差、安装公差、位形公差和连接公差。公差提供了对预制构件推荐的尺寸和形状的边界，构件加工和施工单位根据这些实际的尺寸和形状制作和安装预制构件，以此保证各种预制构件在施工现场能合理地装配在一起，并保证在安装接缝、加工制作、放线定位中的误差发生在允许的范围内，使接口的功能、质量和美观均达到设计预期的要求。

2 框架结构体系

2.1 技术类型

装配式框架结构按照材料可分为装配式混凝土框架结构和钢结构框架、木结构框架。装配式混凝土框架结构是近年来发展起来的，主要参照日本的相关技术，包括鹿岛、前田等公司的技术体系，同时结合我国特点进行吸收和再研究而形成的结构技术体系。

由于技术和使用习惯等原因，我国装配式框架结构的适用高度较低，适用于低层、多层和高度适中的高层建筑，其最大适用高度低于剪力墙结构或框架-剪力墙结构。装配式框架在我国大陆地区主要应用于厂房、仓库、商场、停车场、办公楼、教学楼、医务楼、商务楼以及居住等建筑，这些结构要求具有开敞的大空间和相对灵活的室内布局，同时对于建筑总高度的要求相对适中。但总体而言，目前装配式框架结构较少应用于居住建筑。而在日本以及我国台湾等地区，框架结构则大量应用于包括居住建筑在内的高层、超高层民用建筑。

2.2 主要技术体系

相对于其他装配式混凝土结构体系，装配式混凝土框架结构的主要特点是：连接节点单一、简单，结构构件的连接可靠并容易得到保证，方便采用等同现浇的设计概念。框架结构布置灵活，容易满足不同的建筑功能需求；结合外墙板、内墙板及预制楼板或预制叠合楼板应用，预制率可以达到很高水平，很适合装配式建筑发展。

2.2.1　装配式混凝土框架结构形式

对目前国内有研究和应用的装配式混凝土框架结构，根据构件形式及连接形式，可大致分为以下几种：

（1）框架柱现浇，梁、楼板、楼梯等采用预制叠合构件或预制构件，是装配式混凝土框架结构的初级技术体系。

（2）在上述体系中将框架柱也采用预制构件，节点刚性连接，性能接近于现浇框架结构，即装配整体式框架结构体系。根据连接形式，可细分为：

1）框架梁、柱预制，通过梁柱后浇节点区进行整体连接，是《装配式混凝土结构技术规程》JGJ 1—2014 中纳入的结构体系；

2）梁柱节点与构件一同预制，在梁、柱构件上设置后浇段连接；

3）采用现浇或多段预制混凝土柱，预制预应力混凝土叠合梁、板，通过钢筋混凝土后浇部分将梁、板、柱及节点连成整体的框架结构体系；

4）采用预埋型钢等进行辅助连接的框架体系。通常采用预制框架柱、叠合梁、叠合板或预制楼板，通过梁、柱内预埋型钢螺栓连接或焊接，并结合节点区后浇混凝土，形成整体结构。

5）框架梁、柱均为预制，采用后张预应力筋自复位连接，或者采用预埋件和螺栓连接等形式，节点性能介于刚性连接与铰接之间。

6）装配式混凝土框架结构结合应用钢支撑或者消能减震装置。这种体系可提高结构抗震性能，增大结构使用高度，扩大其适用范围。南京万科江宁上坊保障房项目是这种体系的工程实例之一。目前，这些技术还有待于进一步研究。

7）各种装配式框架结构的外围护结构通常采用预制混凝土外挂墙板体系，楼面体系主要采用预制叠合楼板，楼梯为预制楼梯。图1.7为装配式框架结构部分工程示例。

2.2.2　装配整体式混凝土框架连接方式

装配式框架结构中，装配整体式框架结构体系是目前应用最多的。大量的理论、试验研究和实际震害经验表明，装配整体式混凝土框架结构具有良好的整体性能，具有足够的承载力、刚度和延性，总体表现如同现浇框架结构。只要保证连接构造满足要求，结构构件的设计可以按照现浇混凝土结构的准则进行。装配整体式混凝土框架的后浇区可以设在梁柱节点区域或梁柱跨内受力较小部位。

对装配式结构而言，预制构件之间的连接是最关键的核心技术。在我国，常用的连接方式为钢筋套筒灌浆连接和自主研发的螺旋箍筋约束浆锚搭接技术。研究和工程实践表明，当结构层数较多时，柱的纵向钢筋采用套筒灌浆连接可保证结构的安全；对于低层和多层框架结构，柱的纵向钢筋连接也可以采用一些相对简单及造价较低的方法，如钢筋约束浆锚连接技术。

（1）节点区后浇

图1.8为梁柱节点区后浇的装配整体式混凝土框架，这类结构大多采用一字形预制梁、柱构件，梁内纵筋在后浇梁柱节点区搭接或锚固。施工时，先定位安装预制梁和叠合

图 1.7　装配式混凝土框架结构工程示例

楼板，在梁上部、楼板表面和梁柱节点区布置钢筋，然后浇筑混凝土。待后浇混凝土达到设计强度后，安装上柱，将上、下柱纵筋通过套筒灌浆连接在一起。

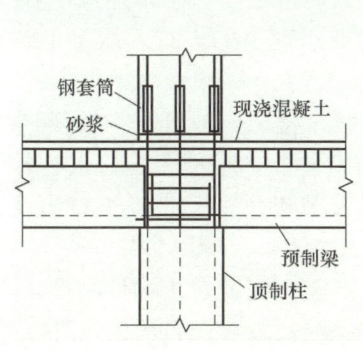

图 1.8　节点区后浇装配整体式混凝土框架

9

这类结构中预制构件的加工及安装较为简单，构件运输方便，传力清晰、合理，现场浇筑工作量少，可以节省大量模板，施工速度快，节能环保，是我国应用最广的装配整体式混凝土框架结构。但由于梁的纵向受力钢筋在现浇节点区锚固或者连接，因此会造成节点区钢筋排布密集及混凝土浇捣困难等问题。为了解决这个难题，我国《装配式混凝土结构技术规程》JGJ 1—2014 建议可在此类结构的预制梁柱内使用大间距、大直径高强纵筋。通过相关构造措施，在保证构件和节点受力性能与普通配筋形式构件等同的基础上，可以简化节点构造、方便施工、保证浇筑质量。此外，由于预制梁上部钢筋需要在节点区贯通，采用传统封闭箍筋不便于上部钢筋的安装，《装配式混凝土结构技术规程》JGJ 1—2014 提出可以采用封闭组合箍筋的形式，通过后装封顶箍筋的方式，解决纵筋现场安装问题。

（2）节点整体预制

梁柱节点与构件整体预制时，构件可采用一维构件、二维构件和三维构件。二维、三维构件由于安装、运输困难，因此应用较少。

后浇带设在梁中部的一字形构件如图 1.9 所示。这种结构有时为保证整体性，会在节点区采用部分现浇混凝土，待混凝土达到预定强度后，通过套筒灌浆安装上柱。另一种形式为节点随梁或柱整体预制，再通过套筒灌浆连接其他构件。

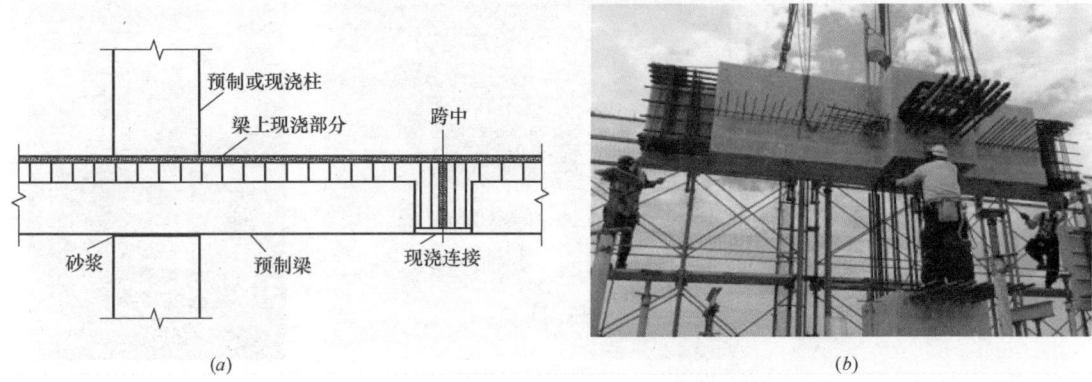

图 1.9　后浇带在梁柱中的一字形构件
（a）节点区部分现浇混凝土　（b）节点预制

连接设在节点交界面时，梁、柱的纵向受力钢筋主要采用套筒灌浆连接，根据接合面的位置不同又分为柱面连接和梁面连接。这种连接方式通常会与后浇带连接结合使用，也即在节点区贯通的梁或柱在截断处会采用跨中现浇或节点现浇的方式，图 1.10 就是交界面连接和后浇带连接的组合形式。

若采用在柱侧面连接，一根预制柱有时可以跨越几个楼层，或者在一根预制柱中在节点区贯通和节点现浇交替出现的形式，以提高结构的整体性，也便于构件的连接。同样，在采用梁面连接时，也会出现一根梁跨越几个柱距以及节点贯通和现浇交替出现的情形，与上述柱的情况类似。

这种形式的连接，由于纵筋要在现场穿过预制节点区，因此对于构件制作、现场安装的精度要求非常高，同时定位后要特别注意灌浆的密实度，以我国目前的构件制作和安装水平，还较难采用这种形式。

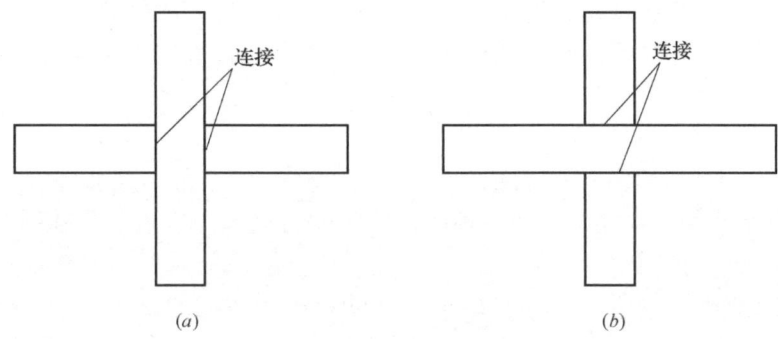

图 1.10　梁端、柱端连接

（a）柱面连接；（b）梁面连接

（3）世构体系

世构体系是 20 世纪 90 年代从法国引入我国的，此体系采用现浇或多段预制混凝土柱、预制预应力混凝土叠合梁、板，通过后浇带连成整体。世构体系的独特性在于，除了采用预制预应力混凝土叠合梁、板外，梁根部采用如图 1.11 所示的键槽设计。施工时，在键槽中设置贯通节点的 U 形钢筋，使用强度等级高一级的无收缩或微膨胀细石混凝土填平键槽，然后利用后浇混凝土将梁、楼板浇筑在一起形成梁柱节点。U 形钢筋的制作及施工极为重要，它对于节点的抗震性能有很大的影响。世构体系相应的行业标准《预制预应力混凝土装配整体式框架结构技术规程》JGJ 224—2010 已于 2010 年颁布实施。此体系目前应用较多，如金盛国际家居广场、花神家居港、大地豪庭小高层住宅群、仙林国际汽配城一期工程、南京审计学院国际学术交流中心等均采用这种结构形式。

图 1.11　世构体系节点构造

（4）型钢辅助连接

采用型钢辅助连接的框架体系，通常由预制框架柱、叠合梁、叠合板或预制楼板组成。构件加工时，在梁、柱内预埋型钢，现场施工时通过螺栓或焊接在节点区连接，之后浇筑混凝土，形成整体结构。目前此种结构应用较少，相关规程正在编制过程中。

2.3 技术特点

（1）装配混凝土框架结构的主要受力构件，如梁、柱、板、楼板等在工厂预制（生产），并在现场组装的方式建造而成。预制构件之间通过现浇节点连接在一起。有效保证了建筑物的整体性、抗震性。

（2）装配式框架结构可大大提高结构尺寸的精度和住宅的整体质量；结合成品内隔墙、外挂墙板及预制叠合楼板的使用，可大大减少模板和脚手架作业，提高施工安全性；外围护实现墙保温、结构、装饰复合一体工厂化生产，节能保温效果明显，保温系统的耐久性得到极大的提高。

（3）装配式框架结构的构件通过标准化生产，土建和装修一体化设计，减少浪费；房屋使用面积相对较高，节约土地资源；采用装配式建造，减少现场湿作业，降低施工噪声和粉尘污染，减少建筑垃圾和污水排放。施工速度快。

2.4 技术条件

装配整体式框架结构的最大适用高度和最大高宽比应符合《装配式混凝土结构技术规程》（JGJ 1—2014）的有关规定。

2.5 设计方法

装配整体式混凝土框架结构设计应主要遵循现行行业标准《装配式混凝土结构技术规程》JGJ 1—2014 的有关规定。《装配式混凝土结构技术规程》JGJ 1—2014 中没有规定的，可以按照其他相关标准及地方标准中的规定进行设计。如世构体系的框架结构的设计，可按照江苏的地方标准进行。

作为混凝土结构的一种类型，装配整体式混凝土框架结构的设计还应该符合现行国家标准《混凝土结构设计规范》、《建筑抗震设计规范》、《高层建筑混凝土结构技术规程》中的相关规定。针对装配式混凝土框架结构的特点，结构设计中还应该注意以下基本概念：

（1）应采取有效措施加强结构的整体性。本书中所述的装配式整体式结构，是在选用可靠的预制构件受力钢筋连接技术的基础上，采用预制构件与后浇混凝土相结合的方法，通过连接节点合理的构造措施，将预制构件连接成一个整体，保证其具有与现浇混凝土结构等同的延性、承载力和耐久性能，达到与现浇混凝土结构性能基本等同的效果。其整体性主要体现在预制构件之间、预制构件与后浇混凝土之间的连接节点上，包括接缝混凝土粗糙面及键槽的处理、钢筋连接锚固技术、设置的各类附加钢筋、构造钢筋等。

（2）装配式混凝土结构的材料宜采用高强混凝土、高强钢筋。预制构件在工厂生产，便于高强混凝土技术的采用，且可以提早脱模提高生产效率；采用高强混凝土可以减小构件尺寸，便于运输吊装。采用高强钢筋，可以减少钢筋数量，简化连接节点，便于施工，降低成本。

（3）装配式结构的节点和接缝应受力明确、构造可靠，一般采用经过充分的力学性能试验研究、施工工艺试验和实际工程检验的节点做法。节点和接缝的承载力、延性和耐久性等一般通过对构造、施工工艺等的严格要求来满足，必要时单独对节点和接缝的承载力进行验算。如果采用相关标准、图集中均未涉及的新式节点连接构造，应该进行必要的研究及论证。

（4）装配整体式框架结构中，为避免节点钢筋过分拥挤，应适当放大梁柱截面，控制配筋率，并适当集中布置纵筋。

3　框架-剪力墙结构体系

3.1　技术类型

框架-剪力墙结构是由框架和剪力墙共同承受竖向和水平作用的结构，兼有框架结构和剪力墙结构的特点，体系中剪力墙和框架布置灵活，较易实现大空间和较高的适用高度，可以满足不同建筑功能的要求，可广泛应用于居住建筑、商业建筑、办公建筑、工业厂房等，有利于用户个性化室内空间的改造。

当剪力墙在结构中集中布置形成筒体时，就成为框架-核心筒结构。主要特点是剪力墙布置在建筑平面核心区域，形成结构刚度和承载力较大的筒体，同时可作为竖向交通核（楼梯、电梯间）及设备管井使用；框架结构布置在建筑周边区域，形成第二道抗侧力体系。外周框架和核心筒之间可以形成较大的自由空间，便于实现各种建筑功能要求，特别适合于办公、酒店、公寓、综合楼等高层和超高层民用建筑。

根据预制构件部位的不同，可分为装配整体式框架-现浇剪力墙结构、装配整体式框架-现浇核心筒结构、装配整体式框架-剪力墙结构三种形式。前两者中剪力墙部分均为现浇。

3.2　装配整体式框架-现浇剪力墙结构体系

装配整体式框架-现浇剪力墙结构中，框架结构部分的技术要求详见装配式混凝土框架部分；剪力墙部分为现浇结构，与普通现浇剪力墙结构要求相同。《装配式混凝土结构技术规程》JGJ 1—2014 规定，在保证框架部分连接可靠的情况下，装配整体式框架-现浇剪力墙结构与现浇的框架-剪力墙结构最大适用高度相同。

这种体系的优点是适用高度大，抗震性能好，框架部分的装配化程度较高。主要缺点是现场同时存在预制装配和现浇两种作业方式，施工组织和管理复杂，效率不高。

3.3　装配整体式框架-现浇核心筒结构

在框架-核心筒结构中，核心筒具有很大的水平抗侧刚度和承载力，是框架-核心筒结构的主要受力构件，可以分担绝大部分的水平剪力（一般大于80%）和大部分的倾覆弯矩（一般大于50%）。由于核心筒具有空间结构特点，若将核心筒设计为预制装配式结构，会造成预制剪力墙构件生产、运输、安装施工的困难，效率及经济效益并不高。因此，从保证结构安全以及施工效率的角度出发，国内外一般均不采用预制核心筒的结构形式。核心筒部位的混凝土浇筑量大且集中，可采用滑模施工等较先进的施工工艺，施工效率高。而外框架部分主要承担竖向荷载和部分的水平荷载，承受的水平剪力很小，且主要由柱、梁、板等构件组成,适合装配式工法施工,现有的钢框架-现浇混凝土核心筒结构体系就是应用比较成熟范例。

如果装配式框架部分采用简化的连接方式,如铰接或半刚接等,以核心筒承受全部的侧向地震作用,对装配效率会有大幅提升,但是需要在设计理论上进行创新。

3.4 装配整体式框架-剪力墙结构

关于装配整体式框架-剪力墙体系的研究,国外比如日本进行过类似研究并有大量工程实践,但体系稍有不同,国内基本处于空白状态。目前的框架-剪力墙结构建筑完全依靠传统现浇工法施工,已有相当进展的装配式框架体系和装配式剪力墙体系,在碰到框架-剪力墙结构时却显得并不适应。国内目前正在开展相关的研究工作,根据研究成果已在沈阳建筑大学研究生公寓项目、万科研发中心公寓等项目上开展了试点应用。

3.5 技术条件

适用于平面及竖向规则的高层住宅、办公等建筑。装配整体式框架-现浇剪力墙结构的最大适用高度和最大高宽比应符合《装配式混凝土结构技术规程》JGJ 1—2014 的有关规定。

3.6 设计方法

装配整体式框架-现浇剪力墙结构设计应主要遵循现行行业标准《装配式混凝土结构技术规程》JGJ 1—2014 的有关规定。《装配式混凝土结构技术规程》JGJ 1—2014 中没有规定的,可以按照其他相关标准及地方标准中的规定进行设计。

设计应遵循的原则与装配整体式框架结构及剪力墙结构类似。需要注意的是,预制框架梁与现浇剪力墙(核心筒)的节点应综合考虑施工安装工艺和受力性能的需求,确定其构造,原则上应采用刚接节点。

第二章 技术体系之一：采用套筒灌浆连接方式的装配整体式剪力墙结构

【案例1】 合肥蜀山产业园公租房

摘 要

合肥蜀山产业园四期公租房项目，规划用地位于合肥市蜀山产业园，用地四周为北自卫星路，南至雪霁北路，东自雪霁路，西至振兴路，规划总用地152517m²。用地规划为产业化公租房居住小区，建设时间为2014～2016年，总建筑面积34万m²，现为国内装配式建筑最大体量的单项工程。工程承包采用EPC模式，项目运用装配整体式剪力墙结构，整体预制装配率为63%，达到国内领先水平。

建筑主要功能包括：公租房、配套商业、物业服务、社区管理、地下车库、半地下车库及幼儿园。主要装配式建筑构件包括：预制夹心保温外墙板、预制内墙板、叠合楼板、预制阳台、预制楼梯等。依托装配式建筑技术支撑体系和装修一体化设计，整体提升了住宅建筑质量，实现了节地、节水、节能、节材目标，真正让住户享用到质优、价廉，安全、适用的公租房。

1 典型工程案例简介

项目建设单位中建国际投资（中国）有限公司（以下简称"中建国际"）主要从事建筑工程设计、施工和管理等业务，具有丰富的国际工程特别是我国香港地区装配式住宅的工程总承包经验。近年来聚焦于国内装配式住宅市场，将国际工程总承包与国内实际情况相结合，运用EPC运营模式，采用国内较为成熟完善的装配整体式剪力墙结构技术，实现了装配式住宅建筑的规模化、高效化建造，获得社会效益和经济效益双丰收。

1.1 基本信息

1）项目名称：合肥蜀山产业园四期公租房；

2）项目地点：安徽省合肥市蜀山区雪霁北路；

3）开发单位：合肥市重点工程建设管理局；

4）设计单位：北京市建筑设计研究院有限公司；

5）深化设计单位：安徽海龙建筑工业有限公司、北京市建筑设计研究院有限公司；

6）施工单位：深圳中海建筑有限公司；

7）预制构件生产单位：安徽海龙建筑工业有限公司；

8）进展情况：已竣工。

1.2 项目概况

该项目规划用地位于合肥市蜀山产业园，用地四周为北自卫星路，南至雪霁北路；东自雪霁路，西至振兴路。规划总用地 152517m²（其中规划净用地 118543m²，代征道路用地 25462m²，城市道路绿化带用地 8512m²），如图 2.1、图 2.2 所示。按要求规划为产业化公租房居住小区，建设时间为 2014～2016 年，总建筑面积 34 万 m²，现为国内装配式建筑最大体量的单项工程。项目运用装配整体式剪力墙结构，按照 7 度抗震设防烈度要求进行设计，整体预制装配率达到 63%，在国内居于领先水平。

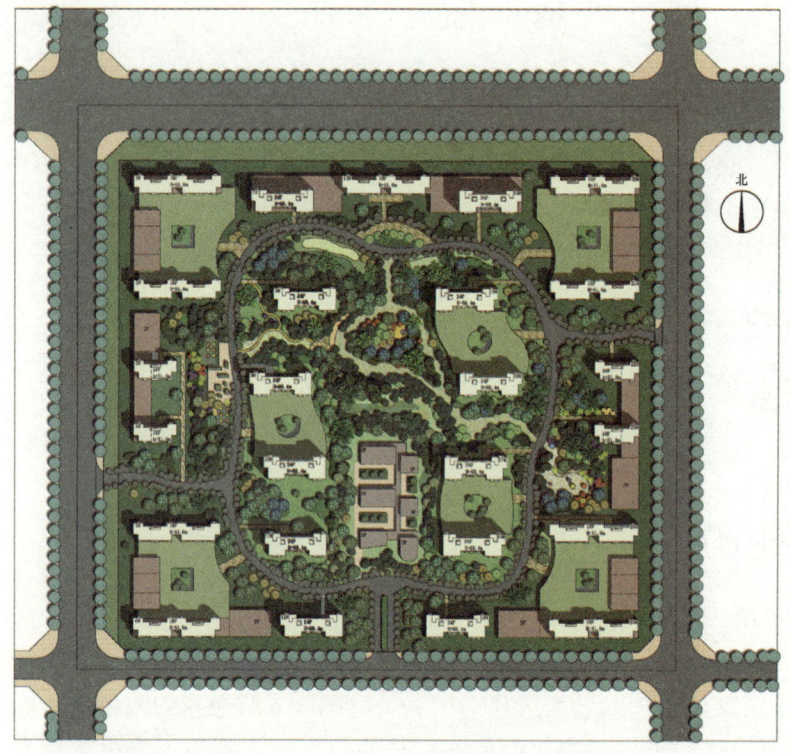

技术经济指标		
总用地面积		11.85万m²
总建筑面积		34.5万m²
地上建筑面积		29.80万m²
其中	住宅	26.98万m²
	商业配套	2.27万m²
	教育配套	0.55万m²
地下建筑面积		4.7万m²
建筑密度		20%
容积率		2.51
绿地率		30%
住宅套数		4848套
其中	30型	284套
	40型	284套
	50型	4280套
机动车停车位		970个
其中	开敞半地下室	400个
	地下室	570个
非机动车停车位		9696个

图 2.1　总平面图

建筑主要功能区包括：公租房、商业配套、物业服务配套、社区管理、地下车库、半地下车库及幼儿园等。建设规模与性质：4788 户公租房，住宅部分采用装配式建造方式，按照模数化、标准化、系统化的要求构建住宅产品系列。将装配式创新技术合理应用到设计之中，提高构件装配化率，全面提高建筑质量，合理控制成本，高效管理，创建装配式公租房示范型居住小区。依托装配式建筑技术支撑体系和装修一体化设计，实现了节地、节水、节能、节材以及新型技术和材料的广泛应用，真正让住户享用到质优、价廉，安全、适用的公租房。本书将以 18 层 B 型标准层为例介绍装配式建筑技术体系，如图 2.3、图 2.4 所示。

图 2.2　鸟瞰图

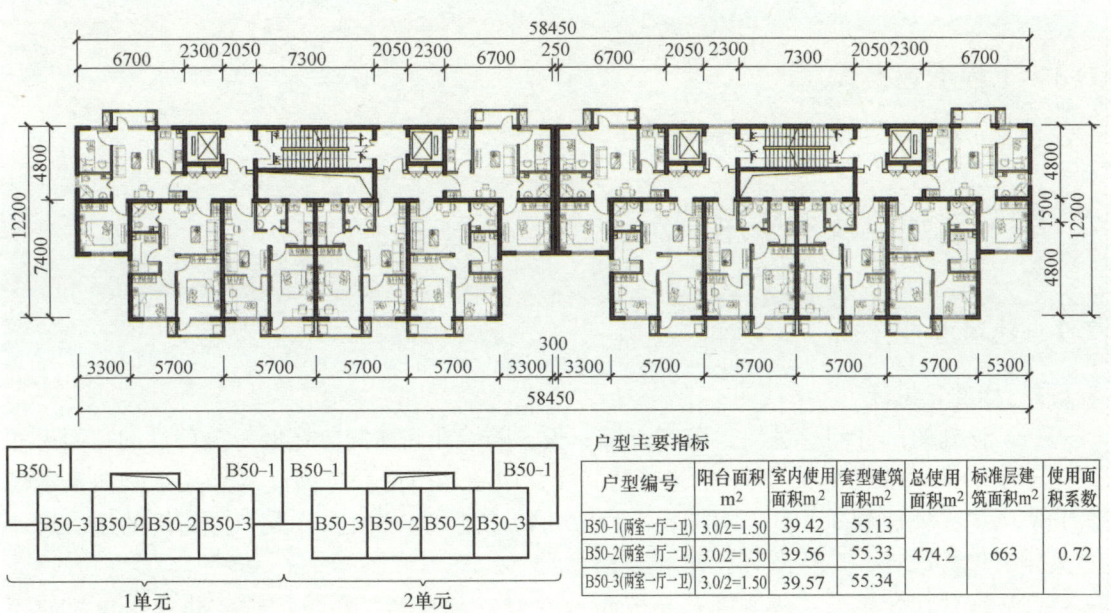

户型主要指标

户型编号	阳台面积 m²	室内使用面积m²	套型建筑面积m²	总使用面积m²	标准层建筑面积m²	使用面积系数
B50-1(两室一厅一卫)	3.0/2=1.50	39.42	55.13	474.2	663	0.72
B50-2(两室一厅一卫)	3.0/2=1.50	39.56	55.33			
B50-3(两室一厅一卫)	3.0/2=1.50	39.57	55.34			

● B型单元由6套50型标准套型模块组成一梯六户。

● 标准套型模块由楼梯间组为联系，空间布置合理，使用率高。

● 独栋和双拼的单体形式，丰富了规划空间形态。

图 2.3　B 型楼栋标准层平面图

图 2.4　B 型楼栋立面剖面图

1.3　工程承包模式

工程承包采用 EPC 工程总承包模式。

2　装配式建筑技术应用情况

2.1　建筑专业

2.1.1　标准化设计

（1）该建筑的开间、进深、跨度，梁、板、隔墙和门窗洞口宽度等分部件的截面尺寸采用了水平基本模数 3M；该项目建筑的高度、层高和门窗洞口高度等采用了竖向基本模数和竖向扩大模数数列，且竖向扩大模数数列宜采用 3M；构造节点和分部件的接口尺寸等采用分模数数列，且分模数数列采用 M/20、M/10；

（2）居住建筑单元：该项目 B 单元形式只有三种户型，在单体住宅建筑中重复使用量最多的三个基本户型的面积之和占总建筑面积的比例为 100％；

B50-1 户型：1020 户；B50-2 户型：1020 户；B50-3 户型：1020 户。B 单元户数共计 3060 户。三个户型的面积之和占总建筑面积的比例为 100％。

（3）平面布局：各功能空间布局合理、规则有序，符合建筑功能和结构抗震安全要求。

2.1.2　主要预制构件及部品设计

（1）预制构件

1）预制外承重墙板、内承重墙板在单体建筑中重复使用量最多的三个规格构件的总个数占同类构件总个数的比例均不低于50%；

2）预制叠合楼板在单体建筑中重复使用量最多的三个规格构件的总个数占预制楼板总数的比例不低于60%；

3）预制楼梯在单体建筑中重复使用量最多的一个规格的总个数占楼梯总个数的比例达到100%；

4）预制内隔墙板在单体建筑中重复使用量最多的一个规格构件的面积之和占同类型墙板总面积的比例不低于50%；

5）预制阳台板在单体建筑中重复使用量最多的一个规格构件的总个数占阳台板总数的比例不低于50%。

（2）建筑部品

1）外窗在单体建筑中重复使用量最多的三个规格的总个数占外窗总数量的比例不低于68%；

2）整体橱柜建筑部品在单体建筑中重复使用量最多的三个规格的总个数占同类部品总数量的比例不低于70%，并采用标准化接口、工厂化生产、装配化施工；与居住户型比例计算同理，三种户型三种型号厨房橱柜，比例达100%，如图2.5、图2.6所示。

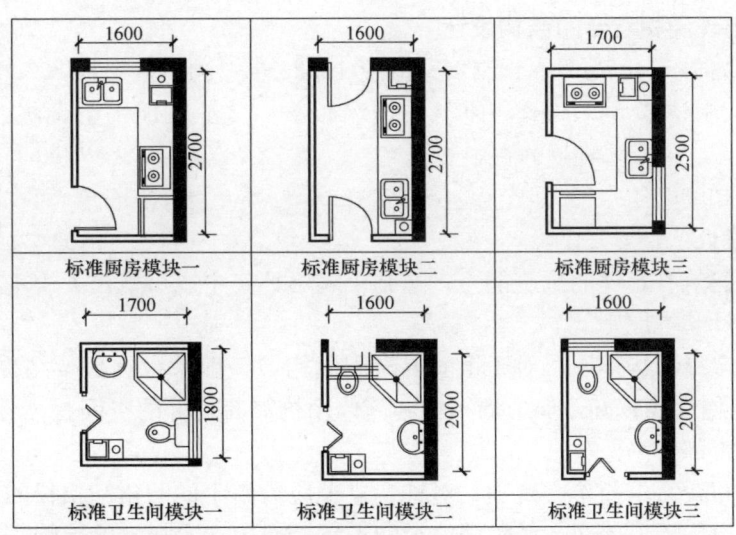

● 参考了《住宅厨房及相关设备基本参数》GB/T 11228—2008、《住宅卫生间功能和尺寸系列》GB/T 11977—2008的模数体系。
● 标准厨房采用2.7m×1.6m和2.5m×1.7m两种模块尺寸；
● 标准卫生间采用1.8m×1.7m和1.6m×2.0m两种模块尺寸；
● 厨房、卫生间标准化模块均适用30型、40型、50型标准套型。

图2.5　厨房卫生间标准化模块

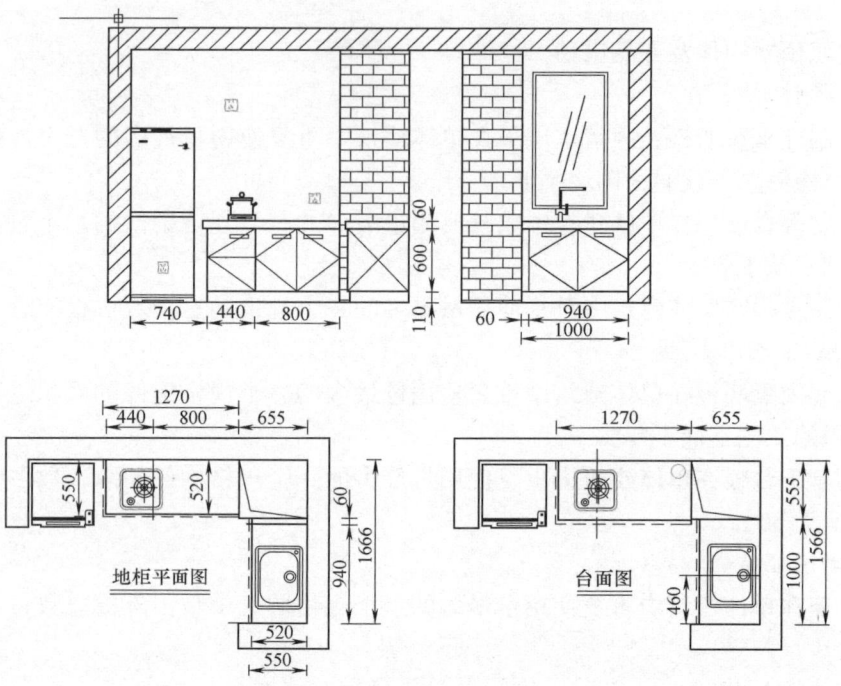

图 2.6　厨房橱柜图纸

2.2　结构专业

2.2.1　预制与现浇相结合的结构设计

预制承重墙板 714.75m³，预制女儿墙板 12.25m³，预制叠合板 238.63m³，预制阳台板 76.5m³，预制楼梯 54.75m³，预制外挂墙板 56.22m³，预制空调板：6.02m³，预制梁：3.89m³；

预制率：40.06%≥40%。

2.2.2　抗震设计

为使高层建筑有足够的抗震能力，达到小震不坏，中震可修，大震不倒的要求，符合下述的抗震设计基本原则。

（1）合理选择结构体系。对于钢筋混凝土结构，一般来说纯框架结构抗震能力较差，框架-剪力墙结构性能较好，剪力墙结构和筒体结构具有良好的空间整体性，刚度也较大，历次地震中震害都较小。

（2）平面布置力求简单、规则、对称，避免应力集中的凹角和狭长的缩颈部位，避免在凹角和端部设置楼电梯间；避免楼电梯间偏置，以免产生扭转的影响。

（3）竖向体型尽量避免外挑，内收也不宜过多、过急、力求刚度均匀渐变，避免产生变形集中。

（4）结构的承载力、变形能力和刚度要均匀连续分布，适应结构的地震反应要求。某一部位过强、过刚也会使其他楼层形成相对薄弱环节而导致破坏。顶层、中间楼层取消部分墙柱形成大空间层后，要调整刚度并采取构造加强措施。底层部分剪力墙变为框支柱或取消部分柱子后，比上层刚度削弱更为不利，应专门考虑抗震措施。不仅主体结构，而且非结构墙体（特别是砖砌体填充墙）的不规则、不连续布置也可能引起刚度的突变。

（5）高层建筑突出屋面的塔楼必须具有足够的承载力和延性，以承受高振型产生的鞭梢效应影响。必要时可以采用钢结构或型钢混凝土结构。

（6）在设计上实现多道设防。如框架结构采用强柱弱梁设计，梁屈服后柱仍能保持稳定，框架-剪力墙结构设计成连梁首先屈服，然后是墙肢，框架作为第三道防线，剪力墙结构通过构造措施保证连梁先屈服，并通过空间整体性形成高次超静定等。

（7）合理设置防震缝。一般情况下宜采取合适平面形状与尺寸，加强构造措施，设置后浇带等方法尽量不设缝、少设缝。必须设缝时应保证有足够的宽度。

（8）节点的承载力和刚度要与构件的承载力与刚度相适应。节点的承载力应大于构件的承载力。要从构造上采取措施防止反复荷载作用下承载力和刚度过早退化。装配式框架和大板结构必须加强节点的连接结构。

（9）保证结构有足够刚度，限制顶点和层间位移。在小震时，应防止过大位移使结构开裂、影响正常使用；中震时，应保证结构不出现严重破坏，可以修复；在强震下，结构不应发生倒塌，也不能因为位移过大而使主体结构失去稳定或基础转动过大而倾覆。

（10）构件设计应采取有效措施防止脆性破坏，保证构件有足够的延性。脆性破坏指锚固失效、混凝土压碎劈裂和剪切破坏等突然而无事先警告的破坏形式。设计时应保证抗剪承载力大于抗弯承载力，按"强剪弱弯"的方针进行配筋。为提高构件的抗剪和抗压能力，加强约束箍筋是有效措施。

（11）保证地基基础的承载力、刚度和有足够的抗滑移、抗转动能力，使整个高层建筑成为一个稳定的体系，防止产生过大的差异沉降和倾覆。

（12）减轻结构自重，最大限度地降低地震的作用。

2.2.3 节点设计

连接节点：连接节点按照标准化设计，符合安全、经济、方便施工等要求，如图2.7所示。

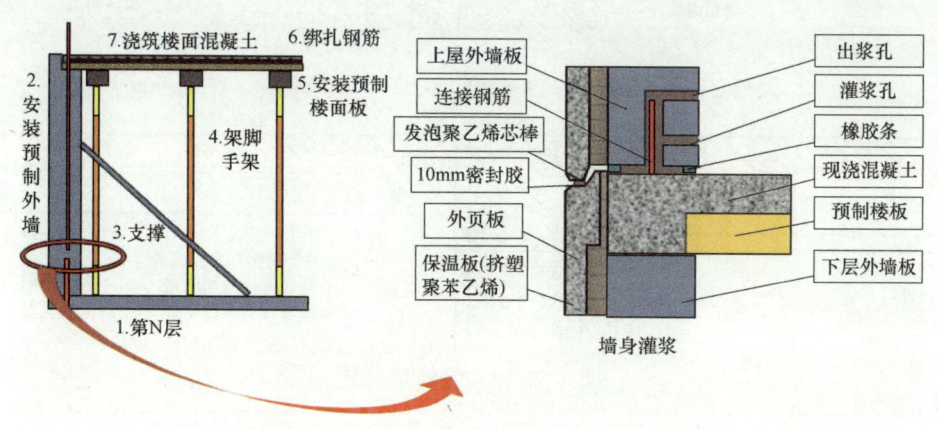

图2.7　构件安装节点图

2.3 水暖电专业

建筑集成技术设计介绍如下

（1）外围护结构集成技术：采用预制外墙板，实现结构、保温、外饰面一体化外的围护系统，满足结构、保温、防渗、装饰要求，如图2.8所示。

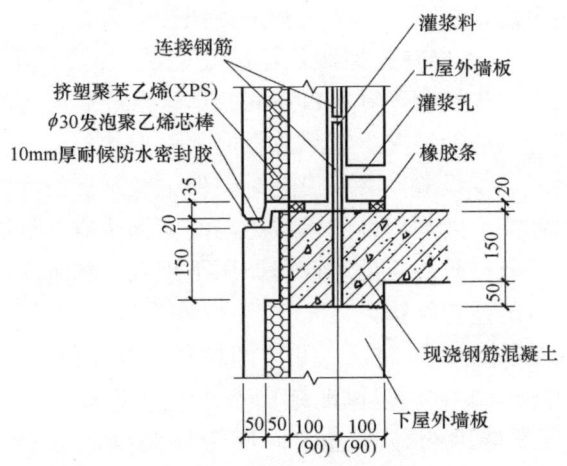

图2.8 外围护结构集成技术

（2）室内装修集成技术：项目室内装修与建筑结构、机电设备一体化设计，采用管线与结构分离等系统集成技术，如图2.9所示。

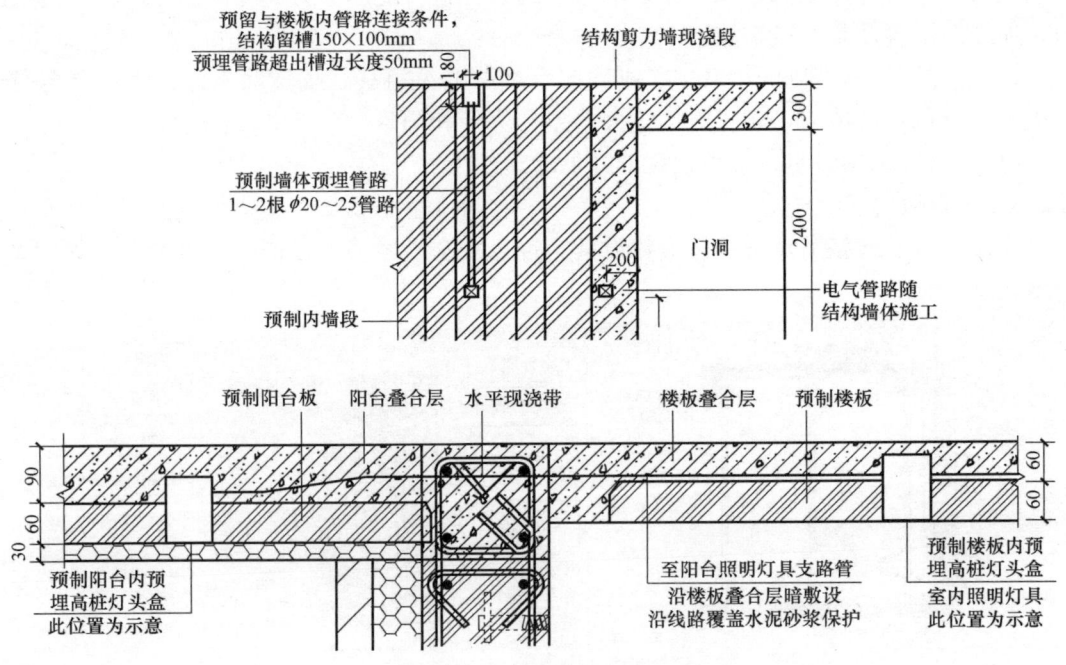

图2.9 室内装修集成图

（3）机电设备集成技术：机电设备管线系统采用集中布置，管线及点位预留、预埋到位，如图2.10所示。

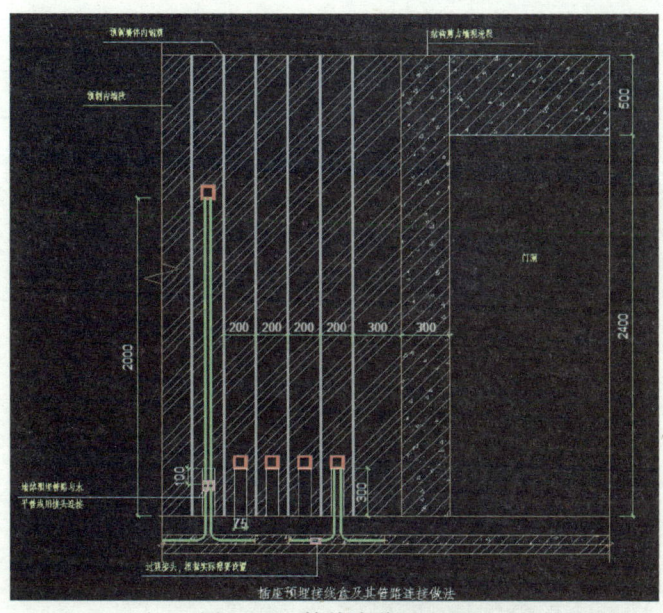

图 2.10 管线点位预留图

2.4 全装修技术应用

（1）设计深度：具有完整的室内装饰装修设计方案，设计深度满足施工要求；

（2）协同设计：装修设计与主体结构、机电设备设计紧密结合，并建立协同工作机制，如图 2.11 所示。

（3）设计方法：装修设计采用标准化、模数化设计；各构件、部品与主体结构之间的尺寸匹配、协调，提前预留、预埋接口，易于装修工程的装配化施工；墙、地面块材铺装基本保证现场无二次加工，如图 2.12 所示。

图 2.11 机电走线安装示意图

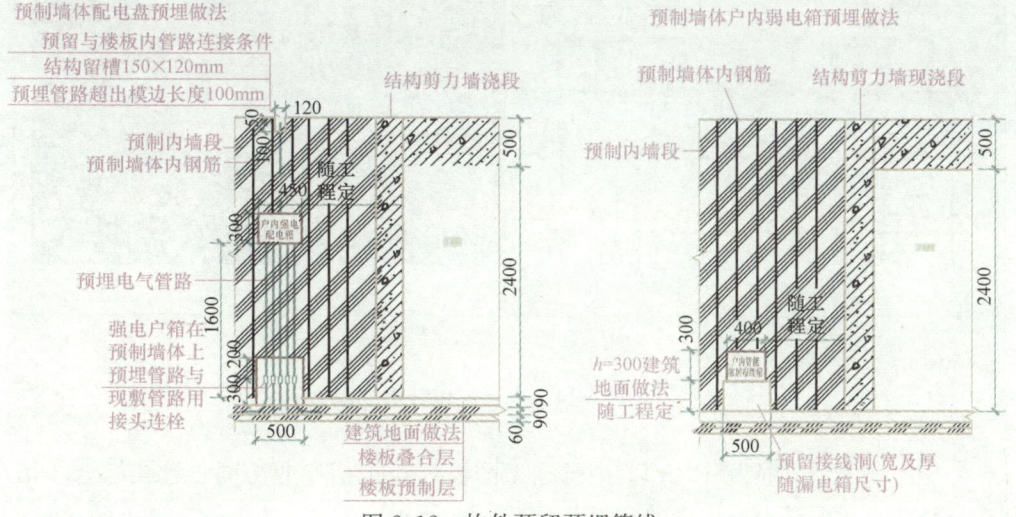

图 2.12 构件预留预埋管线

2.5 信息化技术应用

（1）方案设计：应用 REVIT 进行方案设计，包括项目总体分析、性能分析、方案优化等，如图 2.13、图 2.14 所示。

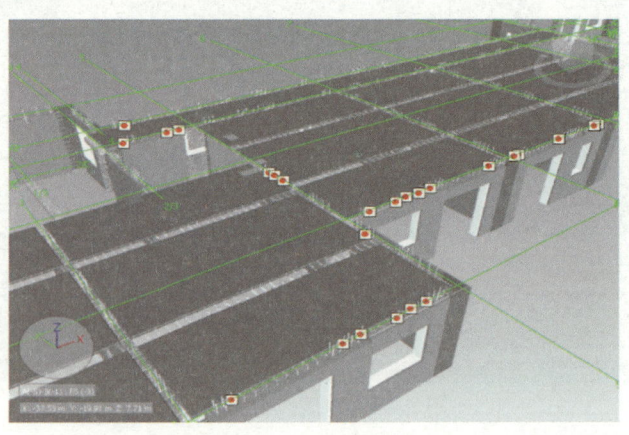

图 2.13 模数分析

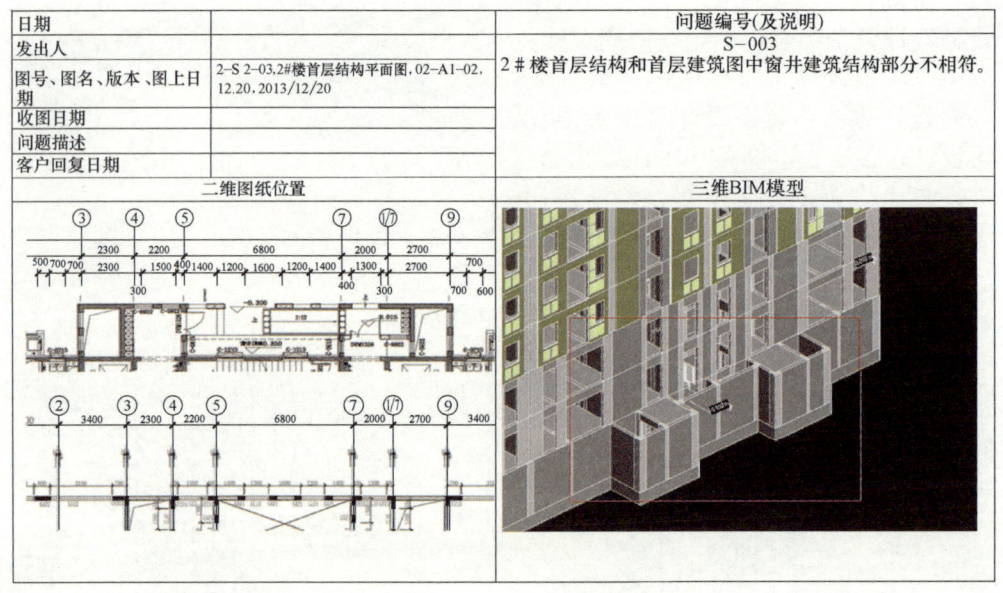

图 2.14 方案优化分析

（2）、施工图设计：应用 REVIT 进行施工图设计，包括专业协同、管线综合、信息模型制作、施工图信息表达等，如图 2.15、图 2.16 所示。

图 2.15　构件模型安装模拟

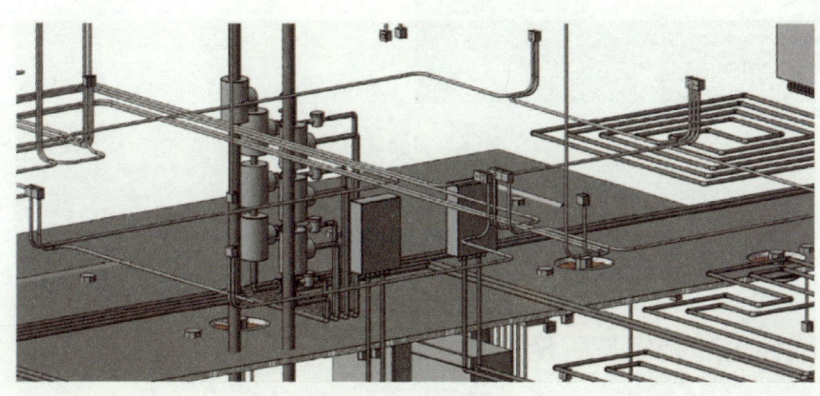

图 2.16　管线综合

（3）构件图设计：应用信息技术（BIM）进行构件深化设计，包括连接节点设计、钢筋碰撞检查、构件信息模型，完成构件图信息表达等，如图 2.17、图 2.18 所示。

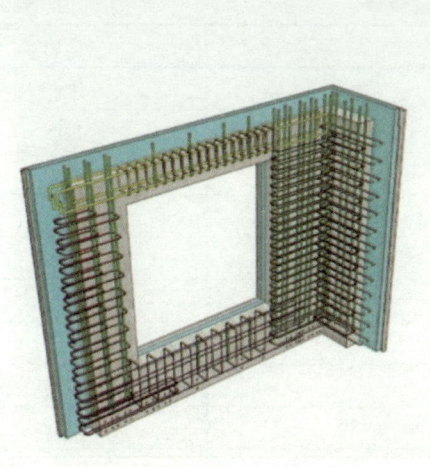
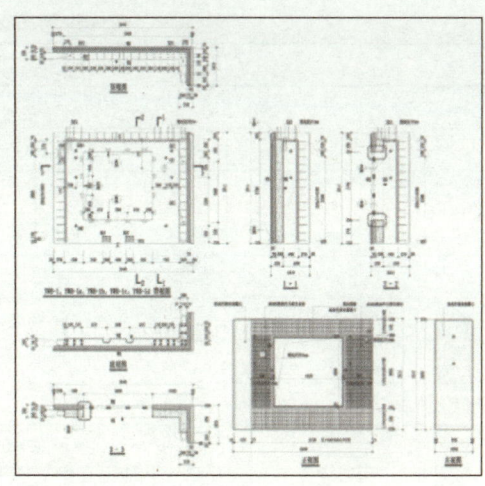

图 2.17　构件信息模型

25

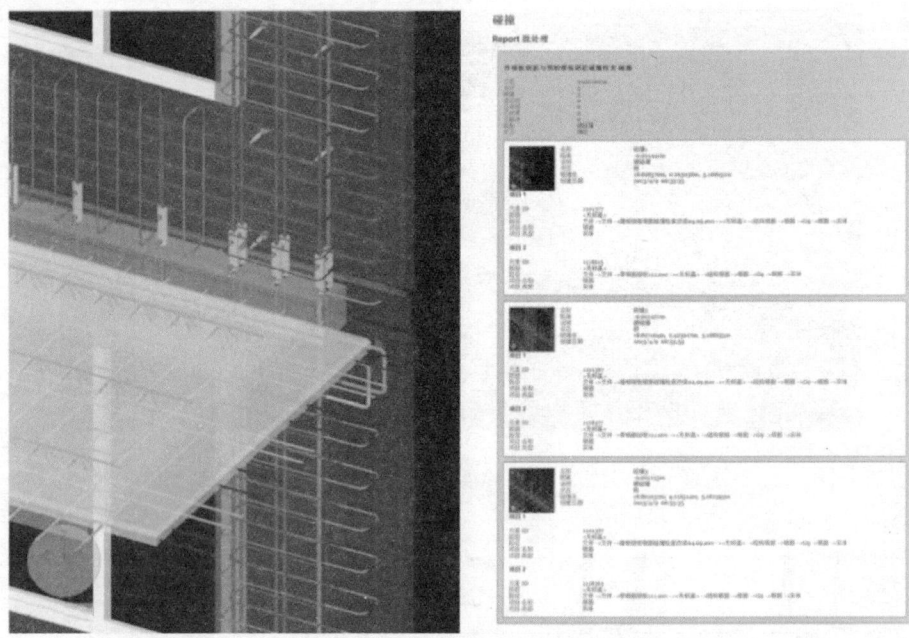

图 2.18　钢筋碰撞检查

3　构件生产、安装施工技术应用情况

3.1　预制构件生产制作及质量控制

3.1.1　具备相应的生产工艺设备和完善的质量管理体系

（1）相应的生产工艺设备

不同的生产构件具有不同的生产工艺流程，所需的生产工艺设备也不尽相同，生产工艺设备见表 2-1。

<table>
<tr><td colspan="3" align="center">构件生产工艺设备表</td><td align="right">表 2.1</td></tr>
<tr><td align="center">序号</td><td colspan="2" align="center">名　称</td><td align="center">用途</td></tr>
<tr><td align="center">1</td><td colspan="2" align="center">布料机</td><td align="center">生产</td></tr>
<tr><td align="center">2</td><td colspan="2" align="center">振动台</td><td align="center">生产</td></tr>
<tr><td align="center">3</td><td colspan="2" align="center">养护系统</td><td align="center">养护</td></tr>
<tr><td align="center">4</td><td colspan="2" align="center">模台</td><td align="center">生产</td></tr>
<tr><td align="center">5</td><td colspan="2" align="center">立起机</td><td align="center">翻转</td></tr>
<tr><td align="center">6</td><td colspan="2" align="center">数控弯箍机</td><td align="center">生产</td></tr>
<tr><td align="center">7</td><td colspan="2" align="center">切断机</td><td align="center">生产</td></tr>
<tr><td align="center">8</td><td colspan="2" align="center">桥吊</td><td align="center">运输</td></tr>
<tr><td align="center">9</td><td colspan="2" align="center">平板车</td><td align="center">运输</td></tr>
<tr><td align="center">10</td><td colspan="2" align="center">混凝土搅拌站</td><td align="center">生产</td></tr>
</table>

序号	名　称	用途
11	振动棒	生产
12	筒式送料机	混凝土输送
13	堆垛机	养护窑存放
14	其他辅助设备	辅助生产

（2）完善的质量管理体系

公司有清晰的质量目标和指标，明确的质量职责，完善的项目质量评审，严格的质量控制制度。不断完善质量管理体系，提高工程质量，力求达至完善境界。

3.1.2　具备相应的技术标准和作业指导要求

（1）技术标准

《装配式混凝土结构技术规程》JGJ 1—2014

《装配整体式建筑预制混凝土构件制作与验收导则》DBHJ/T 013—2014

《装配式混凝土结构施工及验收导则》DBHJ/T 014—2014

（2）作业指导要求

不同的构件具有不同的工位，每个工位都有相应的作业指导要求，确保按照工艺流程和操作指南进行操作。

3.1.3　监理方驻厂监督构件生产过程且具有完整的质量验收记录

3.1.4　工厂生产构件标注构件编号、制作日期、合格状态、生产单位等信息

工厂生产的每个构件上都具有产品标识，其中包含生产单位、项目名称、构件编号、制作日期、产品净重、合格状态等信息。

3.1.5　构件各项性能指标符合设计要求，具有完整的出厂检验报告和进场验收记录

3.1.6　构件质量符合国家现行有关标准要求

《混凝土结构工程施工质量验收规范》GB 50204—2015

《装配整体式建筑预制混凝土构件制作与验收导则》DBHJ/T 013—2014

3.2　预制构件运输管理

3.2.1　预制构件运输、装卸、码放专项施工方案

本方案包含工程概况（工程、预制件介绍）、运输、装卸、码放用工器具（车辆、施工用器具）、运输车辆的数量及运输距离、运输道路（场内外）、运输、装卸、码放的规定、安全文明施工以及堆放架计算书等。为了便于施工，每栋楼前设置一构件码放区，构件放置在专门码放架上。

（1）预制件的运输

预制构件在运输时设置专用运输装置进行临时固定；预制构件在运输时宜在构件与刚性搁置点处加柔性垫片；预制构件在运输时不得损坏相应标志内容，包括使用部位、构件编号、铭牌等。预制构件相应资料转交现场管理人员，并经监理单位验收合格后方可安排构件卸货工作。

（2）预制件的装卸

预制构件的装卸位置应位于起重装置吊运范围之下，严禁超负荷起吊；预制构件在装卸时严格按起吊点装卸，严禁偏心起吊；预制构件装卸前必须检查作业环境、吊索具、防护用品；大雨及风力六级以上（含六级）等恶劣天气，必须停止露天起重吊装作业；挂钩工必须相对固定并熟知下列知识和操作能力；作业时必须执行安全技术交底，听从统一指挥；使用起重机作业时，必须正确选择吊点的位置，合理穿挂索具，试吊。除指挥及挂钩人员外，严禁其他人员进入吊装作业区；起吊及落钩时，速度不宜过快，专人扶置就位，做到平缓起落，防止构件相互碰撞。

（3）预制件的码放

预制构件的码放应预埋吊件向上，标志外露；重叠堆放构件时，每层构件间的垫木或垫块应在同一垂直线上；水平分层堆放时，应分型号码垛，预制楼板每垛不宜超过6块；预制构件在装卸和码放时宜在构件与刚性搁置点处稳塞柔性垫片，同货车的连接要稳固可靠；预制构件上车后，用帆布带横向绑紧预制件，用铁卡卡住预制件顶，并用连接块在两边扯紧，使预制件稳固。同时，对构件边角部或链索接触处的混凝土，宜采用垫衬加以保护；预制构件在码放时严禁损坏一切预埋件，码放时需注意对预埋件原有保护措施的恢复；堆放区周边设置防护栏杆，并于醒目位置提醒非吊装作业人员严禁入内，堆放场地必须坚实平坦，预制墙板应与地面成90°垂直稳固码放，严禁出现角度偏移。各预制件码放严格按照构件归结叠放图执行。

3.2.2 特殊、大型的预制件的运输及码放措施

制定《预制构件运输、装卸、码放专项施工方案》。

3.2.3 构件运输进场具有交接验收记录

工厂制作构件清单表格，待构件运输至施工现场，由我司质检人员、监理工程师及海龙厂管理人员，三方对该清单中构件的尺寸，规格、外观、材料证明文件进行审核、验收，并形成交接验收记录，共同签字认可。

3.3 装配化施工组织与管理

3.3.1 管理模式：工程总承包管理模式和专业化的施工队伍

工程总承包模式为"设计＋施工"一体化。

3.3.2 技术方案

（1）装配整体式剪力墙结构（论证后）专项方案

本方案包含施工流程（预制墙板、楼面板安装）、施工准备（技术、人员、材料、交接、机械设备、现场准备等）、专项技术（构件加工、运输、吊装、预制墙体构件调节及就位、叠合楼板安装、预制构件含楼梯的安装、后浇带节点构造及支模、预埋线管等）、平面布置（预制构件码放吊装）、安全文明措施、成品保护及检验批质量控制表等。

（2）安全文明施工组织设计

施工组织设计方案包含工程概况及特点、安全文明目标及指标、管理体系、生产技术措施、安全施工方案、季节性施工（夏冬雨汛期）、文明施工管理、消防保卫、特殊工种持证上岗、应急预案、职业安全及健康教育、培训、创新项目（雨水循环、临时道路混凝土废料利用、污水处理）、扬尘治理专项方案等。

3.3.3 施工工法及标准

《合肥市住宅工程质量通病防治实施导则》合建设〔2008〕34 号

《外墙岩棉板合肥施工导则》DBHJT 002—2011

《装配式混凝土结构技术规程》JGJ 1—2014

《装配整体式剪力墙结构技术规程》DB 34/T 1874—2013

《钢筋连接用套筒灌浆料》JG/T 408—2013

《装配式混凝土结构施工及验收导则（合肥）》DBHJ/T 014—2014

《硅酮建筑密封胶》GB/T 14683—2003

项目工程施工图纸及施工组织设计

3.4 装配化施工技术与工艺

3.4.1 装配整体式剪力墙结构（论证后）专项方案

本方案重点阐述了"专项技术"，包含构件加工、运输、吊装、预制墙体构件调节及就位、叠合楼板安装、预制构件含楼梯的安装、后浇带节点构造及支模、预埋线管及现浇板钢筋绑扎等。"平面布置"（预制构件码放吊装）、"安全文明措施"和"成品保护"等。

3.4.2 构件连接技术

（1）预制构件竖向连接

一是预制构件灌浆专项方案。本项目预制墙板连接，结构区纵向钢筋采用套筒灌浆连接，灌浆总量大，各层封仓灌浆区域多，单次灌浆量小，设计钢筋接头等级为Ⅰ级。灌浆工作贯穿于整个装配式混凝土结构安装的始末，封仓气密性、灌浆料流动性等将成为整个灌浆工作的重点与难点。

二是预制构件低负温灌浆方案。合肥地区冬期施工温度多在 0～10℃范围，根据本项目设计要求与《钢筋连接用套筒灌浆料》JG/T 408—2013 规定，套筒灌浆料使用温度不宜低于 5℃。为解决施工温度对工艺与现场生产的限制，在冬季施工期间要根据现场气温情况采用低负温型灌浆料，该灌浆料具有早强快硬、终凝时间短与保证终期强度的特点，适合合肥地区冬期施工温度环境。

（2）预制剪力墙横向连接

外墙现浇剪力墙节点内模采用木模，模板可靠对拉，且对拉螺杆采用可拆卸式，拆模后一并回收利用，螺杆形式以翻样图为基准。

3.4.3 外墙、内墙及顶棚无抹灰

（1）轻质隔墙安装施工方案

本方案包含施工程序、墙板安装、接缝处理（满铺玻纤布）、注意事项、成品保护、安全及文明施工措施等。

轻质隔墙用于户内分割房间所用，在室内进行拼装。其板与板之间接缝、板与剪力墙体连接处处理，采用增加玻纤布，两边各伸出 10cm 宽。待接缝处理完毕后，进行大面挂玻纤网格布，粉刷抗裂砂浆。

（2）预制外墙剪力墙

预制外墙剪力墙构造为：20cm 钢筋混凝土＋3cm 保温挤塑板＋5cm 外叶墙板，外墙面清水效果，无须抹灰，直接喷涂真石漆。

（3）预制内墙剪力墙

预制内墙剪力墙为清水混凝土效果，表面平整，无须抹灰，直接施工腻子批白。

（4）预制楼梯及叠合楼板

成型效果好，楼梯棱角分明，不易损坏，且踏步及休息平台覆盖保护垫，进行成品保护；叠合楼板，板下大面平整度好，顶棚无须找平，直接施工腻子批白。

3.4.4 定型化安全支撑

（1）外墙防护：主体结构施工过程中，外墙无外脚手架施工，采用外挂式脚手架。

一是外挂式脚手架专项施工方案：整体装配式剪力墙结构中，外墙采用预制墙体，通过前期图纸深化，在预制构件生产厂内生产预制墙体时预留洞口，在防护外挂架加工厂完成防护外挂架的制作。当结构施工进行到采用预制构件的标准层时，在外墙施工完毕并具有可靠强度后，起吊防护外挂架逐一与外墙固定连接，完成对上一层结构的外围全封闭防护。

二是阳台轻质隔墙外防护架施工方案：阳台防护架是阳台外立面轻质隔墙施工用的临时结构，是施工必须使用的重要工具设备，是为了保证高处作业安全、顺利进行施工而搭设的工作台。要求防护架必须有足够的强度、刚度和稳定性，在施工荷载作用下不发生失稳倒塌及超过允许要求的变形、倾斜、摇晃或扭曲现象，以确保安全。

根据本工程的特点及进度要求，对阳台外立面轻质隔墙安装的防护架选用型材制作的单个阳台固定架体。顶层阳台部位轻质隔墙安装防护架单独采用钢管挂架体，采用普通钢管搭设。升降机部位阳台待后期升降机拆除后，采用搭设落地式脚手架及悬挑架，或采用租赁吊车吊装标准式（型材加工制作）阳台防护架的方式进行此部位阳台轻质隔墙体的安装。

（2）室内无传统满堂脚手架，采用竖向独立支撑

本项目工程二层以上楼面板为 140mm 厚预制叠合板加现浇面板结构，层高 2.8m，针对工程的结构特点，顶板模板采用三脚架独立钢支撑，工字木梁组合台模施工技术，节约了周转材料的投入及人工工作量、费用，加快了施工进度，提高了工程质量。

3.4.5 工具化、定型化模板及支撑体系

采用工具式、定型化模板及支撑体系，循环利用 30 次以上。由于外挂架、独立支撑均为型钢、钢支撑，定型效果好，不易变形，且强度较高，循环利用度高。

3.4.6 吊车微动性、吊具

吊车 100mm 以下微动性参考塔吊技术参数。

构件吊装机械主要采用塔吊，并确保全覆盖。本工程预制墙板吊装采用内置螺母，在螺母处应布置螺旋箍筋。

吊架、吊梁主梁采用 160mm×88mm×6mm 工字钢，吊梁、吊架选用单股吊重≥5 吨的吊链。

吊点布置的原则：满足吊点本身锚固强度要求；满足承载力要求；满足构件整体平衡原则；附件保险原则，预制墙板除钢丝绳与吊梁连接外，为保险起见：有门窗的预制件需同时增设帆布带与吊梁连接，无门窗的预制件增设一个吊钉连接。

3.4.7 管线预埋、机械连接方式

预制件内预埋线管由工厂按水电图进行预埋加工，现场进行组装，安装时必须分户安

装；现浇层管线安装应在绑扎楼面钢筋前完成；从预制件顶部所走管线可直接连接至固定线盒，由预制件底部所走管线需在现浇层预留接头；预制部品安装完毕后，将预埋管线预留孔打开，然后按种类进行各管线的插入、连接，最后将各种管线连至相应管道井；各种预埋功能管线必须接口封密，符合国家验收标准。

3.5　装配化施工质量

3.5.1　实体抽样检测

该方案主要包括见证取样原则、程序、范围及取样计划。钢筋原材、水泥复试、砖、防水、环刀、门窗、玻璃、防火门、烟道等按照送检批次，按规定见证取样试件。

混凝土压实强度，采用标样与同条件养护两种方式，同步进行，对同批次商业混凝土满龄期后的强度进行鉴定。

3.5.2　验收标准

《合肥市住宅工程质量通病防治实施导则》合建设［2008］34 号

《外墙岩棉板合肥施工导则》DBHJT 002—2011

《钢筋连接用套筒灌浆料》JG/T 408—2013

《装配式混凝土结构施工及验收导则（合肥）》DBHJ/T 014—2014

项目工程施工图纸

3.5.3　检验批划分方案

检验批划分为：基础部分、主体结构、建筑装饰装修、建筑屋面、建筑给水、排水及采暖。

过程中检验批资料同结构同步、齐全、手续完善，对节点检验进行记录，详见工程检验批资料。

3.5.4　资料齐全

灌浆料强度检测报告，实体混凝土强度报告、进场材料审批表、隐蔽记录等资料完善，齐全。

3.5.5　装配式结构分项工程质量验收文件、资料齐全，完成了主体分部分项质量验收，资料齐全、翔实、可靠。

4　效益分析

4.1　成本分析

通过对装配式建筑项目与传统项目就下列几个方面的差异部分进行对比分析，其中传统项目以假设的与本项目同规划、同装修标准项目作为基础模型，传统项目以企业施工经验为据。

4.1.1　设计方案对比

装配式建筑项目与传统项目在设计方面区别较大，且由于工厂预制构件单价较高，导致装配式项目直接费较传统项目高出较多。设计差异部分如表 2.2 所示。

装配式建筑项目与传统项目设计差异对比表 表2.2

序号	项目	蜀山项目	传统项目
1	结构及非结构构件	63％为工厂预制	现浇或砖砌
2	内墙装饰面层	无粉刷层	内墙粉刷
3	外墙粉刷	无粉刷层	20mm水泥砂浆外墙粉刷
4	外保温	预制构件内置挤塑聚苯板	外墙保温粘贴锚固施工
5	结构连接	高强灌浆料套筒灌浆连接 构件表面键槽粗糙面连接	直螺纹、电渣焊钢筋连接 混凝土面层凿毛连接
6	结构接缝	建筑耐候胶	无
7	阳台构造	外挂墙板/轻质隔墙板安装	现浇栏板/栏杆
8	门窗洞口	洞口尺寸标准化制作； 防腐木砖预埋，窗框自攻螺丝固定；门 窗洞口下口外低内高，防水构造，窗上口 自带鹰嘴	洞口三边粉刷收口，下口塞实； 采用固定片锚栓固定； 窗下口坡向收口，窗上口滴水线
9	水电线管	叠合板预留线盒以及洞口 预制墙体内置线盒线管	施工现场预留预埋
10	楼梯	装修成品构件移交，自带防滑条，无须 进行装饰施工	需进行粉刷装饰面层施工
11	隔墙	轻质隔墙，无须粉刷	煤矸石空心砖湿作业砌筑
12	外墙真石漆	无底层腻子	底层须批腻子
13	栏杆	构件自带预留孔	膨胀螺栓固定

4.1.2 施工方案对比

装配式建筑项目与传统项目在施工措施方面对比，由于模板使用量很少，可节约一部分费用，如表2.3所示。

装配式项目与传统项目施工方案差异对比表 表2.3

序号	项目	蜀山项目	传统项目
1	临时道路	主干道路需要硬化； 支路必须设置停车卸货区域	道路要求等级要低
2	塔吊	每栋楼一台塔吊，重型塔吊，塔吊月租， 进出场费以及塔吊基础费高；塔吊附墙为 单独设置钢立柱附着，额外计算费用	每3~4栋楼选择一台塔吊，标准塔 吊，塔吊月租、进出场费、塔吊基础费低， 塔吊附着无须额外计取费用
3	临电	用电负荷总量大，需多台变压器和多处 配电房，主电缆要求高	用电负荷仅需设置少量变压器，配电 房、主电缆直径需求数量相应减少
4	构件堆码	每栋楼各需构件存放区，地面混凝土硬 化；每栋楼需配置单层或者单单元预制构 件存放架，包括预制墙板堆放架、PCF板 存放架，木方、楼梯存放架	局部硬化或者覆盖

续表

序号	项目	蜀山项目	传统项目
5	模板	现浇墙体仅需内侧支模，现浇叠合板吊模，每栋楼模板接触面积仅不足 200m²；后期产生的废旧模板减少，不到传统的 10%	每栋楼需配置 1 层墙体模板，3 层楼板模板木方，A 户型每栋需配置 2500m²，B 户型每栋需配置 3100m²；模板周转 10～15 次即需更换
6	支撑体系	每栋楼仅需 2 层独立支撑，1 层斜撑；独立支撑以及斜撑为可调定型化构件，适用于 3m 以下层高	每栋楼需 1 层墙体钢管支撑，3 层满堂脚手架
7	灌浆料设备	配套购买灌浆泵	无
8	吊装工具	每 2～3 栋楼配置一吊梁、吊架	无
9	外防护架	单栋楼双层外挂架，自下向上循环使用，整体用钢量少，一次性投入高，安全牢固可靠	单栋楼钢管悬挑脚手架，自下搭设至顶，每七层一悬挑，钢管、工字钢、钢丝绳、扣件、安全网、钢板网等用量大，租赁费用高，安全隐患多
10	阳台防护	增加阳台下挂定型化防护架	随主体一道施工，无须额外增设防护
11	施工电梯口收尾	需额外租赁吊车或者搭设悬挑脚手架施工	采用吊篮作业收口

4.1.3　质量安全进度对比

装配式建筑项目在质量、安全、进度方面较传统项目均由一定优势，具体如表 2.4 所示。

装配式项目与传统项目质量安全进度对比　　　　　　　　　　　　　表 2.4

序号	项目	蜀山项目	传统项目
1	质量	高强灌浆料连接，相当于 C85 混凝土； 内墙、外墙表面清水混凝土效果，观感良好； 内置挤塑聚苯板，与结构同寿命周期，不会产生脱落等质量通病； 混凝土表面粗糙键槽，混凝土与混凝土连接可靠； 户内开间、进深、净高尺寸标准统一，可控； 门窗洞口尺寸标准统一； 设计构造防水，杜绝渗漏隐患	剪力墙混凝土为 C55～C30； 易出现胀模、烂根、夹渣等混凝土质量通病，需二次修补； 外墙保温后续专项施工，质量靠人为施工控制； 混凝土表面人工凿毛处理； 户内尺寸装饰阶段粉刷控制； 门窗洞口尺寸装饰粉刷控制； 粉刷施工措施防水
2	安全	外立面防护采用双层外挂架，自下而上，循环使用，安全隐患少； 支撑体系采用定型化支撑，周期循环用，体系安全可靠，用量少； 采用塔吊吊装构件，吊装工程量大，以塔吊为监控重点	采用钢管悬挑脚手架，自下而上满堂搭设，安全隐患多； 钢管满堂支撑，钢管用量大，过程中存在人为施工操作，隐患多； 安全监控重点多，以外脚手架、塔吊、电梯、施工机具、满堂脚手架等为主

序号	项目	蜀山项目	传统项目
3	进度	结构施工 5 天/层,不允许夜间吊装;内外清水混凝土效果,节约内墙、外墙粉刷工序,外立面防护所需材料、人工;内置保温板,节约外墙保温工序;工期上至少节约 2~3 个月时间	全天候作业,确保结构施工 5 天/层内外墙粉刷湿作业,外墙保温作业,且需设置外立面防护;施工完毕,拆除外立面防护

4.1.4 运营维修对比

由于蜀山项目尚未进入运营阶段,故本项对比内容均以查阅文献及经验数据为主,如表 2.5 所示。

装配式项目与传统项目运营维修对比表 表 2.5

序号	项目	装配式项目	传统项目
1	能耗	保温性能较好	保温性能一般
2	维修费用	工厂化生产质量把控严,防水性能好;保温与建筑同寿命,维修成本低	防水质量、保温质量控制较差,维修成本较高

4.1.5 政府其他损益对比

针对政府作为投资主体的装配式建筑项目,政府在工期、税收、环境成本方面均有收益,同时有利于解决建筑市场工人紧缺的问题,如表 2.6 所示。

其他损益对比表 表 2.6

序号	项目	蜀山项目	传统项目
1	税收	增加构件厂税收	无优势
2	工期	节省工期,减少建设期管理费用投入,增加运营期运营收入	无优势
3	用工问题	与传统相比,项目现场和构件厂合计共减少用工约 40%,其中 50% 的人工转移至工厂工作	无优势
4	环境成本	减少 80% 的环境污染,减少 60% 资源消耗	无优势

4.2 用工分析

传统施工属于劳动力密集性行业,高峰期穿插施工,人员可达 1800~2000 人。采用装配式建造方式每 2~3 栋楼,仅需 6 个人一个吊装班组,4 个人一个灌浆班组即可。整个现场仅需 480 人作业即可满足进度要求,工厂作业人员约 400 人,人员减少达 50%。

4.3 用时分析

(1) 管理方面

通过整体组织实施、施工技术及产品的标准化和规模化建设，缩短建设周期。通过缩短工期，可降低机械租赁、人员薪金资金等支出。经测算，采用整体装配＋现浇组合方式施工方式的利息支出比传统方式施工减少 10% 以上。

（2）施工方面

内外清水混凝土效果，节约内墙、外墙粉刷工序，外立面防护所需材料、人工；内置保温板，节约外墙保温工序；工期上至少节约 3～5 个月时间。

4.4　四节一环保分析

（1）节能

能耗约 15 千克标准煤/m²，传统结构为 19.11 千克标准煤/m²。

传统施工脚手架，人工、材料耗费量大，安全隐患多，安装、拆除作业时间长；装配式建造仅需双层外挂架，安全性能好，材料、人工耗费量少，安装、拆除方便。

传统施工满堂脚手架，人工、材料耗费量大，安全隐患多，安装、拆除作业时间长；装配式建造双层独立支撑以及单层斜支撑即可，安全性能好，材料、人工耗费量少，安装、拆除方便。

（2）节水

用水量 0.53m³/m²（立方米/建筑面积），传统方式为 1.43m³/m²（立方米/建筑面积）。

传统施工混凝土构件需确保至少 7 天浇水养护，水耗量大；传统施工湿作业工序多，水需求量大。装配式构件采用蒸汽养护，出厂即成型，无须养护；装配式施工，过程中无湿作业工序；水耗总计减少 60%。

（3）节材

1）模板：传统施工模板用量大，单栋楼需配模约 2500m²，周转次数仅十次左右即报废，废旧模板建筑垃圾就多。

装配式建造模板用量小，每栋楼仅需 300m² 模板，节约模板达到 80%，大部分已由叠合板、PCF 板构件直接作为模板使用。

2）钢筋：传统施工钢筋、混凝土浪费大，损耗率达到 3%；湿作业以及水电管槽修补作业量大；产生大量的混凝土废料、砖渣、落地灰等建筑垃圾。

装配式建造构件钢筋、混凝土无损耗，无湿作业，水电管线已预留预埋，无须修补作业，减少 80% 建筑垃圾。

3）清水抹灰：装配式建造内外墙清水效果，无须抹灰作业，节约材料；材料节约达 20%。

传统采用煤矸石砌体，需开槽修补，表面粉刷，产生大量建筑垃圾。

4）内墙：装配式建造内墙采用轻质隔墙（利用粉煤灰等废旧料生产的）；轻质隔墙表面清水效果，无须粉刷，节约材料。

（4）环保

1）噪声：传统施工混凝土浇筑振捣量大，单层混凝土量达到 300 余方，需作业 10～12 小时；25 栋住宅单体，现场 24 小时不间断作业，噪声污染大；

装配式单层混凝土仅 80 方，仅作业 3～4 小时，且无须夜间作业，噪声在正常允许范围之内；噪声总计减少 80%。

2) 扬尘：传统施工水泥、木屑、尘土等颗粒废弃物多，造成空气中粉尘污染严重。

通过装配式能降低运输车的台次。据测算，扬尘污染主要就是建筑工地的施工扬尘和车辆运输扬尘，约占 PM2.5 的来源的 15.8%。由于是预制建筑是半成品运输，能降低运输扬尘和逸散，为降低 PM 的指数做出贡献。

【专家点评】

(1) 结构技术体系适用的地域和高度

中建国际采用的以竖向钢筋套筒灌浆连接技术为核心的装配整体式建造方式，原则上适合于抗震设防烈度 6～8 度地区，其最大适用高度根据建筑的结构类型、所处区域抗震设防烈度级、建筑抗震设防分类等因素确定，并满足现行《抗震设计规范》GB 50011、《高层建筑混凝土结构技术规程》JGJ 3 和《装配式混凝土结构技术规程》JGJ 1 以及相关的地方规程规范的要求。

(2) 技术难点

1) 技术难点在于装配式建筑建造各阶段（设计、构件生产、吊装阶段）的技术协同、标准统一和建造过程高效管理。

2) 中建国际的工程总承包管理团队的高水平管理能力和技术管控水平是其装配式建筑项目顺利高效推进的重要保证。中建国际工程管理团队拥有多年海外的工程总承包管理经验和中国香港地区装配式住宅的技术经验，并结合国内装配整体式剪力墙结构的特征和国内操作工人的技术水准，制定了详细的各建造节点工序的管控目标和操作流程，确保项目建造的高效顺利进行。

3) 专业化、规模化的预制构件生产能力为中建国际的装配式项目的建造提供强有力的支撑。中建国际旗下的海龙建筑工业有限公司携多年来为香港装配式住宅市场提供构件的先进管理经验和技术优势，针对国内装配式剪力墙结构的技术特点，调整设备提高生产效率，提升产品质量，特别是夹心保温外墙板的自动化流水线的生产工艺更是提高了生产效率，并建立生产管理团队和技术团队服务工程建造全过程，与中间国际总承包管理团队完好对接，同时运用 BIM 等信息化管理手段建立构件部品的全生命周期的可追溯性，为中建国际源源不断地提供物美价廉的装配式建筑预制构件和部品。

(3) 关键因素

中建国际采用符合装配式建筑特点的设计、生产、施工一体化工程总承包（EPC）的运营模式，可以有效地实现建造各阶段（设计、生产、施工）的无缝对接，使建造过程能更高效有序地推进，提高建筑产品的质量、降低成本。同时，中建国际高效的项目运作能力和管理能力也是确保装配式建筑顺利推进的关键因素。

(4) 适合推广的区域

中建国际将国际工程总承包的管理模式、管理经验与国内建筑行业实际情况相结合，在装配式建筑领域采取的 EPC 的运营模式，打造建筑产业现代化全产业链，实现了装配式建筑项目的社会效益、经济效益双丰收，必将推动建筑产业现代化的发展，促进传统建筑企业的转型升级。带来建筑行业管理模式的深刻变革。

此建筑体系适合在经济较发达、人口密集的区域。

（于劲：北京市住宅建筑设计研究院有限公司，总工程师）

编写人

姓名：张宗军

单位名称：安徽海龙建筑工业有限公司

职务：总经理

【案例2】 深圳裕璟幸福家园

摘　要

本项目采用装配整体式剪力墙结构体系，预制率50％、装配率70％。采用"深圳市保障性住房标准化系列化研究课题"标准层户型，标准化程度高，外墙节点做法充分结合深圳夏热冬暖气候特点，结合立面方案设计，具有一定创新性。工程采用EPC总承包管理模式＋装配式建造方式，从建筑、结构、水暖电到室内装修各个阶段，实行标准化、模数化和系统化管理，并将BIM等信息化技术贯穿整个项目建设始终，进一步保障了工程质量和进度。

1 典型工程案例简介

1.1 基本信息

1）项目名称：裕璟幸福家园；

2）项目地点：深圳市坪山新区坪山街道田头社区上围路南侧，深圳监狱北侧；

3）开发单位：深圳住宅工程管理站；

4）设计单位：中国建筑股份有限公司；

5）深化设计单位：中建建筑工业化设计研究院；

6）施工单位：中国建筑股份有限公司；

7）预制构件生产单位：广东中建科技有限公司；

8）进展情况：正在建设中。

1.2 项目概况

深圳裕璟幸福家园项目建设地点位于深圳龙岗新区坪山街道。建设用地面积11164m²，总建筑面积64050m²（其中地上50050m²），共三栋塔楼，包括1号楼、2号楼、3号楼，总层数31～33层，层高2.9m，总建筑高度98m，设防烈度7度（0.1g），采用装配整体式剪力墙结构体系，标准层预制率达50％，装配率达70％。图2.19和图2.10分别为本项目的总平面图和鸟瞰图。本文对本项目装配式建筑技术进行介绍。

图 2.19　总平面图

图 2.20　鸟瞰图

1.3　工程承包模式

中建科技集团有限公司（简称中建科技集团），是中国建筑股份有限公司的全资子公司，以新型建筑工业化、建筑节能与环保、集成房屋、被动式建筑、未来建筑和新型建筑材料为核心业务，是集科研、设计、加工、建造、运营、服务和投资于一体的科技集团。依托中国建筑品牌、资金、技术以及人才等丰富资源，通过设计先导，技术引领；合理布局，系统联动；产业平台，区域经营；EPC 五化一体总承包发展，建立中建具有自主知识产权的技术应用体系和装配式建筑平台。本项目采用国际通行的工程总承包（EPC）方式实施，工程总承包单位中建科技集团有限公司对工程项目的设计、采购、施工等实行全过程的承包，并对工程的质量、安全、工期和造价等全面负责。

2　装配式建筑技术应用情况

2.1　建筑专业

2.1.1　标准化设计

（1）建筑设计

本项目为《深圳市保障性住房标准化系列化研究课题》的研究成果，如图 2.21 所示。3 栋高层住宅共计 944 户，采用 35m²、50m²、65m² 三种标准化户型模块组成，实现了平面的标准化。为预制构件设计的少规格、多组合提供了可能，图 2.22、图 2.23 为基于标准化设计的基本户型平面布置图。

外立面设计特点：外墙角部构造体现装配式特点；与水平和垂直板缝相对应的外饰面分缝；装配式的外遮阳部品、标准化金属百叶（含标准化室外空调机架）；立面两种涂料色系的搭配等，如图 2.24～图 2.26 所示。

（2）预制构件设计原则

本项目建筑户型的标准化设计为预制构件的设计奠定了很好的基础。结构设计执行《装配式混凝土结构技术规程》JGJ 1—2014 相关规定，核心筒区域、底部加强区全部采用现浇，边缘构件区域采用现浇。预制楼梯采用一段滑动、一段固定。

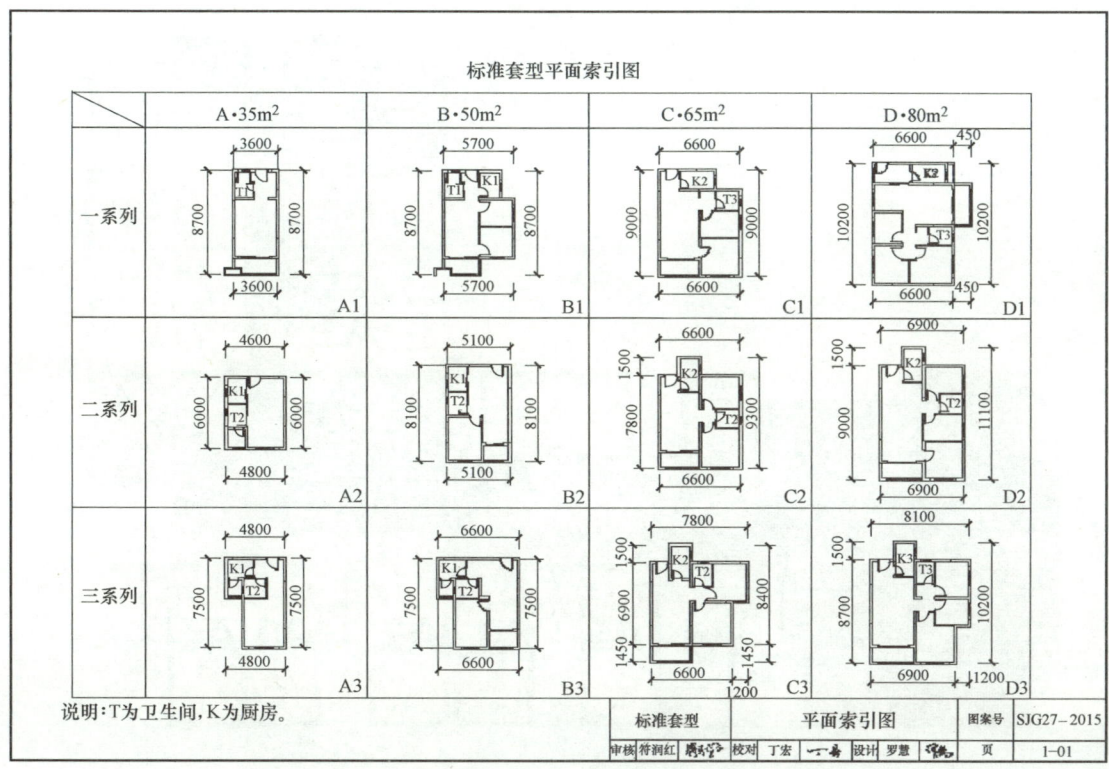

图 2.21　深圳市保障性住房标准化设计图集（选）

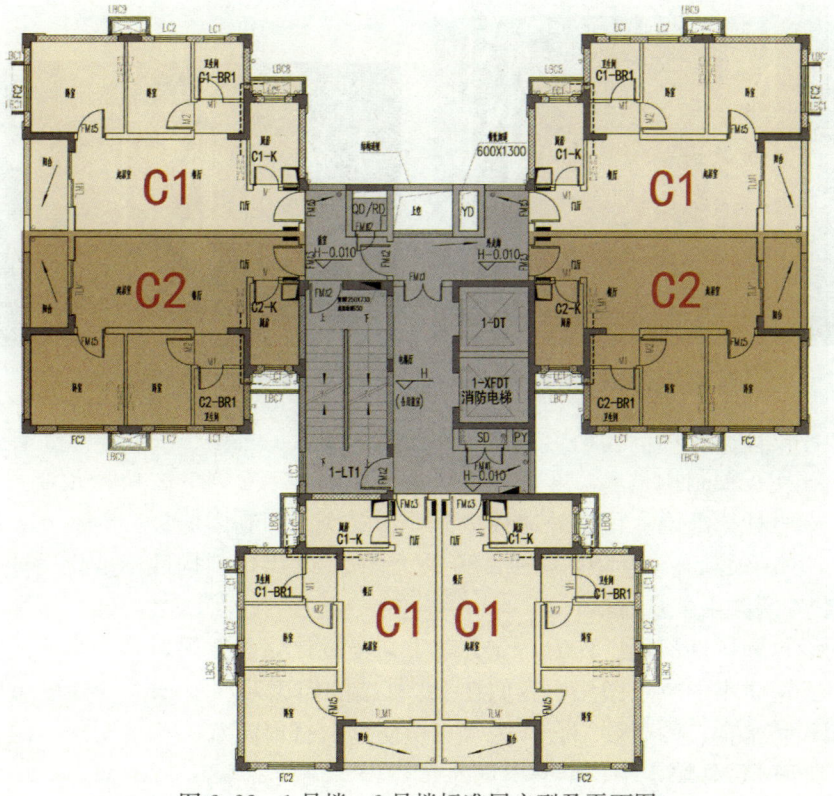

图 2.22　1号楼、2号楼标准层户型及平面图

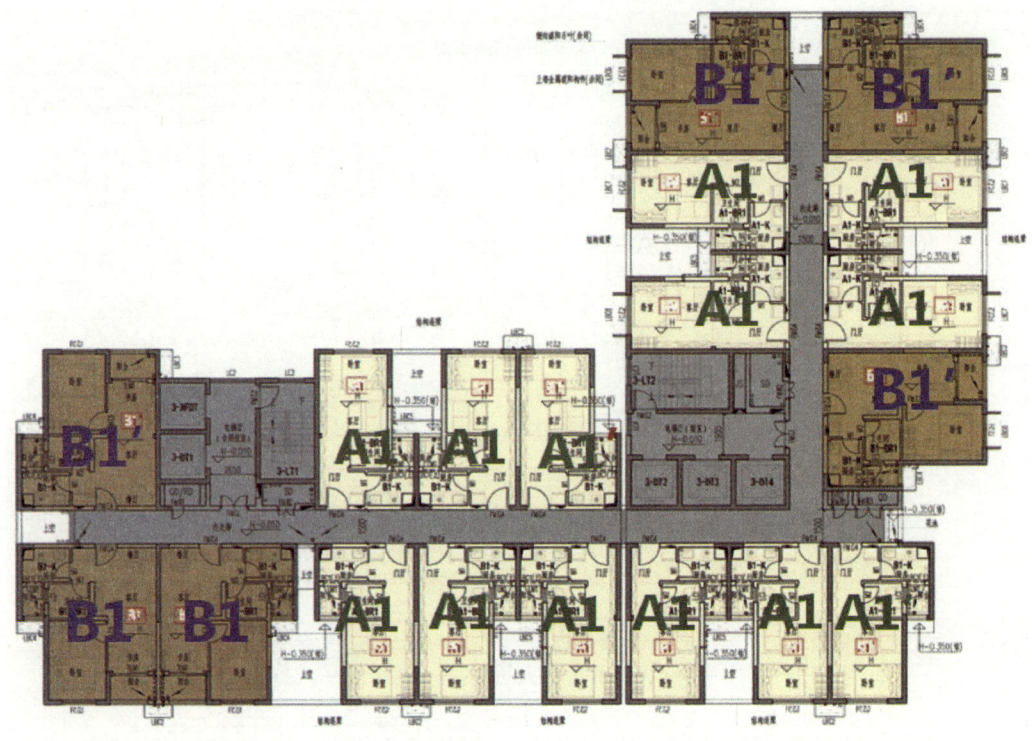

图 2.23　3 号楼标准层户型及平面图

图 2.24　立面放大效果图（一）

图 2.25　立面放大效果图（二）

　　预制构件设计拆分尽量满足少规格、多组合原则。1 号楼、2 号楼标准层，预制外墙板：9 种，33 块；预制内墙板：3 种，4 块；预制楼梯：2 种，2 块；预制叠合楼板：9 种，33 块。3 号楼标准层，预制外墙板：7 种，53 块；预制内墙板：5 种，18 块；预制楼梯：1 种，4 块；预制叠合楼板：9 种，86 块。图 2.27 为预制构件标准化设计示意图。

　　（3）PC 外墙防水节点做法

　　施工图设计和构件深化设计时，充分尊重初步设计立面效果，结合当前成熟的三明治夹心剪力墙三道防水的节点做法，我们在 PC 外墙的周边外加 60mm 的外皮墙体，实现了格构式立面和防水企口的有效结合，为"三道防水"材料防水、构造防水、结构自防水创造了条件。典型 PC 外墙水平、竖直缝防水节点做法见图 2.28。

图 2.26　立面放大效果图（三）

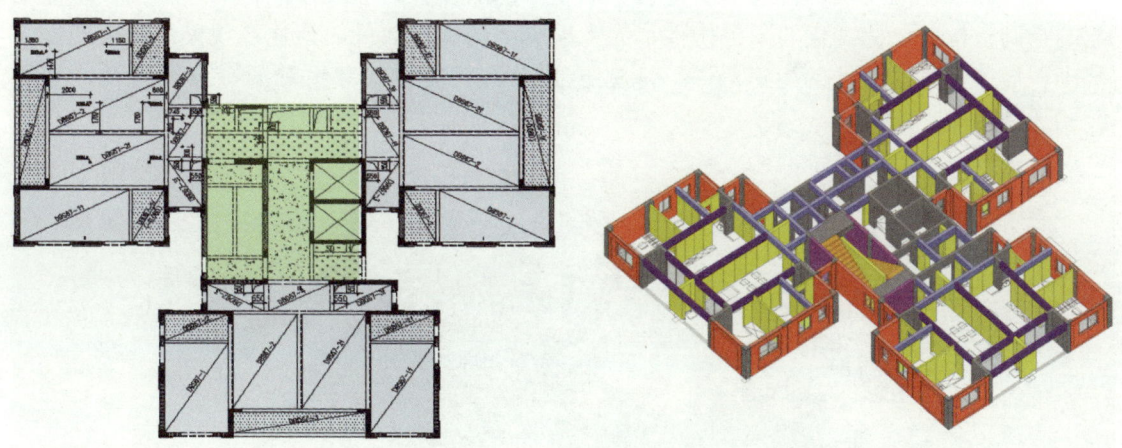

图 2.27　标准层预制构件布置图（以 1 号楼、2 号楼为例）

　　本项目处于夏热冬暖地区，节能要求不高，通过节能验算，南北外墙不需要做保温处理，仅仅对东西外墙进行内保温处理，内保温做保温砂浆 10mm。

　　（4）PC 外墙窗节点防水做法

　　本项目招标文件明确要求采用预装窗框法施工，这与深圳当地雨水充裕，临海有压强水有较大关系。借鉴中国香港地区预装窗框节点的成熟做法，本项目预装窗框节点采用内高外低的企口做法，上部设置滴水槽，下部设置斜坡泄水平台，在工厂预先装设窗框，并打密封胶处理。做好成品保护运输至工地后，统一装窗扇和玻璃。有效控制质量，避免现场安装密封作业,防止渗漏,保证质量。预装窗节点见图2.29。

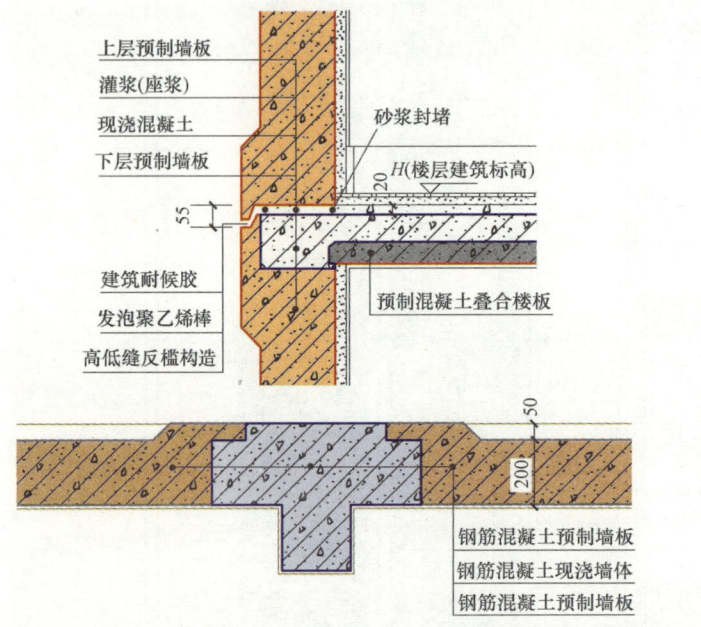
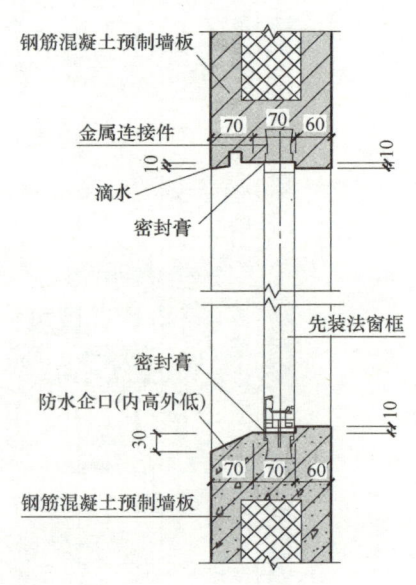

图 2.28 PC外墙水平缝及竖向缝防水节点   图 2.29 PC外墙竖向缝防水节点

2.1.2 主要预制构件及部品设计

根据标准化的模块,再进一步进行标准化的部品设计,形成标准化的楼梯构件、标准化的空调板构件、标准化的阳台构件,大大减少结构构件数量,为建筑规模量化生产提供基础,显著提高构配件的生产效率,有效地减少材料浪费,节约资源,节能降耗,如图2.30和图2.31所示。

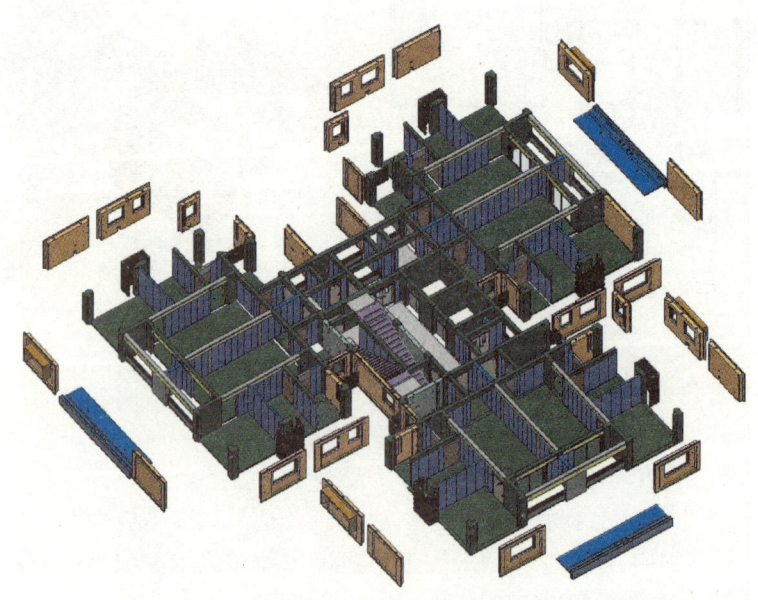

图 2.30 装配整体式剪力墙结构体系示意图

图 2.31　装配整体式剪力墙结构体系主要预制构件

（*a*）叠合梁；（*b*）叠合楼板；（*c*）预制剪力墙板；
（*d*）叠合阳台板；（*e*）预制楼梯

2.2　结构专业

2.2.1　预制与现浇相结合的结构设计

标准层预制率计算见表 2.7。如表所示，1 号、2 号楼标准层预制率约为 50％（含采用装配化的内隔墙部分）以上。

1♯、2♯标准层预制率、装配率计算　　　　　　　　　　　表 2.7

楼栋编号	预制构件类别		标准层各类预制构件体积（m³）	标准层现浇混凝土体积（m³）	标准层混凝土总体积（m³）
1 号 2 号	墙板	外墙板	32.6	69.85	137.55
		内墙板	4.5		
	预制叠合楼板		15.4		
	叠合梁		3.7		
	预制楼梯		3.5		
	阳台板及其他		4.3		
	小计		67.7	—	—
	轻质混凝土条板体积		31.6		

按照《深圳市住宅产业化项目单体建筑预制率和装配率计算细则》计算：

标准层预制率 $V1＝$（标准层预制构件混凝土体积＋0.5×轻质内隔墙体积）/

（标准层预制构件混凝土体积＋标准层现浇混凝土体积＋轻质内隔墙体积）

43

$$=(67.7+0.5\times31.6)/(67.7+69.85+31.6)$$
$$=83.5/169.15=49.3\%$$

由于条板体积占比超过 7.5%，修正后预制率为 49.3%。

标准层装配率 $S1$＝（标准层装配式工法构件总表面积）÷（标准层混凝土总表面积）×100%

$$=(760.8+0.5\times455.0+0.5\times557.2)/(760.8+455.0+557.2)$$
$$=71.5\%$$

2.2.2 抗震设计

本工程的设计基准期 50 年，设计使用年限 50 年，建筑结构的安全等级为二级，住宅抗震设防类别为丙类，抗震设防烈度为 7 度，设计基本地震加速度为 0.10g，设计地震分组第一组，建筑场地类别按Ⅳ类，基本风压为 0.55kN/m²（50 年重现期 60m 以下），地面粗糙度 B 类。

3 栋塔楼均采用装配整体式剪力墙结构体系，剪力墙抗震等级为二级。结构嵌固部位为地下室顶板。结构设计按等同现浇的原则进行设计，现浇部分地震内力放大 1.1 倍。预制构件通过墙梁节点区后浇混凝土、梁板后浇叠合层混凝土实现整体式连接。为实现等同现浇的目标，设计中除采取了预制构件与后浇混凝土交界面为粗糙面、梁端采用抗剪键槽等构造措施外，还补充进行了叠合梁斜截面抗剪计算、梁板水平缝抗剪计算、叠合梁挠度及裂缝验算等。

2.2.3 节点设计

本项目采用成熟的装配式剪力墙结构体系设计，PC 墙与 PC 墙的水平连接、PC 墙与现浇节点的竖向连接、PC 墙与叠合板的连接、预制叠合梁与现浇墙节点的连接、预制叠合梁与叠合板的连接、预制楼梯节点连接等，均参考《桁架钢筋混凝土叠合板（60mm 厚底板）》15G366-1、《预制钢筋混凝土楼梯》15G367-1、《装配式混凝土结构连接节点构造》15G310-1、15G310-2 等图集。由于本项目采用内保温，外墙节点做法与国标图集的三明治夹心剪力墙的节点做法稍有区别，具体节点做法见图 2.32～图 2.34。

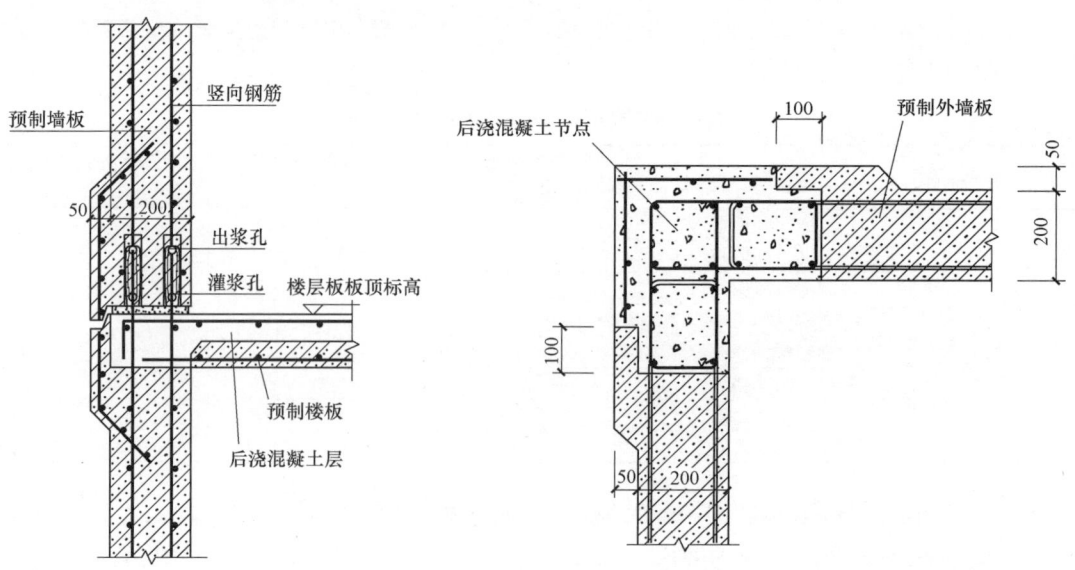

图 2.32 PC 外墙水平节点详图　　　　图 2.33 PC 外墙角部现浇节点详图

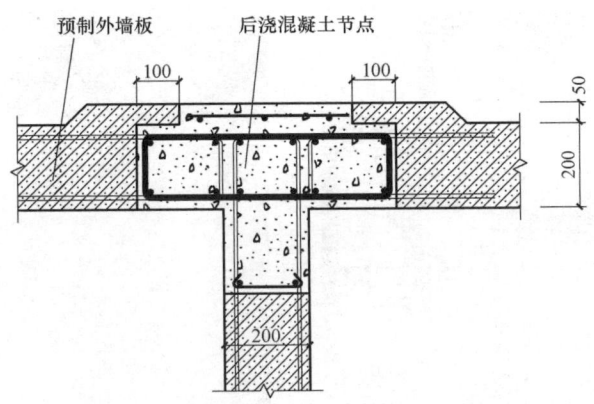

图 2.34 PC 外墙 T 形现浇节点详图

2.3 水暖电专业

装配式建筑除了主体结构外，水暖电专业的协同与集成也是装配式建筑的重要部分。装配式建筑的水暖电设计应做到设备布置、设备安装、管线敷设和连接的标准化、模数化和系统化。施工图设计阶段，水暖电专业设计应对敷设管道做精确定位，且必须与预制构件设计相协同。在深化设计阶段，水暖电专业应配合预制构件深化设计人员编制预制构件的加工图纸，准确定位和反映构件中的水暖电设备，满足预制构件工厂化生产及机械化安装的需要。

装配式住宅建筑采用集成式卫生间时，应根据不同水暖电设备要求，确定管道、电源、电话、网络、通风等需求，并结合机电设备的位置和高度，做好机电管线和接口的预留。

装配式住宅建筑采用集成式厨房时，应根据不同水暖电设备要求，确定管道、电源、电话、防排烟等需求，并结合机电设备的位置和高度，做好机电管线和接口的预留。

装配式建筑应进行管线综合设计，避免管线冲突、减少平面交叉；设计应采用 BIM 技术开展三维管线综合设计，对结构预制构件内的机电设备、管线和预留洞槽等做到精确定位，以减少现场返工。

2.4 全装修技术应用

装配式项目和传统建筑项目不同，室内设计在建筑设计的初期就要同步考虑，包括家具摆放、装修做法等，然后通过装修效果定位各机电末端点位，然后精确反推机电管线路径、建筑结构孔洞预留及管线预埋，确保建筑、机电、装修一次成活，实现土建、机电、装修一体化，见图 2.35。

2.5 信息化技术应用

建筑工业化具有五大特点："标准化设计、工厂化生产、装配化施工、一体化装修和信息化管理"，装配式建筑必须要围绕这五个方面实现创新发展和升级换代。它的创新在于标准化设计理念和方法的创新、工厂化生产技术和材料的创新；装配式施工工艺和工法的创

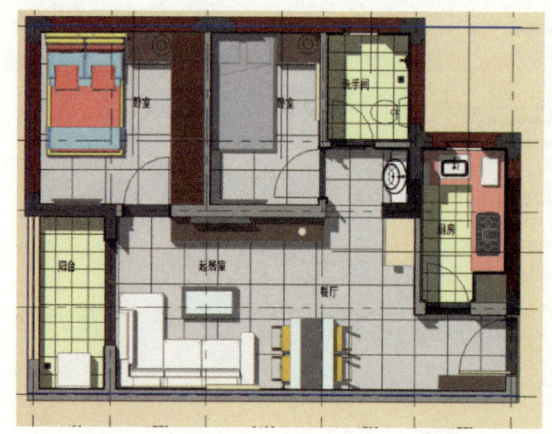
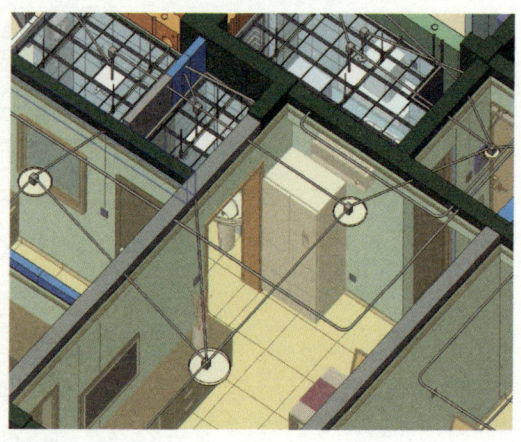

图 2.35　一体化设计图

新；一体化装修产品和集成的创新；信息化管理架构和手段的创新。其创新的核心是"集成创新"，BIM 信息化创新是"集成创新"的主线。这条主线串联起设计、生产、施工、装修和管理全过程，服务于设计、建设、运维、拆除的全生命周期。可以数字化虚拟、信息化描述各种系统要素，实现信息化协同设计、可视化装配、工程信息的交互以及节点连接模拟及检验等全新运用，可以整合建筑全产业链，实现全过程、全方位的信息化集成，见图 2.36。

EPC 总承包管理模式专业化程度高，可实现各方有效协同，提高工程效率及效益。EPC 总承包管理模式与装配式建筑有天然的结合优势。本项目将 EPC 模式与信息化技术相结合，旨在将 EPC 全产业链、全过程各个环节、各个参与部门的信息交换集成在一个平台上，通过信息的集成实现"信息化红利"。该平台主要的设计、生产、施工、管理信息的建立和交换在固定端实现，实时信息通过云平台交换，最主要载体为轻量化信息模型及自动关联性的信息数据表单。该平台功能随着项目的进行根据项目特点不断修正深化，见图 2.37、图 2.38。

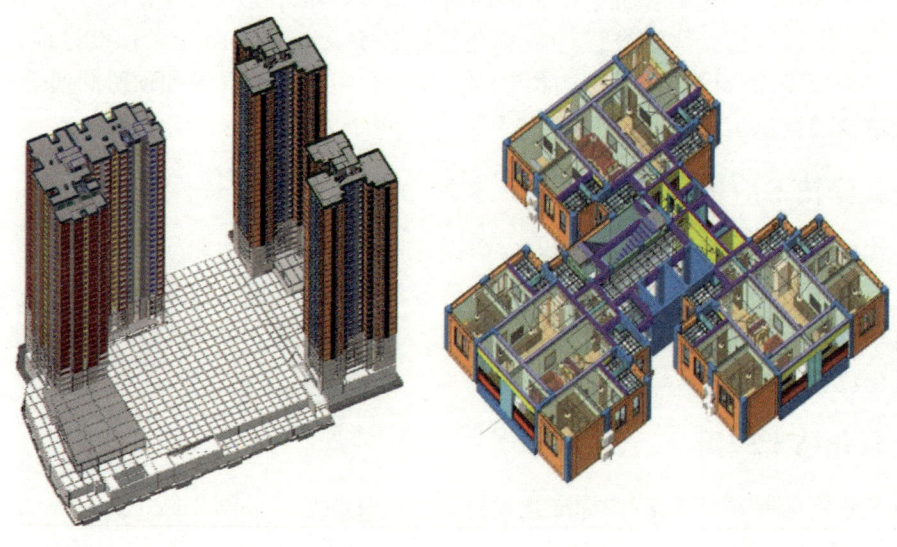

图 2.36　标准层 BIM 模型

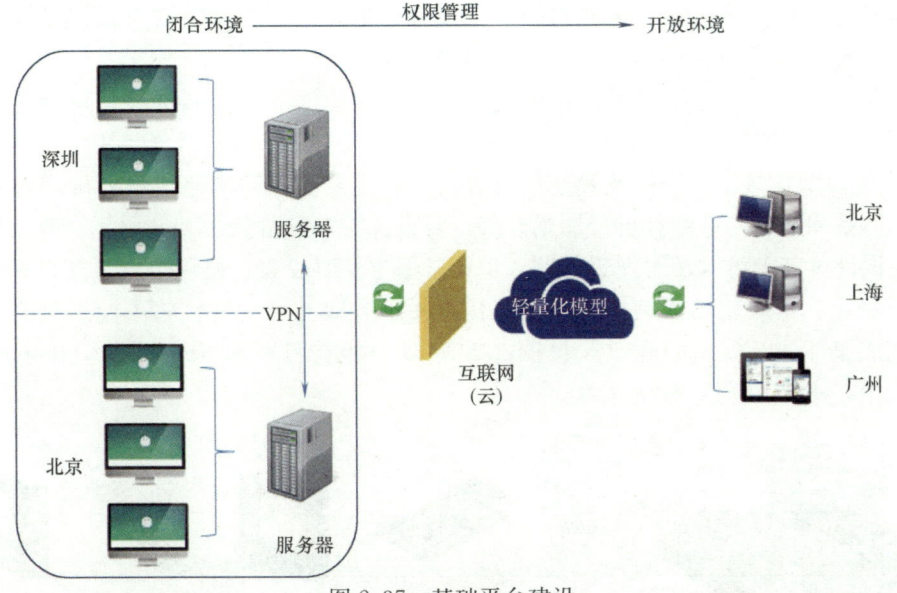

图 2.37　基础平台建设

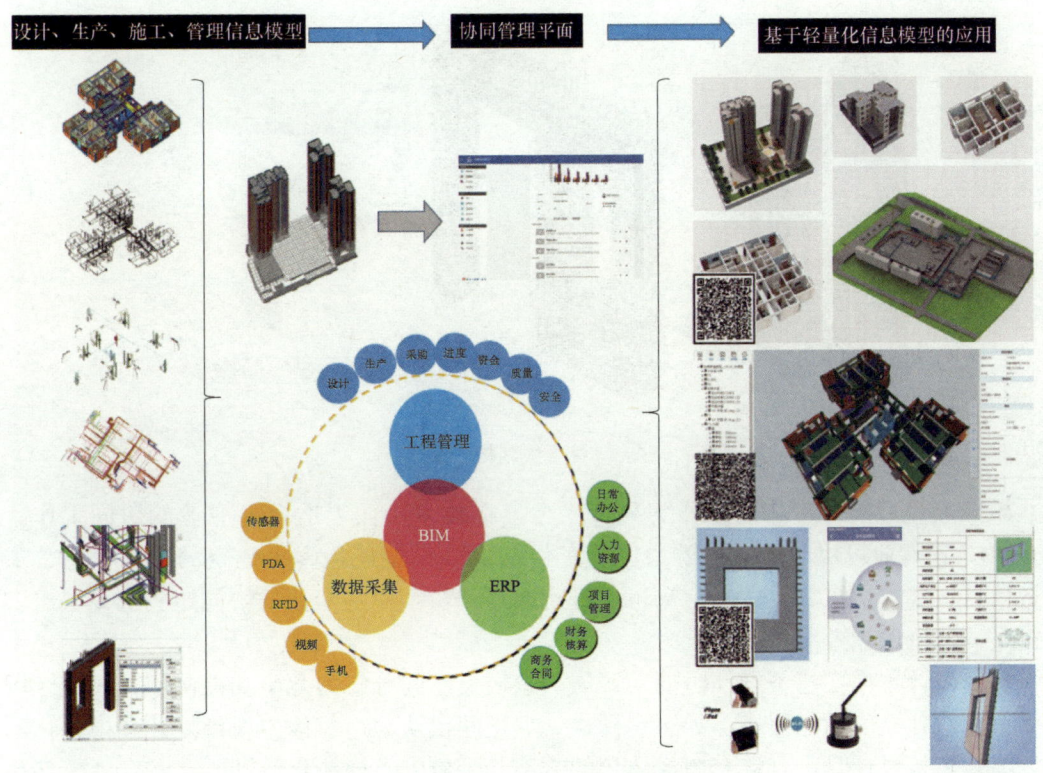

图 2.38　信息化平台架构平台建设

2.5.1　设计阶段 BIM 应用

在装配式建筑设计前期首先要考虑预制构件的加工生产和现场施工装配的问题，做好预制构件设计。传统方式下大多数情况都是在施工图完成以后再由构件厂进行"构件设计"，本项目在前期策划阶段就专业介入，确定好装配式建筑的技术路线，方案设计阶段根据既定目标，依据构件设计原则进行方案设计。避免由于方案不合理造成后期的技术经济性的不合理，以及由于前后脱节造成的设计失误。

BIM 信息化有助于建立上述工作机制，单个外墙构件的几何属性经过可视化分析，可以对预制外墙板的类型数量进行优化，减少预制构件的类型和数量。设计阶段建立了各专业的设计 BIM 模型，将建筑构件及参数信息等真实属性真实反映出来，事前确定好装配式建筑的技术体系和预制构件设计拆分原则，确定好设计方案，避免后期的反复修改，提高设计效率。在设计过程中可以及时发现问题，也便于甲方及时决策，避免事后再次修改。

本项目建立模块化的预制构件库，从构件库中提取各类构件，将不同类型的构件进行组装，完成整体建筑模型的建立，见图 2.39。项目级构件库的构件种类会在不同项目的设计过程中，不断扩充、不断完善。

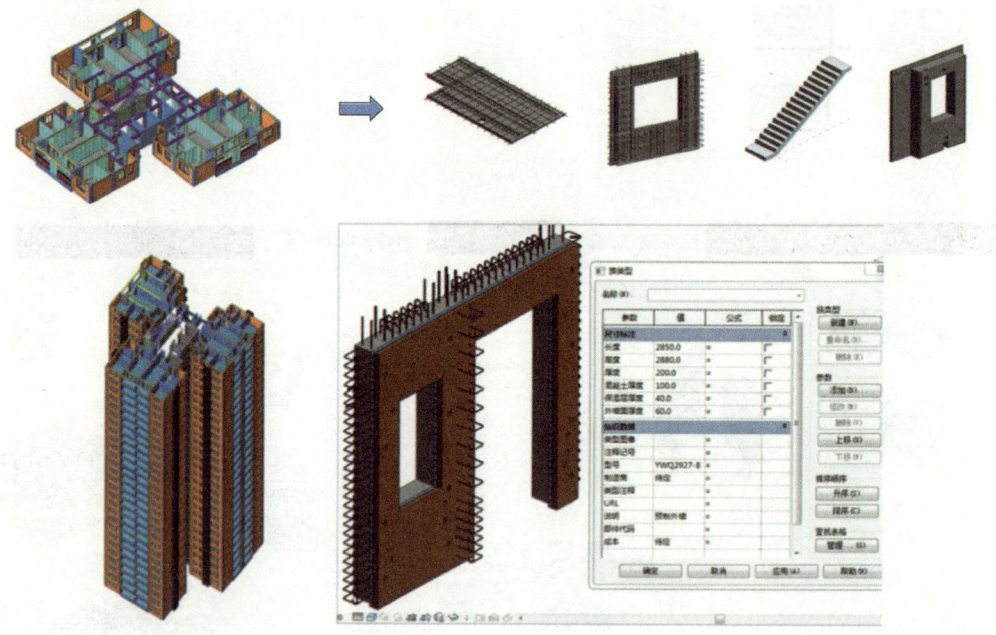

图 2.39　预制构件模型

BIM 模型以三维信息模型作为集成平台，在技术层面上适合各专业的协同工作，见图 2.40。各专业可以基于同一模型进行工作。BIM 模型还包含了建筑的材料信息、工艺设备信息、成本信息等，这些信息可以进行数据分析，使各专业的协同达到更高层次，全面提升设计精度和效率。

装修设计工作在建筑设计时同期开展。将居室空间分解为几个功能区域，每个区域视为一个相对独立的功能模块。如厨房模块、卫生间模块，由装修方设计好几套模块化的布局方案，建筑设计时可直接套用模块化的方案。装修方在模块化设计时，综合考虑部品的尺寸关系，采用标准模数对空间及部品进行设计，以利于部品工厂化生产，见图 2.41。装修方在装配方案设计时，按照工厂下单图纸的精度标准进行，避免现场加工的尺寸误差，提高现场装配效率及部品的精确程度。

2.5.2　生产阶段 BIM 应用

通过 BIM 模型对建筑构件的信息化表达，构件加工图在 BIM 模型上直接生成，见图

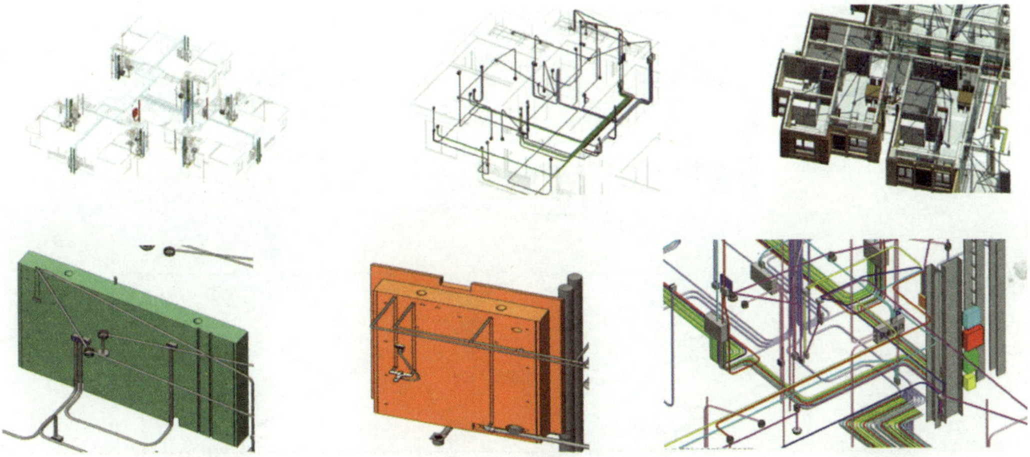

图 2.40 各专业间协同设计

图 2.41 精装 BIM 模型

2.42。不仅能清楚的表达传统图纸所能表达的二维关系，对于复杂的空间剖面关系也可以清楚表达，同时还能够将离散的二维图纸信息集中到一个模型当中，见图 2.43。这样的模型能够更加紧密地实现与预制工厂的协同和对接。

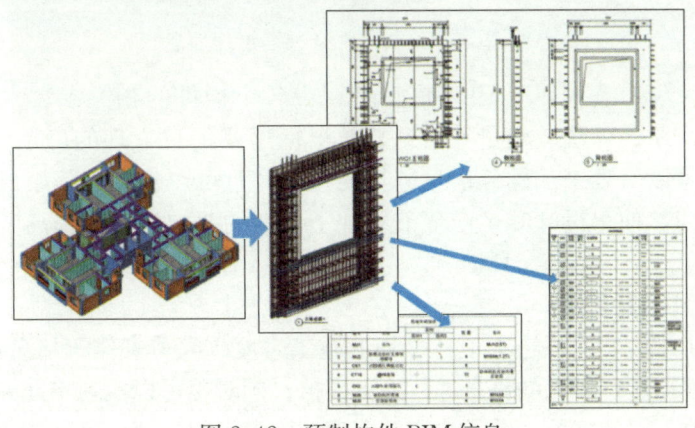

图 2.42 预制构件 BIM 信息

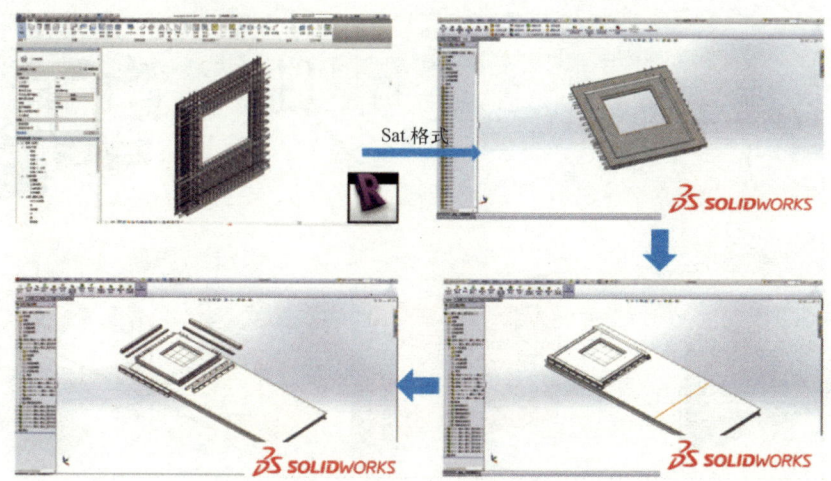

图 2.43　预制构件信息数据交换

　　BIM 建模是对建筑的真实反映，在生产加工过程中，BIM 信息化技术可以直观地表达出配筋的空间关系和各种参数情况，能自动生成构件下料单、派工单、模具规格参数等生产表单，并且能通过可视化的直观表达帮助工人很好地理解设计意图，见图 2.44。形成的 BIM 生产模拟动画、流程图、说明图等辅助培训的材料，有助于提高工人生产的准确性和质量效率。

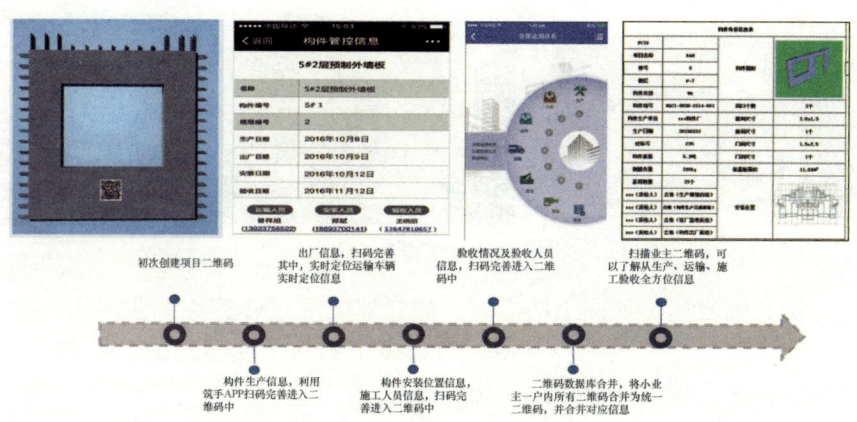

图 2.44　预制构件全过程管理信息

　　构件生产厂家可以直接提取 BIM 信息平台中各个构件的相关参数，根据相关参数确定构件的尺寸、材质、做法、数量等信息，并根据这些信息合理的确定生产流程和做法，同时生产厂家也可以对发来的构件信息进行复核，并且可以根据实际生产情况，向设计单位进行信息的反馈，使得设计和生产环节实现了信息的双向流动，提高了构件生产的信息化程度。

2.5.3　施工阶段 BIM 应用

　　在制定施工组织方案时，将本项目计划的施工进度、人员安排等信息输入 BIM 信息平台中，软件可以根据这些录入的信息进行施工模拟，同时也可以实现不同施工组织方案的仿真模拟，施工单位可以依据模拟结果选取最合理的施工组织方案，见图 2.45、图 2.46。

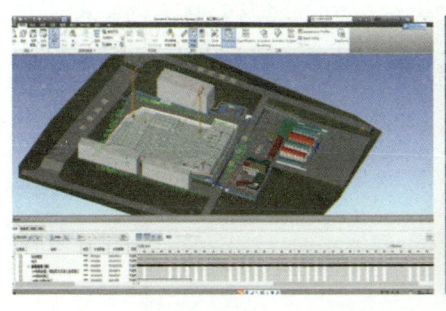 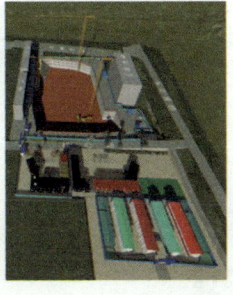 

图 2.45　施工场地布置　　　　　　　　　　　　　图 2.46　爬架模拟

基于 BIM 平台实施各类专业管线与主体结构部件、不同专业管线之间的设计检查，检查出管线和主体结构的碰撞以及不同专业管线之间是否存在碰撞，同时根据现场实际情况，对于设计成果进行检查，避免后期返工，见图 2.47。

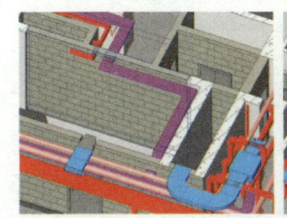 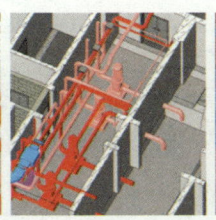 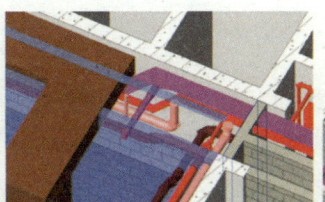 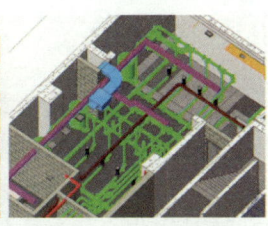

图 2.47　机电管线综合

预制构件的吊装前依据 BIM 模型模拟吊装，根据构件尺寸进行吊具选择，确定构件的吊装方式，同时根据施工组织计划综合确定构件吊装方案。并将计划吊装方案与现场实际吊装方案进行对比，调整施工计划，见图 2.48。

图 2.48　预制构件吊装模拟

构件安装定位通过自主开发的定位工具精确匹配安装位置，提高安装的精确度，最重要的是安装工人不用再俯身查看钢筋与套筒的对位关系，提高了安装工人的安全生产水平，见图2.49。

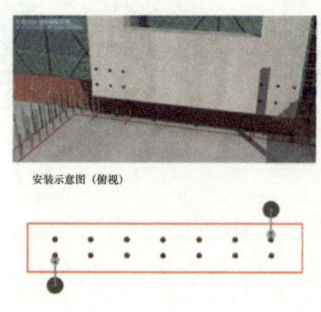

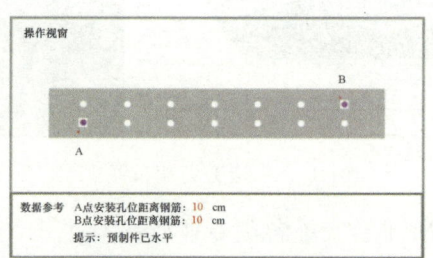

图2.49　预制构件定位监控

将整体的施工进度计划写入BIM信息模型，将空间信息与时间信息整合在一个可视的4D模型中，直观、精确地反映整个建筑的施工过程。提前预知本项目主要施工的控制方法、施工安排是否均衡、总体计划是否合理，场地布置是否合理，工序是否正确，并可进行随时优化。通过虚拟建造，安装和施工管理人员都可以非常清晰的理解装配式建筑的组装构成，避免二维图纸造成的理解偏差，保证项目的如期进行，见图2.50。

图2.50　施工过程模拟

2.5.4　管理使用阶段 BIM 应用

本项目建立了全程追溯体系管理系统，项目验收投入使用后，也可以随时查看建筑中所有建筑构件及建筑部品的相关信息，可以比作为一个项目的"电子说明书"，便于用户和物业管理者清晰直观的获得建筑的信息，进行维护管理，见图2.51。

图 2.51　运维数据支持

3　构件生产、安装施工技术应用情况

3.1　生产

构件生产主要分为两类，一类是板式构件，包括叠合楼板，墙板，叠合阳台等；一类是异形构件，包括叠合梁，预制楼梯等。板式构件一般采用 PC（预制混凝土）自动化流水线生产，生产效率高，质量有保障。

其主要流水作业环节为：

（1）清扫机自动清理模台；

（2）划线机自动放线，安装模具；

（3）喷涂脱模剂；

图 2.52　划线机自动划线

图 2.53　混凝土布料机自动浇筑布料

（4）绑扎钢筋笼；

（5）固定预埋件，如线盒、套管等；

（6）混凝土布料机自动浇筑布料，振动台振捣；

（7）养护室养护。

板式构件生产，以叠合墙板为例，具体操作见图2.52～图2.55。

图2.54 振动台振捣

图2.55 养护室养护

3.2 施工安装

3.2.1 剪力墙施工安装

图2.56 现场施工

测量放线→检查调整下方结构伸出的连接钢筋位置和长度→清理灌浆缝基础面→测量放置水平标高控制垫块→分仓与接缝封堵→墙板吊装就位→安装固定墙板调节支撑→校准墙板位置和垂直度后支撑固定→灌浆→检查验收，具体操作见图2.56、图2.57。

图2.57 固定临时支撑

主要工序介绍如下：

（1）检查调整下方结构伸出的连接钢筋位置和长度：检查下方结构伸出的连接钢筋位置是否符合标准，钢筋位置偏移量不得大于±3mm；可用钢筋位置检验模板；钢筋不正可用钢管套住掰正。长度偏差在 0～15mm 之间；钢筋表面干净，无严重锈蚀，无粘贴物。

（2）清理灌浆缝基础面：墙板水平接缝（灌浆缝）基础面干净、无油污等杂物。高温干燥季节应对墙板与灌浆料接触的表面做润湿处理，但不得形成积水。

（3）测量放置水平标高控制垫块：墙板下口留有 20mm 左右的空隙，采用专用垫块调整墙板的标高及找平。在每一块墙板两端底部放置专用垫块，并用水准仪测量，使其在同一个水平标高上。

（4）分仓与接缝封堵：根据图纸要求分仓，分仓式两侧须内衬模板（通常为便于抽出的 PVC 管），将搅拌好的封堵料填塞充满模板，保证与上下墙板表面结合密实；然后抽出内衬。填抹完毕确认干硬强度达到要求（常温 24 小时，约 30MPa）后再灌浆。

（5）墙板吊装就位：吊装墙板时，采用两点起吊，就位应垂直平稳，吊具绳与水平面夹角不宜小于 60°，吊钩应采用弹簧防开钩；起吊时，应通过采用缓冲块（橡胶垫）来保护墙板下边缘角部不至于损伤。

（6）安装固定墙板调节支撑：每块墙板通常需用两个斜支撑及两个脚步调节支撑来固定，斜撑上部通过专用螺栓与墙板上部 2/3 高度处预埋的连接件连接，斜支撑底部与地面（或楼板）用膨胀螺栓进行锚固；支撑与水平楼面的夹角在 40°～50°之间，见图 2.57。脚步调节支撑可通过调节螺栓对墙体进行水平及竖向位置的微调。

（7）灌浆：套筒灌浆连接施工包括注浆孔和排浆孔（观察孔）的清理、墙板底部缝隙封堵、无收缩水泥砂浆制备、流动度检测、水泥灌浆、灌浆孔封堵及清洁等工序。

3.2.2　叠合梁、楼板施工安装

叠合楼板支撑体系安装→叠合主梁吊装→叠合主梁支撑体系安装→叠合次梁吊装→叠合次梁支撑体系安装→叠合楼板吊装→叠合楼板、叠合梁吊装铺设完毕后的检查→附加钢筋及楼板下层横向钢筋安装→水电管线敷设、连接→楼板上层钢筋安装→墙板上下层连接钢筋安装→预制洞口支模→预制楼板底部接缝处理→检查验收，具体操作见图 2.58、图 2.59。

图 2.58　叠合梁安装　　　　　　　　　图 2.59　叠合楼板就位

3.2.3 预制楼梯施工安装

预制楼梯起吊→预制楼梯安装→节点连接→检查验收，具体操作见图2.60、图2.61。

图2.60 预制楼梯安装　　　　　　　　　图2.61 节点连接

3.2.4 叠合阳台安装

安装支撑系统→叠合阳台吊运→叠合阳台安装及接缝处理→水电管线铺设及钢筋绑扎→检查验收，具体操作见图2.62、图2.63。

图2.62 叠合阳台吊运　　　　　　　　　图2.63 叠合阳台安装

【专家点评】

深圳裕璟幸福家园项目建设地点位于深圳龙岗新区坪山街道。总建筑面积64050m²（其中地上50050m²），共三栋塔楼1号楼、2号楼、3号楼，总层数31～33层，层高2.9m，总建筑高度98m，设防烈度7度（0.1g），采用装配整体式剪力墙结构体系，标准层预制率达50%，装配率达70%。本体系适合于抗震设防烈度6～8度地区，其最大适用高度根据建筑的结构类型、所处区域抗震设防烈度等级、建筑抗震设防分类等因素确定，并应满足现行《抗震设计规范》GB 50011、《高层建筑混凝土结构技术规程》JGJ 3和《装配式混凝土结构技术规程》JGJ 1以及相关的地方规程规范的要求。

3栋高层住宅共计944户，采用35m²、50m²、65m²三种标准化户型模块组成，实现了平面的标准化。为预制构件设计的少规格、多组合提供了可能。外立面设计也充分体现装配式特点。外墙接缝防水、保温、门窗做法均考虑了深圳当地的特点，做到了因地制宜，经济适用。结构设计按照执行《装配式混凝土结构技术规程》JGJ 1—2014 相关规定，核心筒区域、底部加强区全部采用现浇，边缘构件区域采用现浇。预制楼梯采用一段滑动、一段固定。构件设计尽量满足少规格、多组合原则。预制构件的生产、安装过程工序合理，关键部位的连接节点质量控制措施到位，细节考虑周到，质量控制水平较高。

本项目采用全装修技术，室内设计在建筑设计的初期就要考虑里面的空间布置，家具摆放，装修做法，然后通过装修效果定位各机电末端点位，然后精确反推机电管线路径、建筑结构孔洞预留及管线预埋，确保建筑、机电、装修一次成活，实现土建、机电、装修一体化。

本项目采用 EPC 模式与信息化技术结合的方式，围绕"标准化设计、工厂化生产、装配化施工、一体化装修和信息化管理"的要求，在标准化设计理念和方法、装配式施工工艺和工法、一体化装修产品和集成方面均有一定的创新，值得推广应用。

（田春雨：中国建筑科学研究院，研究员）

编写人
姓名：樊则森
单位名称：中建科技集团有限公司
职务：总建筑师

【案例3】 天津市双青新家园限价房 20 地块（荣悦园）工程

摘　　要

双青新家园 20 号地（荣悦园）项目是天津住宅集团采用装配式建造方式建设的保障性住房项目。该项目总用地面积 86200.40m²，建筑面积 15.4 万 m²，由 18 栋住宅楼组成，建筑层数 18～27 层，预制装配率均在 27% 以上，被住房城乡建设部确立为"装配式建筑科技示范项目"。其中 8 号楼（建筑层数为 18 层，建筑高度 53.66m，建筑面积 5033m²）采用装配整体式建造，涵盖了所有预制构件种类，预制率为 52.4%。装配构件采用了预制外墙板、楼板、楼梯、排烟道、护栏等，内隔墙采用蒸压砂加气板材装配安装，内隔墙装配比率在 80% 以上。是目前为止天津市预制装配率最高的高层住宅楼。该项目的开发建设实现产业链各环节的有效衔接，体现了天津住宅集团开发、设计、工厂化生产、装配化施工、一体化装修、和全过程信息化管理的全产业链集成优势，在提升质量、完善性能、降低成本、缩短工期、优化环境、节约资源等方面体现了单一产业环节企业不具备的优势，是天津住宅集团发展装配式建筑的重要尝试。

1 典型工程案例简介

1.1 基本信息

1）项目名称：天津市双青新家园限价房 20 地块（荣悦园）工程；
2）项目地点：西至幸福三路，北至和谐三街，东至铁西路，南至和谐二街；

3) 开发单位：天津华富置业有限公司；

4) 设计单位：天津市房屋鉴定建筑设计院；

5) 深化设计单位：天津市房屋鉴定建筑设计院；

6) 施工单位：天津住宅集团建设工程总承包有限公司；

7) 预制构件生产单位：天津工业化建筑有限公司；

8) 进展情况：于 2016 年 11 月完成主体结构施工安装工作。

1.2 项目概况

天津市双青新家园限价房 20 地块（荣悦园）工程位于北辰区双青新家园内，东至铁西路，南至新雅道，西至幸福三路、幸福四路，北至新致道。总用地面积 86200.40m²，建筑面积 15.4 万 m²，见图 2.64、图 2.65。工程基础形式采用的是钢筋混凝土钻孔灌注桩，底板采用的是现浇钢筋混凝土筏型基础。

图 2.64 总平面图

图 2.65 鸟瞰图

图 2.66 8 号楼立面图

本工程现场共 18 栋住宅楼，建筑层数 18～27 层，其中 8 号楼为全装配整体式建筑，预制率 52.4％；9 号楼为全现浇钢混结构；1～7 号楼水平构件采用装配式（含楼梯），预制装配率 31％；10～18 号楼水平构件采用装配式（不包含楼梯），预制装配率 27％。本项目 2016 年 11 月完成主体结构施工安装工作。在此期间接待了行业内众多同行和专家的考察交流。

本文以 8 号楼为例，采用全装配整体式建造，是目前为止天津市预制装配率最高的高层住宅楼，建筑层数 18 层，建筑高度 53.66m，建筑面积 5033m²，见图 2.66、图 2.67。预制构件包括：剪力墙外墙板（外叶板＋保温层＋内叶板），预制混凝土剪力墙内墙板、叠合梁、叠合楼板、预制楼梯、预制空调板，预制率为 52.4％。

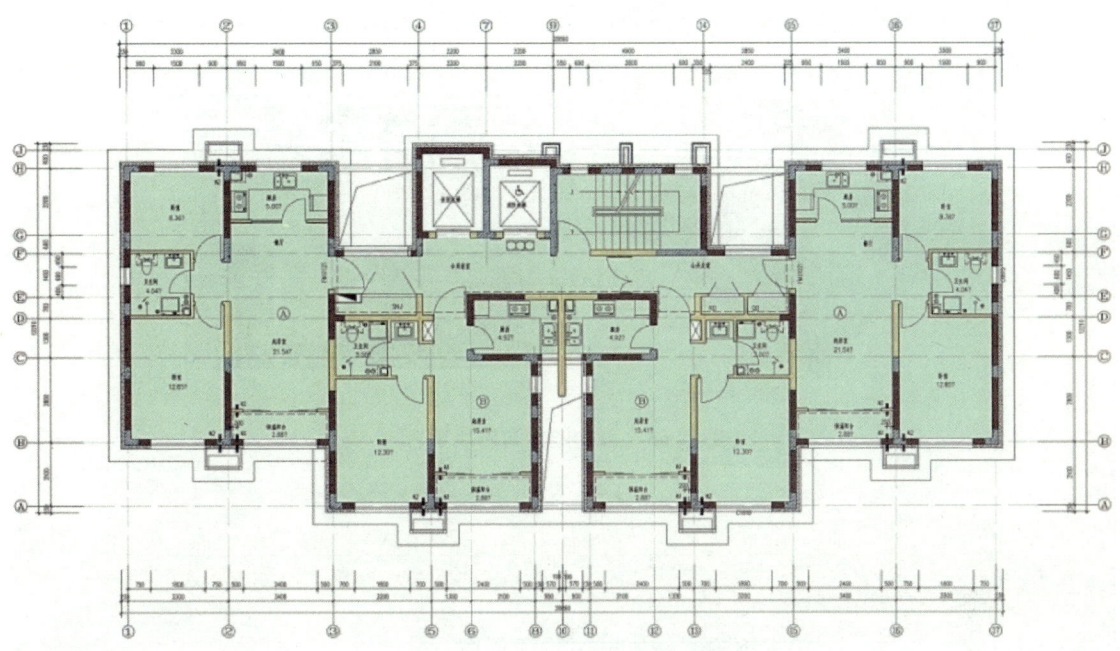

图 2.67　8 号楼标准层平面图

1.3　工程承包模式

天津住宅集团的开发、设计、工厂化生产、装配化施工、一体化装修和全过程信息化管理的全产业链经营模式集成模式，在本项目中得到了充分体现。本项目采用 EPC 模式，开发、设计、生产、施工等单位均隶属于天津住宅集团，设计单位的图纸深度及精度满足构件工厂化制作及现场安装的要求，设计单位对构件制作及施工安装进行全程服务，施工采用专业的施工机械和技术工艺均有所创新，保证了主体工程的顺利完成。

2　装配式建筑技术应用情况

2.1　建筑专业

本工程现场共 18 栋住宅楼，建筑层数 18～27 层，其中 8 号楼（18F）采用装配整体式建造，9 号楼（18F）全现浇，与 8 号楼进行对比分析，其余 16 栋水平构件预制吊装。标准层层高 2.9m，采用一梯四户塔式住宅，设 2 台电梯和 1 部疏散楼梯。

住宅顶层屋面采用现浇楼板，其余楼层的竖向构件、水平构件、楼梯、空调板均采用预制。建筑平面规则、建筑立面采用简洁明快，具有装配式建筑技术特点。

2.1.1　户型标准化设计

装配式建筑的发展，是通过标准化设计实现规模效益，对提升产品质量、降低建造成本、简化施工难度和提高建造效率等具有很大的促进作用。

住宅集团在编制保障房图集的基础上，归纳整理住宅户型设计及组合形式，优选各功能平面作为标准化设计的依据，完成本项目标准化设计的各项工作。同时通过标准模块的精细化设计及不同组合，在标准化的同时兼顾局部个性化需求，见图 2.68～图 2.70。

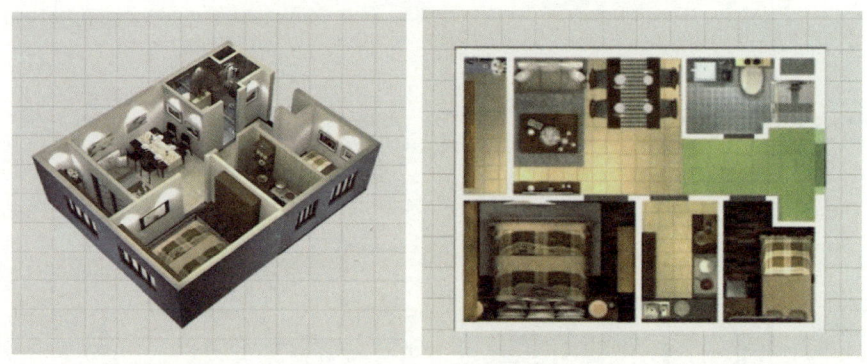

图 2.68　各功能空间模块组合

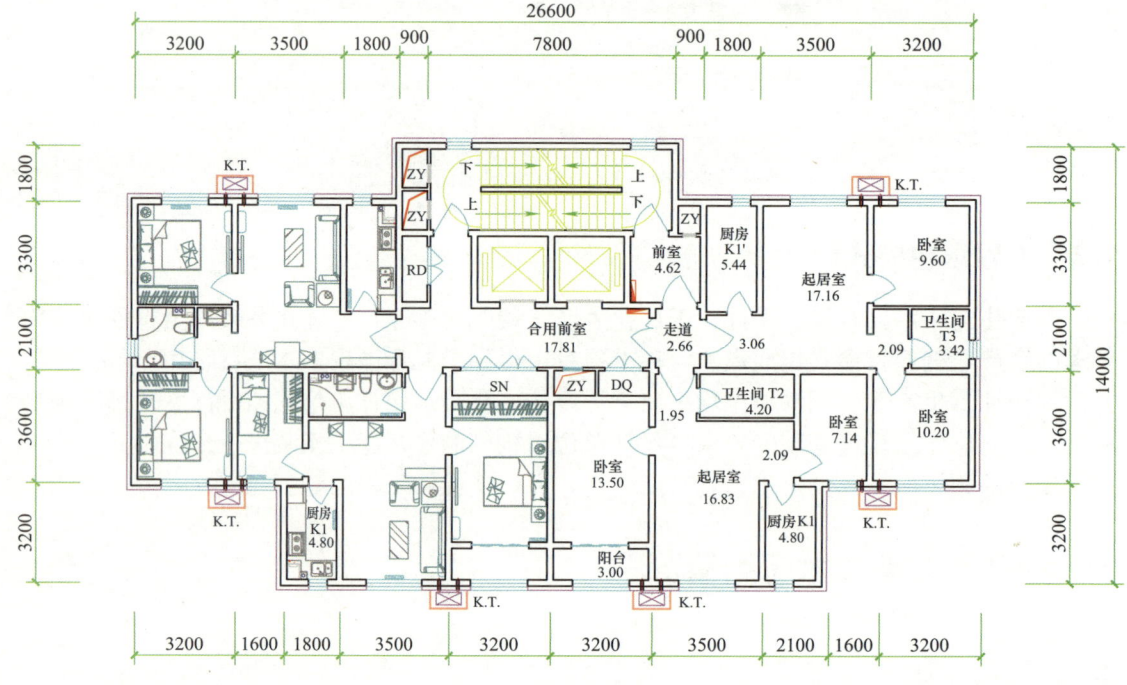

图 2.69　户型模块组合（一）

2.1.2　主要部品标准化设计

　　根据标准化的模块，再进一步进行标准化的部品设计，形成标准化的楼梯构件、标准化的空调板构件、预制楼板构件、预制外墙板构件见表 2.8 和图 2.71～图 2.74。对楼板和墙体进行模数化设计，大大减少结构构件种类，为构件规模量化生产提供基础，显著提高构配件的生产效率，有效地减少材料浪费，节约资源，节能降耗。

<table>
<tr><td colspan="3" style="text-align:center">荣悦园项目预制构件种类与数量 　　　　　　　　　　　　　　　　表 2.8</td></tr>
<tr><td></td><td style="text-align:center">种类</td><td style="text-align:center">总计数量（块）</td></tr>
<tr><td style="text-align:center">预制外墙板</td><td style="text-align:center">76</td><td style="text-align:center">641</td></tr>
</table>

续表

种类		总计数量（块）
预制内墙板	6	238
桁架板	76	13072
预制楼梯	1	266
预制梁	38	2346
预制空调板	7	1873

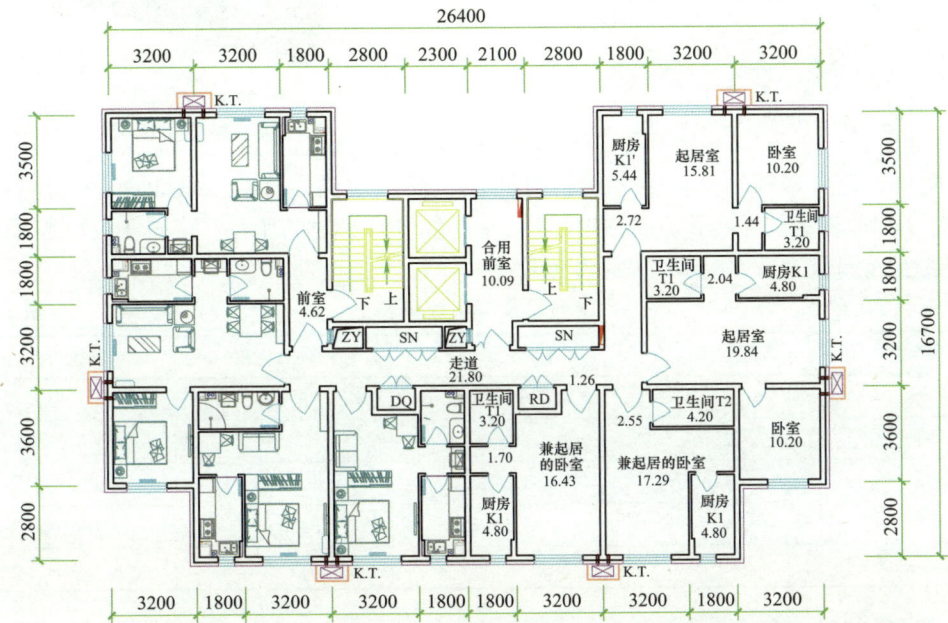

图 2.70　户型模块组合（二）

图 2.71　标准楼梯构件

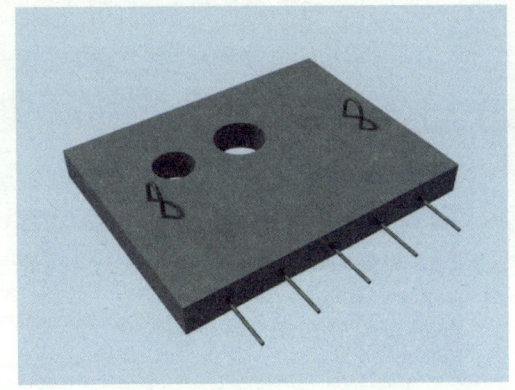

图 2.72　标准空调板构件

2.2　结构专业

2.2.1　预制与现浇相结合的结构设计

以荣悦园 8 号楼为例，采用装配式剪力墙结构体系，主要预制构件包含预制外墙板、

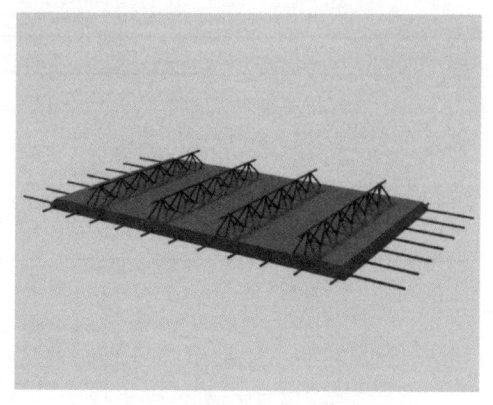

图 2.73　模数化预制楼板

图 2.74　模数化预制外墙板

预制内墙板、叠合楼板、叠合梁、预制空调板、预制楼梯，标准层预制率为 52.4%，全楼预制率为 49.5%。还采用了预制排烟道、护栏。内隔墙采用蒸压砂加气板材装配安装，内隔墙装配比例在 80% 以上，见表 2.9。

8 号楼预制率计算表　　表 2.9

构件名称	预制方量（m³）	现浇方量（m³）	各种构件总方量（m³）	单项构件预制率
梁	1.610	7.740	9.350	17.219%
墙	42.700	30.500	73.200	58.333%
板	14.345	16.422	30.767	46.625%
楼梯	1.540	—	1.540	100.000%
标准层总计	60.195	54.662	114.857	—

2.2.2　抗震设计

结构抗震分析采用了如下设计基本假定：

1）整体计算按照等同现浇设计；

2）在结构内力与位移计算时，叠合楼盖假定楼盖在其自身平面内为无限刚性；

3）梁刚度增大系数按照《混凝土结构设计规范》GB 50010—2010 中 5.2.4 条执行，可根据翼缘情况近似取 1.3～2.0；

4）对同一层内既有现浇墙肢也有预制墙肢的装配整体式剪力墙结构，现浇墙肢水平地震作用弯矩、剪力宜乘以不小于 1.1 的增大系数；

5）按照弹性方法计算的楼层层间最大位移角应满足《建筑抗震设计规范》GB 50011—2010 中 5.5.1 要求。

2.2.3　节点设计

竖向连接节点：边缘构件竖向钢筋逐根连接，对于一般剪力墙段，预制剪力墙的竖向分布钢筋，可采用部分连接，连接分布钢筋的套筒数量减少一半以上，达到可操作性强，安装施工方便的效果。竖向钢筋连接采用套筒连接，见图 2.75、图 2.76。

水平连接节点：本工程叠合楼板采用密拼方式连接，预制板厚度为 60mm，叠合层现浇混凝土厚度根据楼板总厚度分为 60m 和 100mm，接缝处附加板底设置连接钢筋，见图 2.77。

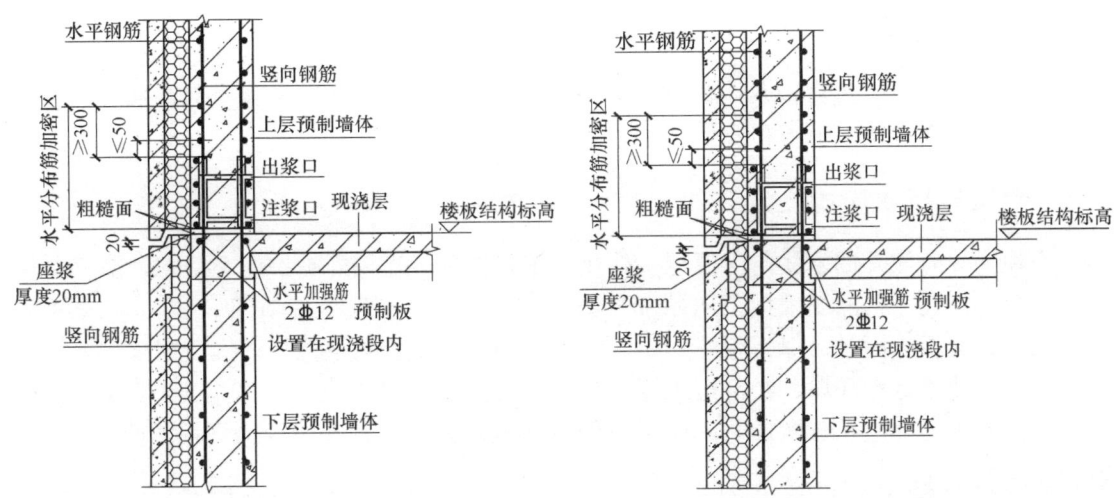

图 2.75　预制剪力墙水平接缝构造 1　　　　　图 2.76　预制剪力墙水平接缝构造 2

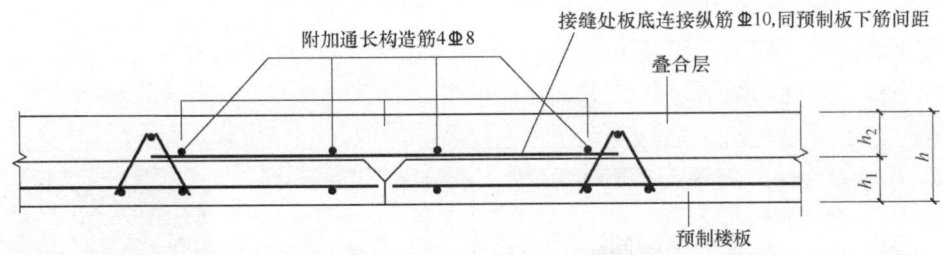

图 2.77　叠合楼板单向板水平缝拼接

本工程采用叠合梁，预制梁端留出纵向受力钢筋锚入预制墙预留的梁槽内，预制梁端设置键槽及粗糙面，以加强两者之间的连接整体性，达到共同受力的目的，见图 2.78。

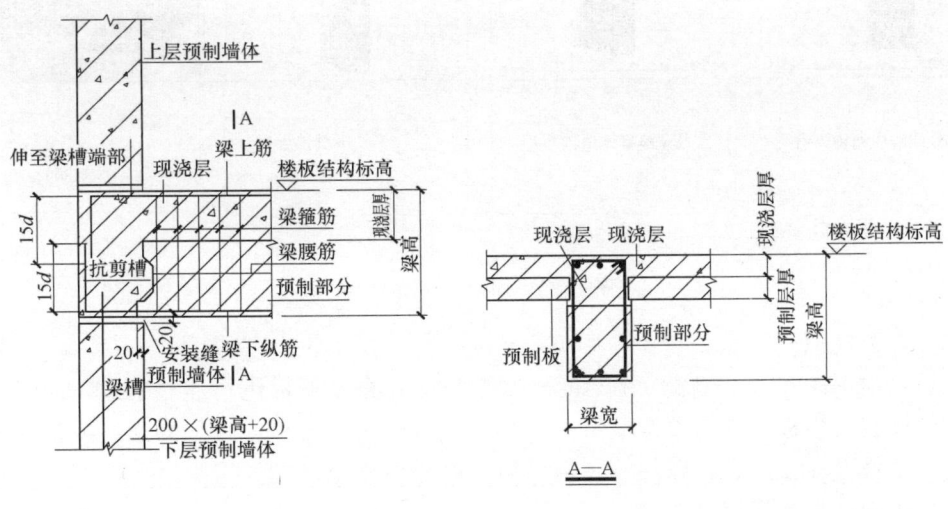

图 2.78　框架梁（连梁）端部支座节点构造

2.3　水暖电专业

水暖电专业与建筑结构专业采用一体化设计，将建筑、结构、水暖电专业通过信息化技术的应用，实现水暖电点位与主体装配式结构集成化。

2.4　全装修技术应用

本项目 8 号楼外墙主体与保温层一体化完工，实现了建筑外围护体系防水、防火、保温、安全一体化。内隔墙采用蒸压砂加气体系集成技术，装配比率在 80％以上，蒸压砂加气板材具有轻质高强、保温隔热、防火阻燃、隔声吸音、防水抗渗、安全耐久、尺寸精准、施工便捷、绿色环保、经济适用等优势，能够降低建筑物自重，减少现场二次砌筑、抹灰，工效提高 5 倍，并增加室内使用面积 10％左右，便于住宅全寿命周期的改造。

2.5　信息化技术应用

2.5.1　BIM 技术应用

（1）施工深化设计应用

可视化建模——利用三维核心建模 revit 软件，按照设计图纸转化成三维立体模型，在此过程中修正设计图纸错误共计 135 处，见图 2.79。

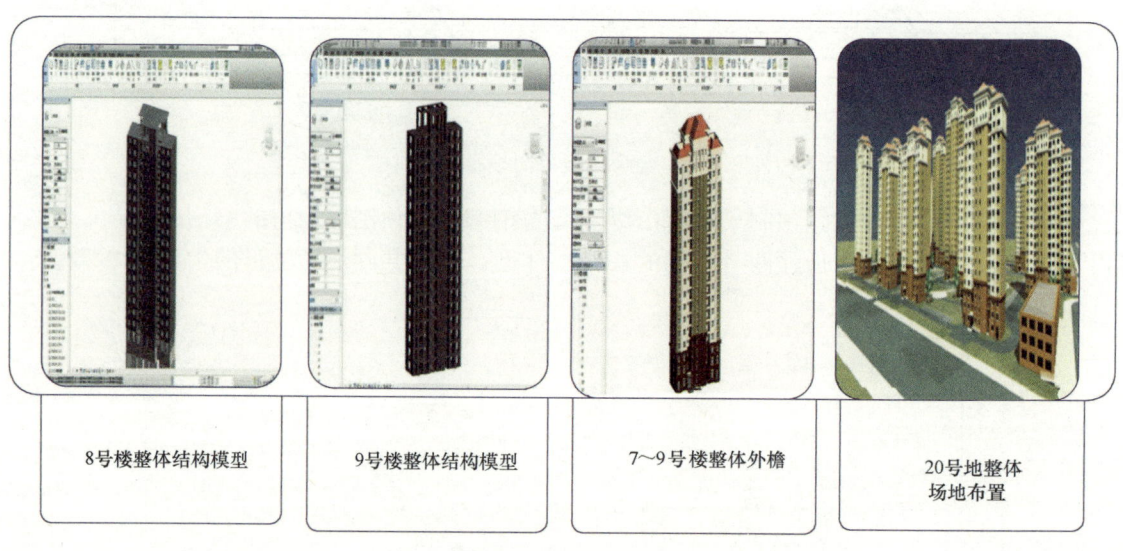

| 8号楼整体结构模型 | 9号楼整体结构模型 | 7~9号楼整体外檐 | 20号地整体场地布置 |

图 2.79　BIM 可视化建模

（2）方案模拟

通过场地平面布局、鸟瞰、revit 三维立体模型等对项目进行整体模拟，包括灌浆、预制构件安装、楼板支撑、直螺纹钢筋连接、结构施工等过程，直观的通过模型观察图纸及施工安排是否存在问题，以便施工前可以及时进行修正。

（3）预制装配管线综合应用

由于 PC 建筑的预制件都是在工厂一次性加工完成的，不允许现场开孔、开槽，所以此类建筑对设计方的要求较高。对于电气专业来说，在设计过程中一定要对设备和管线的布置有一个精确的定位，才能使预制部分和现浇部分有一个完美的衔接。因此，我们应用了 BIM 管线综合技术来辅助解决上述问题。

使用 BIM 碰撞检测功能，可以直观发现 CAD 设计图纸隐藏的问题，选择最优布置方案，提高项目设计质量，减少在施工阶段可能出现的管线碰撞和返工现象，见图 2.80、图 2.81。

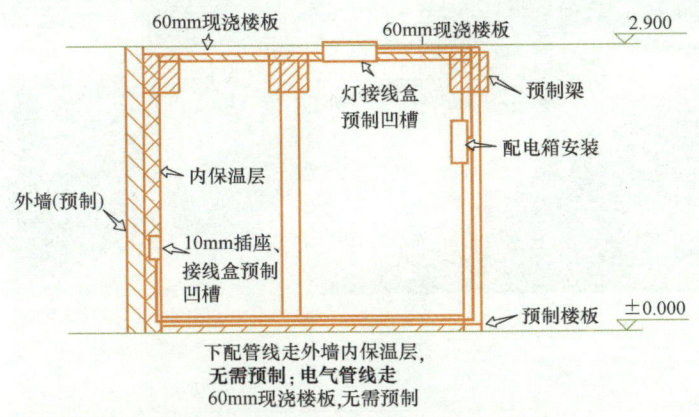

图 2.80　8 号楼管线三维模型对比分析

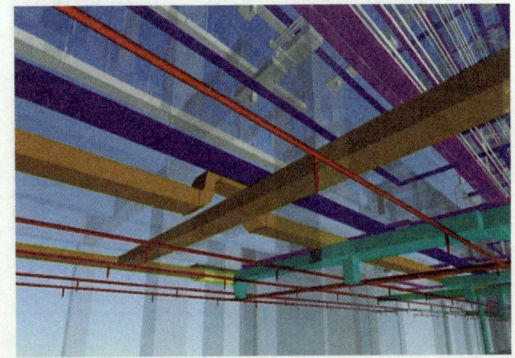

图 2.81　管线碰撞检测

（4）三维场地布置

施工场规划是施工组织设计的重要部分，要做到绿色低碳施工，因地制宜地进行规划安排，临时设施占地面积有效利用率不低于 90%，绿化面积不低于临时用地面积的 5%，做到合理可行。通过 BIM 技术应用，建立 BIM 场地标准化设施族库，在 revit 中模拟场地布置，充分考虑施工机械设备、办公、道路、现场出入口、临时堆放场地的优化合理布置，施工现场设置便于大型运输车辆通行的现场道路，并保证其畅通和路基的可靠性，见图 2.82～图 2.84。

（5）预制装配式施工 BIM 技术应用

项目实施过程中，根据结构图纸，使用 revit 对整体的施工过程进行建模，并利用 Navisworks 将所有施工步骤加以实现，帮助现场施工人员合理确定施工步骤，见图 2.85～图 2.92。

图 2.82　场地布置效果图

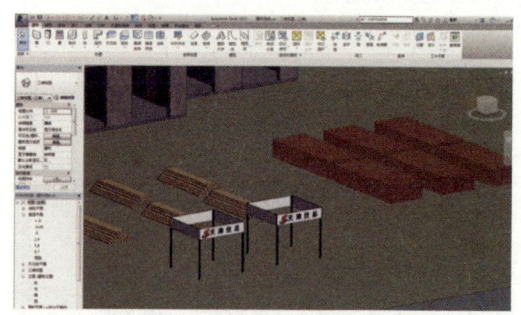

图 2.83　现场物料摆放

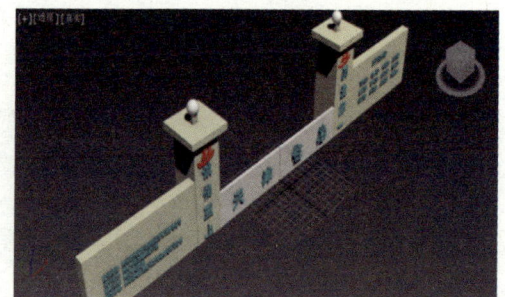

图 2.84　标准化大门

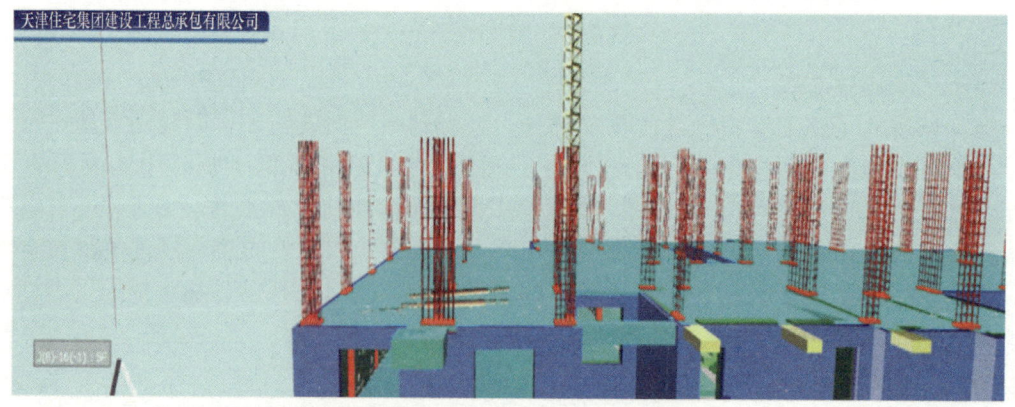

图 2.85　预制构装配式外墙吊装模拟

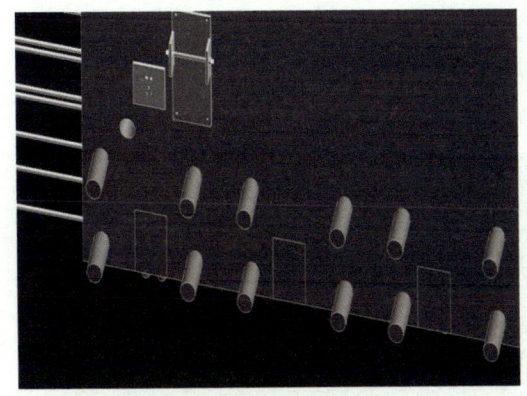
图 2.86 预埋套筒三维模型

图 2.87 revit 实现固定支座三维模型

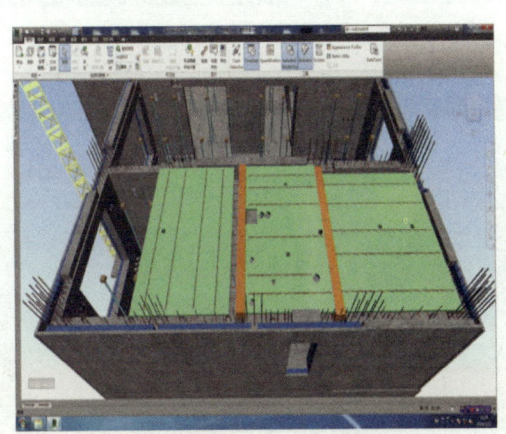
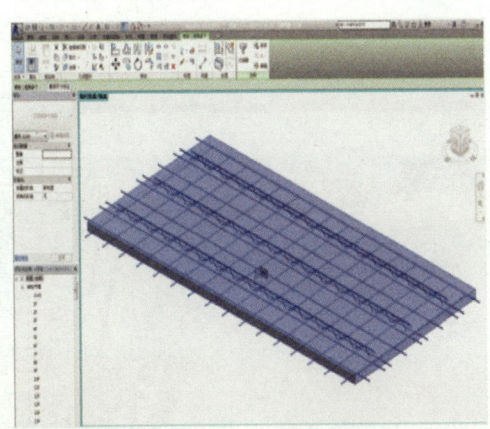
图 2.88 预制楼板吊装模拟

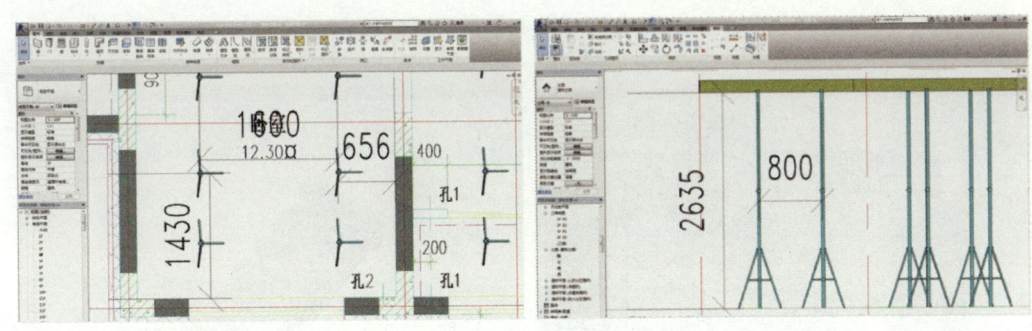
图 2.89 预制楼板钢筋支撑

（6）可视化漫游技术应用

通过对施工整体模型的漫游模拟，借助可视化工具，在施工前优化施工计划。施工时，以可视化的工具显示各项施工信息，协调各工种之间工序的问题，以减少施工界面干扰及缩短人、机互动的时间。完工后，可随时重现施工过程，为以后作参考，见图 2.93。

图 2.90　空调板支撑模拟

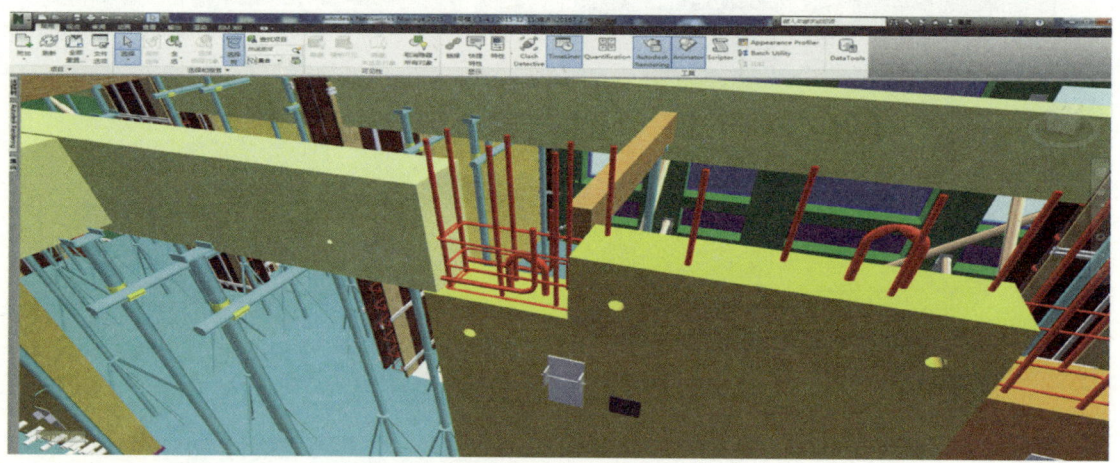

图 2.91　预制梁吊装模拟

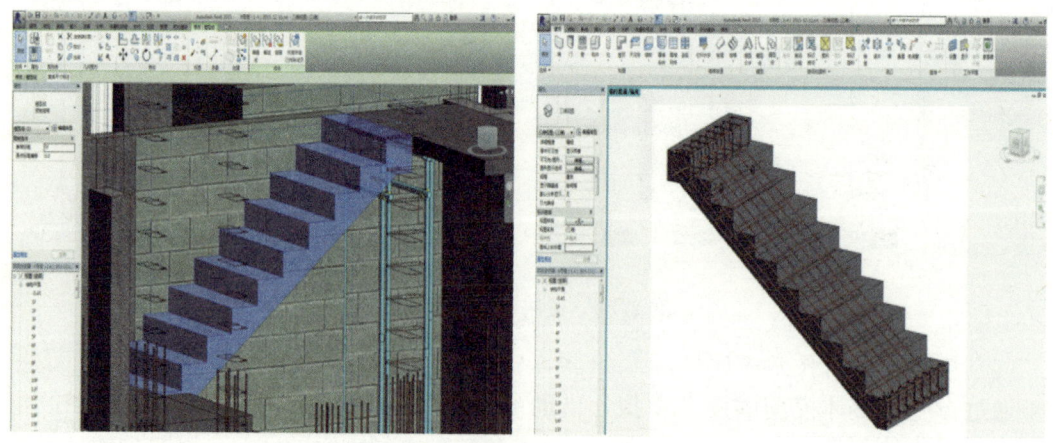

图 2.92　预制楼梯吊装模拟

图 2.93 楼内漫游细节截图

（7）施工进度模拟技术应用

通过 4D 施工模拟，方便管理人员前期了解建造过程和顺序，在过程中加强进度管理，确保工程在工期内顺利完成。在未开工之前模拟出进度，可通过反馈信息调整施工进度计划，见图 2.94。

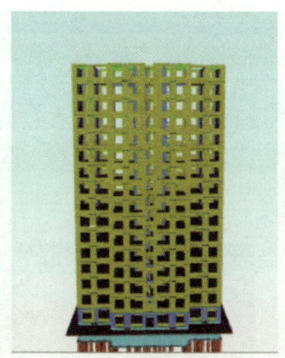

图 2.94 进度模拟

（8）预算算量

利用 BIM 三维参数化模型计算 8 号楼的地上结构部分工程量。每一部分的工程量、计算式和构件 ID 更加直观，方便对量和查找。计算完成后的工程量除了可以以列表的形式查看之外，也可以生成项目条理明确的"分部分项工程量清单"、"定额汇总表"等形式的表格，并可导出为 Excel 文件格式，方便算量人员之间的传阅与核对。

2.5.2 项目管理系统集成应用

利用 BIM 与企业 ERP 中的项目管理系统进行工程数据的交互及挖掘具有先天的优势。BIM 并不是简单地将数字信息进行集成，它是建筑信息数据的应用。基于企业流程再造的的项目管理系统能提供有效的数据源，BIM 技术与企业管理应用结合能较大程度地提高数据利用率和工作效率。

2.5.3 云计算平台技术应用

与国家超级计算天津中心合作建设建筑云平台，结合对 BIM 云平台的应用要求，实现对建筑的全生命周期 BIM 信息化管理，通过对工程项目进行全过程虚拟建设，最终形成智能运维管理体系，达到项目业务流程最优、周期最短、成本最低、资金周转更快、企业价值最大化的目标，见图 2.95。

图 2.95　云计算平台登录界面

3　构件生产、安装施工技术应用情况

3.1　构件生产

荣悦园项目所用构件主要分为两类，一类是板式构件，包括叠合楼板、夹心保温剪力墙外墙板、剪力墙内墙板、预制空调板；一类是异形构件，包括叠合梁，预制楼梯，见图 2.96。

图 2.96　预制构件实物图

主要板式构件采用循环流水线方式生产，生产效率高，构件质量高，见图 2.97～图2.103。以三明治墙板为例，其主要生产流程为：

1）自动清扫机清理模台；

2）画线机自动画线；

3）喷涂脱模剂；

4）组装外叶墙板边模；

5）放置外叶墙钢筋网、预埋件；

6）外叶墙板浇筑、振动密实；

7）放置保温板；

8）组装内叶墙钢筋；

9）组合内外叶墙板；

10）内叶承重墙浇筑、振动密实、抹平；

11）预养护；

12）抹光；

13）养护固化 8～12 小时；

14）拆除内外叶墙板边模；

15）粗骨料冲洗。

图 2.97　循环生产线

图 2.98　放置外叶墙钢筋网、预埋件

图 2.99　外叶墙板浇筑

图 2.100　组合内外叶墙板

图 2.101　粗骨料冲洗

图 2.102　构件场内存放

3.2 施工安装

3.2.1 安装流程

工程施工全景见图 2.103。

图 2.103　工程施工全景图

放线→坐浆→预制墙体吊装→设置墙体支撑→墙体注浆→安装岩棉→墙柱节点部位钢筋绑扎→安装墙柱节点部位模板→搭设水平构件架体→预制梁、板吊装→绑扎预制梁板钢筋、管线安装→混凝土浇筑→预制楼梯安装。

3.2.2 主要工序要点

（1）预制墙板安装

① 构件安装前，清洁结合面；

② 构件底部应设置可调整接缝间隙和底部标高的垫块，见图 2.104；

③ 墙板底部采用坐浆时，其厚度不宜大于 20mm，见图 2.105；

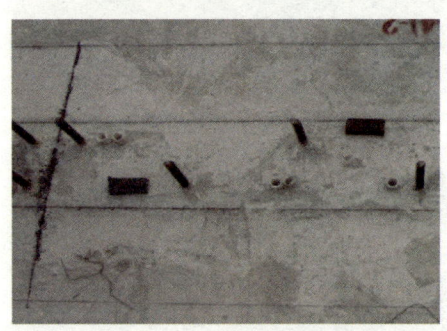

图 2.104　放线

图 2.105　坐浆

④ 竖向预制构件起吊点不应少于 2 个；

⑤ 竖向预制构件吊装前应进行试吊。竖向预制构件初步就位后，应采取临时固定措施，确保稳定后再摘除吊钩，见图 2.106；

⑥ 夹心外墙板、内墙板同平面内应采用不少于 2 根斜支撑进行固定，斜支撑应安装在竖向预制构件的同一侧面，见图 2.107；

图 2.106　墙板吊装

图 2.107　设置墙体支撑

⑦ 应对竖向预制构件定位轴线及垂直度进行校正，确保竖线预制构件轴线、垂直度满足质量要求，外墙水平缝接缝平直；

⑧ 构件连接部位灌浆料和封堵用坐浆料的强度达到设计要求后，方可拆除临时固定措施。

（2）预制叠合梁安装

① 吊装顺序遵循先主梁后次梁，先低后高的原则；

② 临时支撑位置应符合设计要求；设计无要求时，长度小于等于 4m 时应设置不少于 2 道垂直支撑，长度大于 4m 时应设置不少于 3 道垂直支撑；

③ 梁底支撑标高调整宜高出梁底结构标高 2mm，保证支撑充分受力并撑紧支撑架后方可松开吊钩；

④ 安装就位后应对水平度、安装位置、标高进行检查，误差控制在 2mm 以内，见图 2.108；

⑤ 主梁和次梁伸入支座的长度与搁置长度应符合设计要求；

⑥ 预制次梁与预制主梁之间的凹槽

图 2.108　预制梁安装

在预制楼板安装完成后，采用不低于预制梁混凝土强度等级的材料填实。

（3）预制楼板安装

① 起吊点不应少于 4 个，跨度大于 6m 的预制楼板起吊点不宜少于 8 个；

② 板底支撑间距不应大于 2m，每根支撑之间高差不应大于 2mm、标高偏差不应大于 3mm，悬挑板外端比内端支撑宜调高 2mm；

③ 预制楼板安装时，应保证水电预埋管（孔）位置 准确；

④ 预制叠合楼板吊装顺序依次铺开，不宜间隔吊装。在混凝土浇筑前，应校正预制构件的外露钢筋，外伸预留钢筋伸入支座时，预留筋不得弯折，见图 2.109；

⑤ 预制楼板就位后根据标高控制线调节支撑立杆，控制水平构件标高，确保所有立杆全部受力；

⑥ 临时支撑距水平预制构件支座处距离不应大于 500mm，临时支撑沿水平预制构件

长度方向间距不应大于 2000mm。对跨度大于等于 4000mm 的叠合板，板中部宜加设临时支撑，竖向连续支撑层数不应少于 2 个施工层，见图 2.110；

⑦ 叠合构件临时支撑设置应在后浇混凝土强度达到设计要求后方可拆除临时支撑；

⑧ 悬挑阳台板预留锚固筋应伸入现浇结构内，并与现浇混凝土结构连成整体。安装前设置防倾覆支撑架，在结构楼层混凝土强度达到设计要求时，方可拆除。

图 2.109 楼板吊装

图 2.110 设置水平支撑

（4）预制楼梯安装

① 安装前复核楼梯的控制线及标高，并做好标记；

② 楼梯吊装应保证上下高差相符，顶面和底面平行，便于安装；

③ 当采用预留锚固钢筋方式安装时，应先放置预制楼梯，再与现浇梁或板浇筑连接成整体，并保证预埋钢筋锚固长度和定位符合设计要求。楼梯支撑应有足够的强度、刚度及稳定性，楼梯就位后调节支撑立杆，确保所有立杆全部受力；

图 2.111 楼梯吊装

④ 当采用预制楼梯与现浇梁或板之间采用螺栓杆连接方式时，应先施工现浇梁或板，支座处混凝土强度应达到 100% 设计强度后方可进行预制楼梯安装，校准位置后进行螺栓孔灌浆连接，见图 2.111。

（5）灌浆套筒注浆

① 套筒灌浆连接施工前应由施工单位技术人员组织对操作人员进行施工方案交底；

② 灌浆料配合比应严格按照产品使用说明书的要求，搅拌应均匀、充分，静置至无气泡后方可使用；

③ 灌浆料应在制备后 30 分钟内用完；散落的灌浆料拌合物不得二次使用；剩余的拌合物不得再次添加灌浆料、水后混合使用；

④ 套筒灌浆连接施工时，应合理划分连通灌浆仓位，单仓长度不宜超过 1.0m 且不应超过 1.5m；分仓应采用专用坐浆料；

⑤ 采用电动灌浆泵进行注浆，灌浆作业应采用压浆法从灌浆套筒下灌浆孔注入，当灌浆料拌合物从构件其他灌浆孔、出浆孔流出后应及时封堵，见图 2.112；

⑥ 钢筋套筒灌浆连接采用连通腔灌浆时，宜采用一点灌浆的方式；当一点灌浆遇到

问题而需要改变灌浆点时，各灌浆套筒已封堵灌浆孔、出浆孔应重新打开，待灌浆料拌合物再次流出后进行封堵；

⑦ 套筒灌浆连接施工应在预制构件临时支撑安装稳固，且经检验合格后进行，套筒灌浆后 24 小时内且灌浆料同条件养护试件抗压强度达到 35MPa 前，不得进行对构件连接有扰动的后续施工，见图 2.113。

图 2.112 灌浆施工

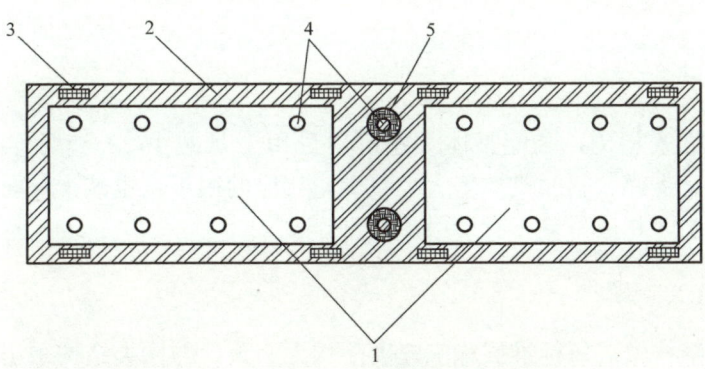

图 2.113 套筒灌浆连接截面示意图
1. 楼板；2. 坐浆料；3. 橡胶垫块；4. 楼板竖向连接钢筋；5. 橡胶垫圈

4 效益分析

4.1 成本分析

在工程建设过程中，住宅集团联合天津大学、天津城建大学，集中科研力量，对装配式建筑与传统现浇建筑综合成本进行分析研究，选取 7 号、8 号、9 号三栋户型、层数完全一致的楼栋进行对比分析，通过定性定量统计，分析装配式建筑相对于传统现浇建筑在造价成本方面的优势与不足，增量成本见表 2.10。

成本增加主要影响因素：

1）机械费：大型预制构件运输、吊装等增加费用；

2）材料费：构件连接材料、套筒、灌浆料等增加费用；

3）预制构件生产：生产模具费用、设备成本摊销、生产人员等的增加；

装配式建筑与传统现浇施工方式土建费用对比分析　　表 2.10

	装配式设计（仅使用水平构件）7 号楼		装配式设计（包括水平和竖向构件）8 号楼		全现浇设计 9 号楼	
	造价（万元）	平方米造价（元）	造价（万元）	平方米造价（元）	造价（万元）	平方米造价（元）
合计	1267.70	2519	1489.13	2959	1212.34	2409
成本增量	55.36	110	276.79	550		
增量百分比	4.57％		22.83％			

注：7 号、8 号、9 号楼的建筑面积户型、层高均一致。

4）其他费用：深化设计、人工培训等。

另外装配式建筑在二次砌体墙、内墙抹灰、外保温、现场模板、支撑、人工等方面的费用大大降低。

在目前体量小、标准化水平不足的情况下，装配式建筑相对于传统施工方式增量成本较高，未来达到较大生产规模且形成完善的标准化体系时，装配式建筑建设成本将与传统现浇方式持平。

4.2　用工分析

与传统施工方式相比，装配整体式建筑项目用工量减少 32.45％，由于现场钢筋绑扎、混凝土浇筑、支模、临时支撑等大大减少，相应的用工量也减少，同时由于装配式建筑预制构件的吊装，相应吊装工有所增加。

4.3　用时分析

本项目主体结构安装每标准层施工速度平均为 7 天，与同类结构采用传统现浇方式建造基本相同，但本项目可减少二次结构、室内抹灰等的时间。但随着工人的熟练程度、信息化技术、设备磨合度、现场管理水平等方面的提高，装配式结构施工的速度将得到有效提升，见表 2.11。

装配整体式建筑与传统全现浇建筑项目用工量对比表　　表 2.11

项目	数量（一个标准层）		增量分析
	全现浇项目	装配整体式建筑项目	
钢筋工	42.52 工日	42.88 工日	＋0.78％
混凝土工	35.91 工日	27.47 工日	－23.5％
木工	107.1 工日	45 工日	－57.98％
吊装工	无	10 工日	
合计	185.53 工日	125.35 工日	－32.45％

4.4　四节一环保分析

装配式建筑与同等规模的传统现浇式住宅相比，大大减少了施工现场木方、模板、钢管等原材的使用及混凝土的浇注量，减少了施工中部分人力投入，可有效降低噪声与空气污染的产生，增加了绿色施工效益。

【专家点评】

　　天津市双青新家园限价房 20 地块（荣悦园）工程共 18 栋住宅楼，建筑层数 18～27 层。其中 8 号楼采用装配整体式建造，建筑层数 18 层，建筑高度 53.66m，建筑面积 5033m²。采用装配整体式剪力墙结构，预制构件包括：剪力墙外墙板（外叶板＋保温层＋内叶板），预制混凝土剪力墙内墙板，叠合梁、叠合楼板、预制楼梯、预制空调板，预制率为 52.4％。本体系适合于抗震设防烈度 6～8 度地区，其最大适用高度根据建筑的结构类型、所处区域抗震设防烈度等级、建筑抗震设防分类等因素确定，并应满足现行《抗震设计规范》GB 50011—2010、《高层建筑混凝土结构技术规程》JGJ 3—2010 和《装配式混凝土结构技术规程》JGJ 1—2014 以及相关的地方规程规范的要求。

　　本项目优选各功能平面作为标准化设计的依据，通过标准模块的精细化设计及不同组合，在标准化的同时兼顾局部个性化需求。根据标准化的模块，再进一步进行标准化的部品设计，形成标准化的楼梯构件、空调板构件、预制楼板构件、预制外墙板构件，减少结构构件种类，提高效率。

　　结构设计执行《装配式混凝土结构技术规程》JGJ 1—2014 相关规定，剪力墙纵向钢筋采用套筒灌浆连接的方式。8 号楼采用预制三明治外墙板、预制内墙板，外墙主体与保温层一体化完工，实现了建筑外围护体系防水、防火、保温、安全一体化。内墙部品与填充墙一次成型，兼容填充墙功能，克服了传统工程中不同材料砌体开裂问题，减少现场二次砌筑、抹灰。但是，本项目中，预制剪力墙底部接缝的用于封堵和分仓的坐浆面积偏大，对墙体接缝的受力性能有一定影响，后续项目中需要进一步改进。

（田春雨：中国建筑科学研究院，研究员）

编写人

　　姓名：康庄

　　单位名称：天津住宅建设发展集团有限公司

　　职务：总经理

　　职称：正高工

第三章 技术体系之二：采用约束浆锚 搭接的装配整体式剪力墙结构

【案例4】 哈尔滨市新新怡园

摘 要

2008 年以来，黑龙江宇辉新型建筑材料有限公司与哈尔滨工业大学合作，共同走产学研道路，研发出具有自主知识产权的混凝土预制构件工程连接方法，形成宇辉建筑工业化技术体系。该技术体系已相继编入行业标准和部分地方标准中。

该技术体系的纵向连接方式——约束浆锚搭接连接在满足结构安全性要求的同时，比其他同等连接方式的成本更低廉，每平方米造价可节约 20 元左右；横向连接方式——钢筋环插筋连接在满足结构安全性要求的同时，构造简单、安装方便；宇辉叠合板连接方式——跨内钢筋 180°弯锚连接，能减少拼接板缝数量，安装便捷，易于后期的装饰装修。

宇辉连接体系的横向连接和纵向连接的应用，满足八度抗震设防要求，其纵向连接方式具有可检查、二次灌浆的特点；其横向连接可解决构件间横向连接后浇带过大等问题，有效提高预制率，减少现场湿作业。

1 典型工程案例简介

1.1 基本信息

1）项目名称：新新怡园 4、5 号楼；
2）项目地点：哈尔滨市哈黑公路与怡园路交汇处；
3）开发单位：哈尔滨市综合开发建设总公司；
4）设计单位：中建建筑设计有限公司；
5）深化设计单位：黑龙江宇辉新型建筑材料有限公司；
6）施工单位：黑龙江宇辉建筑有限责任公司；
7）预制构件生产单位：黑龙江宇辉新型建筑材料有限公司；
8）进展情况：项目已经竣工。

1.2 项目概况

新新怡园 4、5 号楼项目位于黑龙江省哈尔滨市松北区的哈黑公路与怡园路交汇处，建筑面积 30295m²；项目 2010 年 9 月份开始建设，2011 年 12 月份竣工，扣除冬休期，建设周期为 1 年；预制率为 73％，装配率为 80％，结构形式为约束浆锚搭接装配整体式剪力墙结构。项目地下 1 层，地上 28 层，其中裙房部分为 3 层框架结构，主体部分结构为剪力墙。地下室部分采用了预制的防水外墙、叠合梁、叠合板等预制部品；裙房部分采用了预制叠合梁、叠合板等预制部品；主体 28 层采用了预制剪力墙、叠合梁、叠合板、预制楼梯等预制部品，见图 3.1、图 3.2。

图 3.1　新新怡园外立面效果图

图 3.2　新新怡园鸟瞰效果图

1.3　工程承包模式

采用施工总承包模式进行施工。

2　装配式建筑技术应用情况

2.1　建筑专业

2.1.1　标准化设计

标准化设计的前提条件是综合考虑厂房内工具移动平台的尺寸、运输车辆的挂箱尺寸、构件重量与起重机的起重量等的匹配度，来最终确定构件的尺寸，使之适应上述三条件，然后按项目的不同单元（户型）构件的尺寸进行构件尺寸的统一性调整，进而达到标准化。

2.1.2　主要预制构件及部品设计

外墙构件以保证窗口完整性为原则，通过调整后浇带宽度，使外墙构件达到标准化；内墙构件以保证门口完整性为原则，通过分块设计，使内墙构件达到标准化。

2.2　结构专业

2.2.1　预制与现浇相结合的结构设计

叠合板设计是以满足挠度要求为原则，并满足构件管线预埋铺设的要求；楼梯以节点现浇量较少为原则，简支设计为优；外墙（三明治墙）设计以带外叶墙板兼做模板为原则，保证外立面的统一性（免模板、构件种类少、接缝间尺寸统一）及协调性（外立面对称、一致）；内隔墙以少分缝为原则，减少墙体开裂。

2.2.2 抗震设计

连接体系的横向连接（钢筋环插筋连接）和纵向连接（约束浆锚搭接连接）满足抗震设计八度设防要求。纵向钢筋的连接长度较长，安全储备高。横向连接采取了加强构件间横向连接界面处置（加强钢筋）措施，从而保证连接安全可靠，满足抗震设计要求。

2.2.3 节点设计

以钢筋环插筋连接和约束浆锚搭接连接方式为主，另有双向叠合板的连接措施，特殊节点另建模型予以验算。

2.3 水暖电专业

水暖专业以预留洞设置为主，设计时首先确定预留洞尺寸和位置，且应有防水措施；其次各专业配合解决钢筋碰撞问题，达到集成构件预制效果。

电气专业以预埋电气管线及箱体为主，强调墙体中预埋电气管线及箱体，解决钢筋碰撞问题；叠合板、阳台板预埋以便穿线为原则，达到集成构件预制效果。

2.4 全装修技术应用

以精细化设计为原则，强调水暖电、装修吊顶、家具布设预埋件布置的准确性，避免二次施工，见图3.3。预制构件加工尺寸准确能为门窗尺寸的标准化装修设计提供保障。

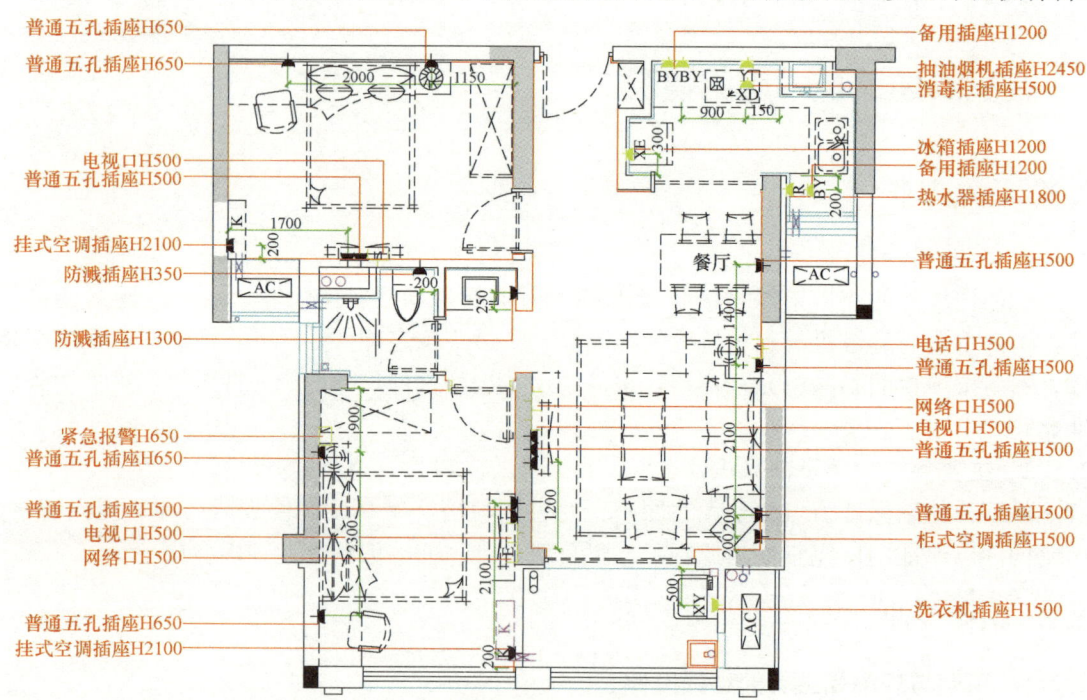

图 3.3 装修平面布置图

采用了整体厨房和卫生间。

2.5 信息化技术应用

设计时采用 Allplan 软件技术，解决构件间钢筋碰撞问题、水电预埋碰撞问题，通过模拟演示安装过程指导实际工程。生产时统一构件信息，并应用物联网（构件置入芯片、设置构件二维码等）技术使生产、堆放、运输信息统一协调。施工时通过演示安装过程达到直观交底，便于施工管理，提高施工效率。使用阶段应用物联网技术和 BIM 技术，便于信息采集及应用，便于建设管理，比如应用 BIM 技术提供的产品采集信息便于政府管控；管理阶段应用物联网技术便于信息收集和工程质量追溯，特别是可实现单个构件的质量追溯等。

3 构件生产、安装施工技术应用情况

3.1 构件生产工艺、工法和要点

PC 构件通过单体移动模具的循环传动形成自动流水线，经过在单体移动模具上的侧模具内装配预埋配件（包括装饰面层、预埋配件）、安装钢筋骨架、混凝土浇筑、振捣等工序，进入集中养护窑体内，养护 8～10 小时，经翻板机脱模吊装，再通过成品传动车运到室外成品堆场进行堆放。构件的基本误差控制在 3mm 以内。将施工过程中的强弱电、消防安装工程、门窗安装工程、内、外墙装饰保温工程等全部融入构件的加工过程中，通过模具的精度有效控制了 PC 构件的生产精度，见图 3.4。

图 3.4 构件生产车间

3.2 施工安装工艺、工法和技术要点

（1）纵向连接之纵向连接约束浆锚搭接连接具有可检查性、可修性
由于纵向连接的连接孔是混凝土自成孔，构件灌浆后，目测检查排气孔出浆流量，当

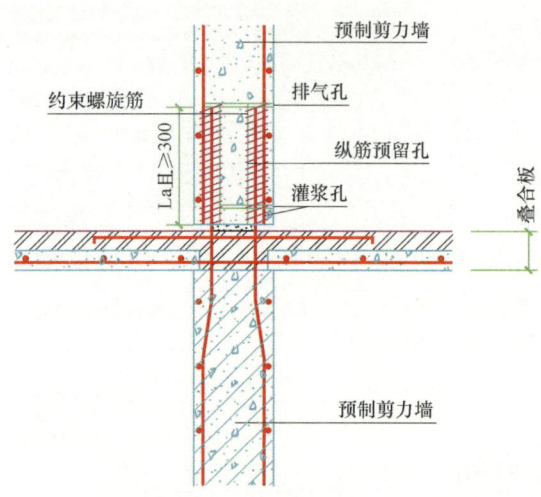

图 3.5　构件竖向连接：约束浆锚搭接连接示意图

视觉流量小时，可应用手提冲击钻进行钻入检查，达到检查目的。当冲击钻检查连接孔不饱满（或没灌入灌浆料）时，可用手提冲击钻进行灌浆孔和排气孔的重新设置，重新进行灌浆，直至灌浆饱满，达到可修目的，见图 3.5。

（2）应用宇辉技术横向连接之钢筋环插筋连接具有提高预制率效果

钢筋环插筋连接最小后浇带可达到 200mm，有助于提高预制水平，见图 3.6。

（3）叠合板的连接方式安装简便、便于装修

双向叠合板安装时不用调整连接钢筋，一次安装就位，安装简便；双向叠合板在一个支座内的构件块数少，装修时的板下缝少，便于装修，见图 3.7、图 3.8。

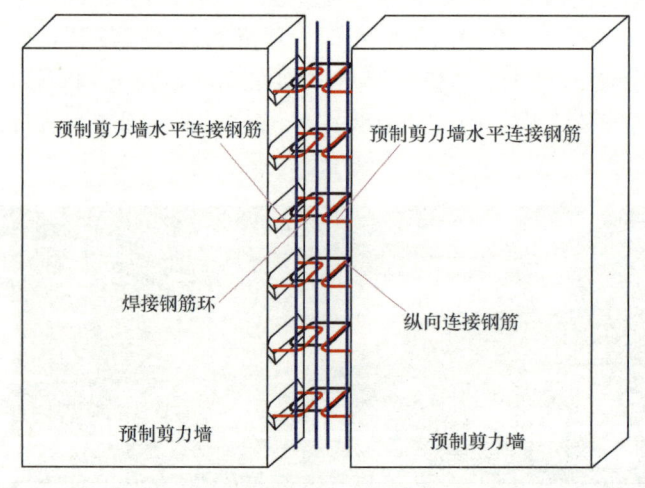

图 3.6　构件水平连接：钢筋环插筋连接示意图

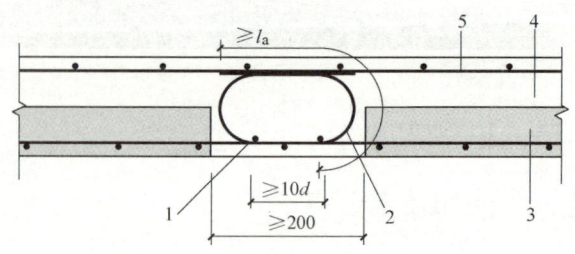

图 3.7　叠合楼板钢筋连接示意图

图 3.8　叠合楼板安装图

4　效益分析

4.1　成本分析

1）初期加工、施工经验不足，比如缺少专业模具加工厂家，导致模具采购成本增加；再比如初期缺乏安装工人，导致人工成本的增加；

2）产业链不健全，导致所购加工辅材（预埋件等）成本增加；

3）整体运输构件，导致成本运输增加；

4）构件重量大，导致安装机械费的增加；

5）初期工厂计所得税，项目计营业税不能抵扣，导致重复计税的税费增加。

综上所述，总成本略有增加，大约增加 15% 左右。

4.2　用工分析

1）工厂内加工构件时，融合了多种工艺，可节约项目上用工数量，即安装完成构件就完成了其他工艺，比如钢筋绑扎工艺、支设模板工艺、预埋水电专业线管工艺等，为减少用工提供了便利；

2）工厂内加工构件可减少项目上的用工，比如由于构件制作精度的提高可去掉项目上抹灰工艺，即不用抹灰的用工等；

3）项目上机械化安装更容易形成流水施工，也为减少用工提供了便利。

综上所述，可使工地用工减少 70% 左右。

4.3　用时分析

1）构件的提前预制，使项目构件加工不占关键线路上的工期，节约了工期；

2）项目施工工艺的减少及工序的有机融合，比如部分墙柱混凝土养护时间短了、部分外墙装饰工艺、保温工艺和管线安装工艺相融合等等，都大幅节约了工地安装工期；

3）机械化安装更容易形成流水施工，也为减少用时提供了便利。

综上所述，工期可以节约 50% 左右。

4.4　四节一环保分析

1）因构件精度的提高，室内墙体不需抹灰，达到了节材的目的；工厂加工构件可减少混凝土浪费，钢筋加工也得到优化，都能达到节材的效果；

2）在节水、节能方面，构件的蒸汽养护使得水资源能够循环利用，这是现场施工无法实现的，也达到了节水的效果。同时，应用机械加工速度快、时间短，也可达到节能的效果。

3）在环保方面效果更显著，比如项目上采用预制构件多，混凝土振捣量减少，声源得到控制；现场施工垃圾减少，施工污染得到控制；采用预制构件的安装现场，能达到即运即吊，减少堆场数量，对环保有利；现场用工量减少，工人暂设少，对环保有利。

【专家点评】

新新怡园4、5号楼项目建设地点位于哈尔滨市哈黑公路与怡园路交汇处。总建筑面积30295m²，地下1层，地上28层，附有3层裙房，抗震设防烈度7度（0.1g）。28层的主体结构采用受力钢筋约束浆锚搭接连接的装配整体式剪力墙结构，其中预制构件包括：剪力墙、叠合梁、叠合板、预制楼梯等；裙房为3层框架结构，其中预制构件包括：叠合梁、叠合板等；地下室部分采用了预制的防水外墙、叠合梁、叠合板。

该项目的竖向受力钢筋采用了黑龙江宇辉集团和哈尔滨工业大学共同研发的、具有自主产权的螺旋箍筋约束的钢筋浆锚搭接连接连接接头，水平向受力钢筋采用钢筋环插筋连接，在水平接缝和竖向接缝处均采取了具体的措施，以满足抗震和接缝处受剪承载力的要求。

该项目的建筑设计，是充分综合考虑了厂房内工具移动平台的尺寸、运输车辆的挂箱尺寸、构件重量与起重机的起重量等的匹配度等因素后，再确定构件的尺寸，使之适应上述三条件；然后按项目的不同单元（户型）构件的尺寸进行构件尺寸的统一性调整，从而实现标准化。同时也减少了每个房间的双向叠合板的接缝数量，减少了用工，提高了工效。

本项目与信息化技术紧密结合。设计时采用BIM中的Allplan软件技术，解决构件间钢筋碰撞问题、水电预埋等碰撞问题；生产时采用BIM的Allplan软件技术，统一构件信息，并在构件中置入芯片及二维码等措施，使生产、堆放、运输信息达到统一协调；施工时采用BIM技术的演示安装过程，达到直观交底；使用阶段应用物联网技术和BIM技术，便于信息采集及应用，便于政府管控，便于单个构件的质量追溯等。

（李晓明：中国建筑标准设计研究院，顾问总工）

编写人

姓　　名：闫红缨
单　　位：黑龙江宇辉新型建筑材料有限公司
职　　称：高级工程师
职　　务：总工

第四章 技术体系之三：采用波纹管浆锚搭接的装配整体式剪力墙结构

【案例 5】 江苏省海门市中南世纪城

摘 要

本案例工程为装配整体式剪力墙结构，采用预埋金属波纹管浆锚连接技术体系。案例工程中竖向结构主要预制构件为承重墙、外围护墙、内填充墙等，水平结构主要预制构件为叠合梁板、楼梯、阳台、空调板等，总体预制率为 82.1%。本案例重点对装配式技术应用、构件生产及安装技术应用、效益分析等方面内容进行了比较详细的介绍及分析。案例工程中的预制墙板构件采用预埋金属波纹管浆锚连接技术保证竖向钢筋的可靠连接，运用 BIM 技术进行建筑、结构、水、暖、机电等各专业的协同，运用信息化技术对深化设计、构件生产、现场施工等阶段进行全面综合管理。案例工程中，通过外墙保温一体化、夹心内隔墙、信息化等技术的综合应用，对设计及生产效率的提高、现场施工综合管理能力的提升都发挥了较好的促进作用。

1 典型工程案例简介

1.1 基本信息

1) 项目名称：江苏省海门市中南世纪城 42 号、44 号楼；
2) 项目地点：江苏省海门市人民路与浦江路交接口；
3) 开发单位：海门中南世纪城开发有限公司；
4) 设计单位：海门市建筑设计院有限公司；
5) 深化设计单位：江苏中南建筑产业集团有限责任公司；
6) 施工单位：江苏中南建筑产业集团有限责任公司；
7) 预制构件生产单位：南通康民全预制构件有限公司；
8) 进展情况：2012 年 10 月 31 日竣工交付。

1.2 项目概况

江苏省海门市中南世纪城 42 号、44 号楼为装配式建筑示范项目，该项目位于海门市浦江北路与丝绸东路交汇处，地上 16 层，地下 1 层，建筑面积 11750m²。2011 年 4 月开工建设，2011 年 6 月完成地下室施工。2012 年 10 月竣工交付。42 号、44 号楼采用装配整体式剪力墙结构体系，竖向结构采用的主要预制构件有预制剪力墙、预制填充墙，水平结构采用的主要预制构件为预制叠合梁板、预制整体阳台、预制楼梯、预制空调板等。正负零以上总体预制率为 82.1%。

1.3 工程承包模式

该工程采用设计—施工总承包模式，项目概况见图 4.1～图 4.3。

图 4.1 海门中南世纪城总平面图与鸟瞰图

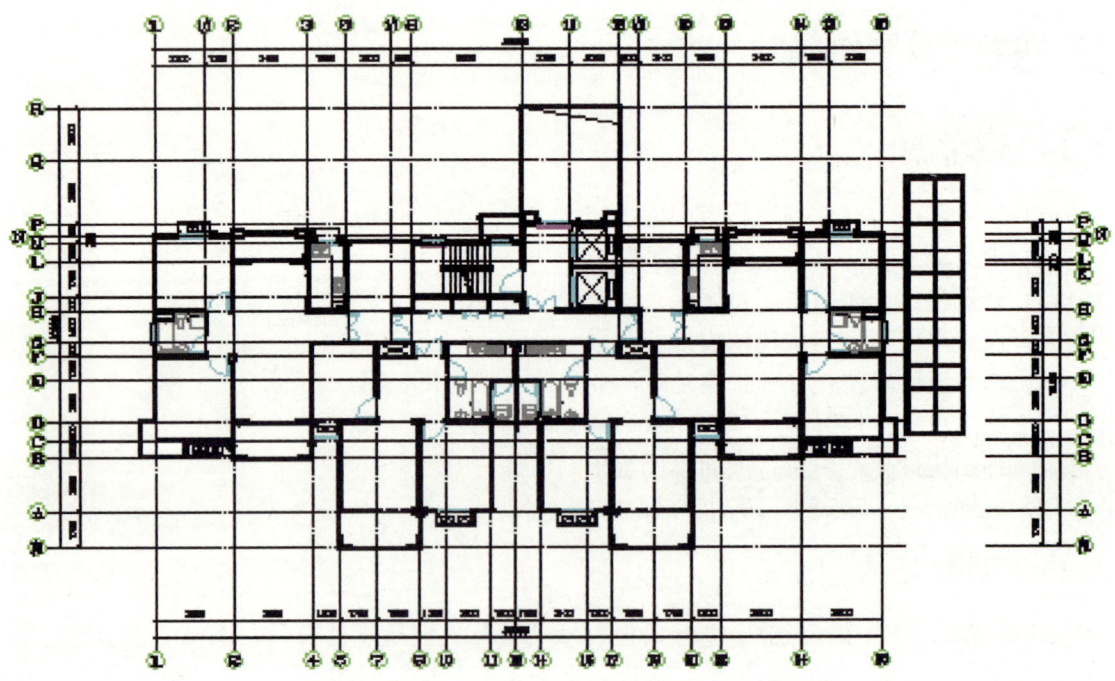

图 4.2 海门中南世纪城 42 号楼标准层平面图

图 4.3　海门中南世纪城 42 号楼南立面图

2　装配式建筑技术应用情况

2.1　建筑专业

2.1.1　标准化设计

海门中南世纪城 42 号、44 号楼，地下 1 层，地上 16 层，标准层层高 2.9m，总建筑高度 47.2m。采用两梯四户的户型设置。

该工程为商品住宅，房型设计以标准化模数为基础，除电梯井、楼梯间部位外，基于中心轴进行对称设计。建筑平面规则、建筑立面造型简洁，符合装配式建筑特点。

2.1.2　主要预制构件部品设计

根据建筑总体平面布置，结合吊装设备、工厂加工、运输等方面综合考虑，对相应结构构件进行深化设计，对于构件的深化设计，以"少规格"为原则，以便工厂进行批量化生产，提高生产效率，降低成本，见图 4.4、图 4.5。

2.2　结构专业

2.2.1　预制与现浇相结合的结构设计

本工程采用装配整体式剪力墙结构体系，竖向结构采用的主要预制构件有预制剪力墙、预制填充墙，水平结构采用的主要预制构件为预制叠合梁板、预制整体阳台、预制楼梯、预制空调板等。正负零以上总体预制率为 82.1％。汇总统计如表 4.1 所示。

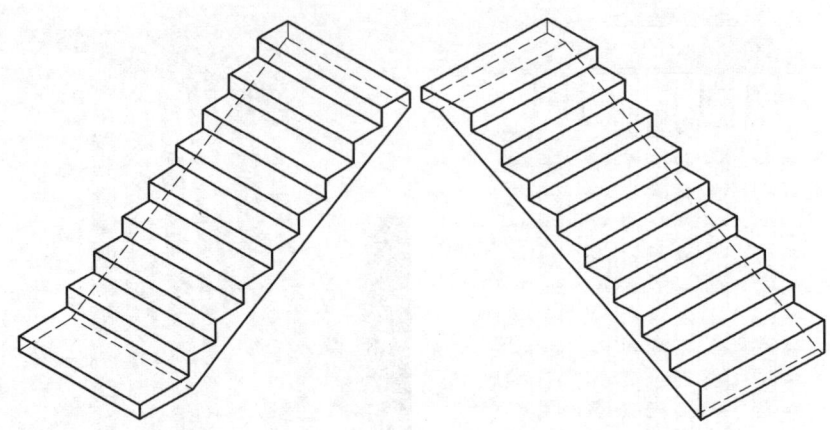

图 4.4　海门中南世纪城 42 号楼预制楼梯构件

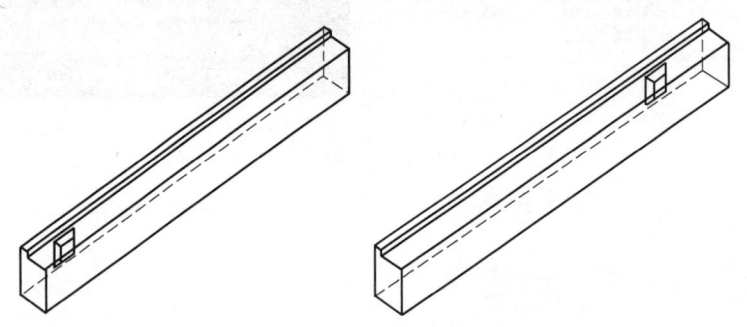

图 4.5　海门中南世纪城 42 号楼楼梯预制叠合梁构件

预制率计算表　　　　　　　　　　　　　　　　　　　表 4.1

结构构件	施工方法		预制构件所处位置	构件形式	预制构件体积（m³）	备注
	预制	现浇				
外墙	√		2～16	夹心墙＋预制剪力墙板	688.5	
内墙	√		2～16	夹心墙＋预制剪力墙板	1059	
楼板	√	√	2～16	预制混凝土叠合板	291.4	叠合板
梁	√	√	2～16	预制混凝土叠合梁	40.5	叠合梁
楼梯	√		2～16	预制混凝土楼梯	24	
阳台	√		2～16	预制混凝土叠合阳台板及空调板	43.5	
建筑物总用混凝土体积	2615m³			预制构件总体积	2146.9m³	
预制率	82.10%					

2.2.2　抗震设计

海门中南世纪城 42 号、44 号楼结合工程实际特点，总体设计思路如下：

（1）严格控制地基变形，适当提高基础结构的刚度。

（2）加强地下室结构的刚度和整体性，增加地下室的剪力墙布置，保证地下室与首层剪切刚度比大于 2，结构嵌固端设在地下室顶板。

（3）结构整体受力性能按现浇结构计算分析，剪力墙水平接缝的抗剪承载力根据规范用手算复核。

（4）增加楼板的现浇层厚度，保证楼板的平面内刚度，增加结构整体性。

（5）预制剪力墙的竖向连接是设计的关键点。总体连接方式以省标《预制装配整体式剪力墙结构体系技术规程》DGJ32/TJ 125—2011 为主，设计时重点对边缘构件的连接构造、墙身位置浆锚搭接区等进行构造加强。

2.2.3　节点设计

海门中南世纪城 42 号、44 号楼采用装配整体式剪力墙结构。

（1）预制构件竖向钢筋连接构造：

预制剪力墙竖向钢筋采用预埋金属波纹管浆锚连接，即在预制混凝土墙板中预留孔道，在孔道中插入需连接的钢筋，并灌注水泥基灌浆料而实现的钢筋浆锚连接方式。

（2）预制构件水平钢筋连接构造：

海门中南世纪城 42 号、44 号楼水平结构采用叠合梁板。叠合梁板水平钢筋连接构造，具体见图 4.6。

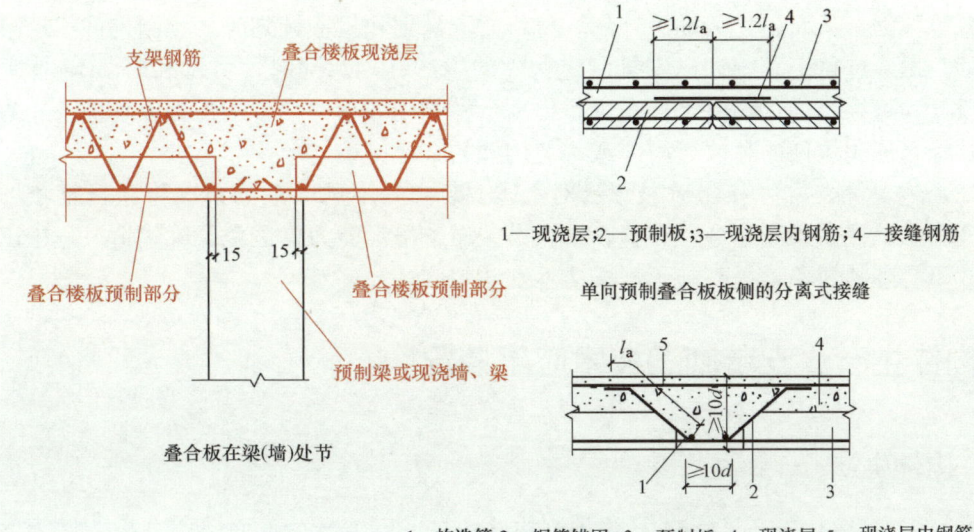

图 4.6　叠合板连接构造示意

2.3　水暖电专业

海门中南世纪城 42 号、44 号楼的水、电、暖专业设计与建筑、结构专业同步设计、同步深化设计并与预制构件同步预留预埋。依托 BIM 软件将水、电、暖等专业建立机电综合模型，将机电综合模型与土建模型进行协同碰撞检查，实现提前发现不合理之处、施工前及时优化，避免错、漏、碰、缺。水、暖、电专业各项预留预埋直接在构件深化设计图纸中进行详尽标注，保证精确预留预埋，全面避免后期开凿修补。

2.4 全装修技术应用

海门中南世纪城 42 号、44 号楼采用外墙外保温一体化技术，预制夹心内隔墙技术。

外墙外保温一体化技术：外保温在工厂与预制构件一体预制，既保证了保温层与外墙可靠连接，同时避免了现场施工外墙保温层的各种质量问题。

预制夹心内隔墙技术：建筑内隔墙采用预制夹心隔墙板，在工程主体结构施工中，一并进行吊装。避免了传统建筑的砌筑作业内容，同时预制构件表观质量好可达到清水效果，免除抹灰层，使套内有效使用面积增加。

2.5 信息化技术应用

（1）设计阶段：该工程设计之初采用传统设计软件进行建筑、结构、水、暖、电等各专业设计，在深化设计阶段，全面引入 BIM 技术。各专业人员分别建立模型，针对建筑、结构、机电等各专业三维信息化模型，设计人员可通过模型快速传递相关设计信息，迅速协调各专业之间的碰撞等问题。通过模型，快速生成构件的平立剖面图及大样图。利用 BIM 技术对预制构件进行试拼装模拟，防止设计错误。

（2）生产阶段：从 BIM 模型中根据需要，导出相应的劳务、材料、设备等相应的用量信息等数据，从而建立劳动力计划、材料需求计划和机械计划等，预制构件工厂可根据相应的数据，进行汇总统计，安排制定构件的生产计划。同时，可以利用 BIM 技术结合台模尺寸，可综合优化构件平面布置，提高台模利用效率；结合构件堆放场地及周边道路情况，综合优化构件的存放，减少或避免构件的二次倒运。

（3）施工阶段：利用 BIM 技术针对主体、装修等不同时期的情况将项目整个场地布置表现出来，提前预测不合理布置。结合吊装设备吊运能力，避免实际建造过程中出现现场堆放不合理的现象，提高施工现场构件安装效率。

3 构件生产、安装施工技术应用情况

3.1 构件生产

海门中南世纪城 42 号、44 号楼预制构件均在工厂生产。下面以叠合板构件为例介绍构件生产主要流程。

工艺流程：台模清理→模板支设→脱模剂喷涂→钢筋绑扎→固定→水电安装预留预埋→混凝土浇筑→构件养护→脱模转运存放，见图 4.7～图 4.12。

3.2 现场安装

整体装配式剪力墙机构现场安装主要包括竖向预制构件安装及水平预制构件安装。下面以叠合梁板为例介绍构件安装主要流程。

叠合梁板支撑体系安装→叠合梁吊装→叠合楼板吊装→拼接处钢筋及附加钢筋绑扎→水电管线敷设→梁板上部钢筋绑扎→节点及预留洞口模板支模及接缝封堵→检查验收，见图 4.13～图 4.16。

图 4.7 台模清理

图 4.8 画线支模

图 4.9 钢筋绑扎

图 4.10 混凝土浇筑

图 4.11 构件入箱养护

图 4.12 构件脱模存放

图 4.13　水平结构支撑体系

图 4.14　叠合楼板吊装

图 4.15　叠合梁安装

图 4.16　叠合梁板钢筋绑扎

4　效益分析

4.1　成本分析

本项目通过采用装配整体式构造技术，主要包括竖向构件钢筋浆锚连接技术、夹心保温隔墙技术、外墙保温反打一次成型技术、预制构件吊装组装技术等，取得了较好的经济效益。

本项目采用装配整体式剪力墙结构技术体系，竖向结构采用预制构件＋现浇节点，水平向结构采用预制叠合构件＋现浇面层，大量降低工程现场工作量、减少施工现场施工人员。现场水平支撑体系及模板用量相比传统现浇结构减少 60％以上。

与采用现场现浇施工的相近楼栋进行成本对比，本工程造价较传统现浇结构造价增加约 350 元/m²。主要成本增量在预制构件，成本增量主要有以下几个方面：

1）施工楼栋数少，工厂预制构件模板摊销费用高；

2）构件运输费用；

3）装配式结构建筑比现浇结构建筑垂直机械要求更高，费用增加；

4）连接用高强灌浆材料及安装用预留预埋等费用。

4.2 用工分析

与采用现场现浇施工的相近楼栋对比，42号、44号楼总用工量减少约45%。主要体现在以下几个方面。

（1）施工现场钢筋绑扎、模板支设、支撑体系搭设等用工量大幅减少。

（2）填充墙采用预制夹心隔墙板，现场不需要砌筑作业，预制隔墙板表观质量好，现场无须抹灰作业。

（3）因现场大量结构均采用预制构件，仅部分现浇带、节点部位等混凝土进行现场浇筑，现场湿作业量大幅减少。

4.3 用时分析

与采用现场现浇施工的相近楼栋对比，42号、44号楼现场主体施工阶段，比现浇结构相比略有延长。42号楼现场施工首层用时近9天，标准层用时约6.5天，主体施工阶段较传统现浇结构增加约15天。但采用装配整体式剪力墙结构，现场施工工作量大幅下降，因采用预制夹心隔墙，节约了装饰装修阶段的墙体砌筑及抹灰的工期；因采用了外墙外保温一体化技术，也节省了传统外墙保温施工时间，所以总体施工进度与现浇结构相比提升约15%。

4.4 四节一环保分析

与传统建造方式对比，42号、44号楼装配式建筑采用装配式建造方式，在能耗、水耗、材料消耗等方面有传统建造方式无法比拟的优势，主要表现在以下一个方面，具体见表4.2。

节能环保分析　　　　　　　　　　　　　　　　　　　　　　　　　　表 4.2

分析项目		传统	42号、44号楼	备 注
四节一环保	水	100%	−63.33%	由于采用预制构件,减少了构件养护用水;减少了现场湿作业工程量,从而减少相应用水
	地	100%	−23.83%	材料堆放、人员临设占地等
	能耗	100%	−45%	缩短施工工期,减少现场工序
	环保	100%	−70%	主要为降低粉尘、减少施工噪音

【专家点评】

本项目位于江苏省海门市，为两栋高层住宅，地上16层，建筑高度47.2m，设防烈度6度（0.05g）。本项目的结构体系采用装配式剪力墙结构，预制结构构件包括预制夹心复合外墙板、预制内墙板、预制叠合梁、预制叠合板、预制阳台、预制楼梯、预制空调板等，单体的预制率较高。

一、本项目的主要技术特点

1. 金属波纹管浆锚搭接连接技术

本项目预制剪力墙板的竖向钢筋采用预埋金属波纹管浆锚搭接连接。行业标准《装配式混凝土结构技术规程》JGJ 1—2014 中规定："纵向钢筋采用浆锚搭接连接时，对预留孔成孔工艺、孔道形状和长度、构造要求，灌浆料和被连接钢筋，应进行力学性能以及适用性的试验验证。"《装配式混凝土 结构技术规程》JGJ 1—2014 未对应用波纹管浆锚搭接连接技术的装配整体式剪力墙结构高度做出具体规定，在应用本技术时，需要进行规程中规定的试验验证，以及针对具体工程的专项技术论证。目前，本技术已被纳入江苏省地方标准《预制装配整体式剪力墙结构体系技术规程》DGJ 32/TJ 125—2011 中，并对结构适用高度和设计构造进行了明确的规定。本浆锚搭接连接技术可用于低烈度地震区预制剪力墙板竖向钢筋的连接，但须经过相关部门组织的专家论证或鉴定后方可使用。

2. 预制夹心隔墙板免抹灰技术

本项目建筑内隔墙采用预制夹心隔墙板，在工程主体结构施工中，一并进行吊装。避免了传统建筑的砌筑作业内容，同时预制构件表观质量好可达到清水效果，免除抹灰层，不仅提高了施工效率，而且使套内有效使用面积适当增加。

3. BIM 信息化技术

本项目在设计阶段、构件生产和施工阶段全过程采用信息化技术，利用 BIM 软件建立建筑的三维信息模型，对预制构件进行试拼装模拟，同时根据具体需要导出相应的劳务、材料、设备等相应的用量信息等数据，为构件生产和安装提供技术支持，提高生产和施工的效率。

4. EPC 工程总承包模式

本项目采用的设计、施工一体化的工程总承包模式，由总承包方在项目实施期间充分发挥技术优势、管理优势和资源优势，在一定程度上降低了装配式建筑的建造成本，提高了建造质量。

二、本项目的综合效益分析

本项目与采用现场现浇施工的相近楼栋进行成本对比，大量降低了工程现场工作量、减少了施工现场施工人员，总用工量减少了约 45%，现场水平支撑体系及模板用量相比传统现浇结构减少了约 60%；造价较传统现浇结构增加约 350 元/m²。由于主要成本增量在于预制构件的生产运输及其施工安装，而本项目仅两栋楼采用装配式剪力墙结构，施工楼栋数少，导致本项目预制构件模具加工的成本摊销费用高，导致本项目预制构件的施工成本增量没有得到有效的摊薄。由于采用了预制内隔墙，节约了装饰装修阶段的墙体砌筑及抹灰的工期，总体施工进度与现浇结构相比提升了约 15%。

（张守峰：中国建筑设计院有限公司，装配式建筑研究院总工程师，教授级高级工程师）

编写人
姓名：孙海龙
单位名称：江苏中南建筑产业集团有限责任公司
职务：高级工程师

第五章 技术体系之四：叠合板式剪力墙结构

【案例6】 上海浦东新区惠南新市镇惠南万华城 23 号楼

摘 要

惠南万华城 23 号楼是宝业集团牵头在上海打造的装配式住宅示范工程，也是第一栋以 EPC 模式建造的装配式建筑。项目位于上海市浦东新区惠南新市镇，建筑面积 9775.24m²，地上 13 层，地下 1 层。工程采用双面叠合剪力墙结构体系，从设计理念到设计方法全部按照装配式建筑理念考虑。单体建筑混凝土预制率达到 50%以上。

在此项目设计和建造过程中，充分体现了产学研结合的特点，将近年来装配式建筑的科研成果和示范工程相结合，实现成果的示范和转化。主要拥有以下创新点：适合上海地区的装配式住宅建筑结构体系、基于叠合楼板的全生命周期可变房型建筑设计技术、双面叠合剪力墙结构设计技术、预制装配式工业外墙防水技术、侧墙式同层排水技术、适老性室内设计等。

该项目以 BIM 信息化技术为平台，通过模型数据的无缝传递，串联设计和生产制造环节，并结合环境性能分析，对建筑物周围环境进行综合考虑，有效提升了建筑整体质量和性能。通过本项目的示范，促进住宅可变房型及标准化设计理念在实际工程中的应用，推进了装配式建筑的发展。

1 典型工程案例简介

1.1 基本信息

1）项目名称：上海浦东新区惠南新市镇 17-11-05，17-11-08 地块项目 23 号楼；

2）项目地点：西至西乐路，北至南六灶港，东至听潮路，南至宣黄公路；

3）开发单位：上海宝筑房地产开发有限公司；

4）设计单位：上海现代建筑设计（集团）有限公司；

5）深化设计单位：宝业集团上海建筑工业化研究院；

6）施工单位：浙江宝业建设集团有限公司；

7）预制构件生产单位：绍兴宝业西伟德混凝土预制件有限公司；

8）进展情况：于 2015 年 1 月完成主体结构施工安装工作。

图 5.1 总平面图

1.2 项目概况

上海浦东新区惠南新市镇 17-11-05，17-11-08 地块项目 23 号楼是装配式建筑示范项目，建筑面积 9755m²，地上 13 层，地下 1 层。于 2014 年 5 月完成主要方案设计、施工图设计和管理部门评审工作，并随即开展预制构件生产和施工准备工作，于 2014 年 9 月开始结构吊装工作，2015 年 1 月完成主体结构施工安装工作，2015 年 6 月竣工并完成样板房装修，见图 5.1～图 5.4。在此期间接待了行业内众多同行和专家的考察交流。

23 号楼采用了叠合式混凝土剪力墙结构体系，梁、阳台和楼梯等亦采用预制，预制率为 48.2%。

图 5.2 鸟瞰图

图 5.3 立面图

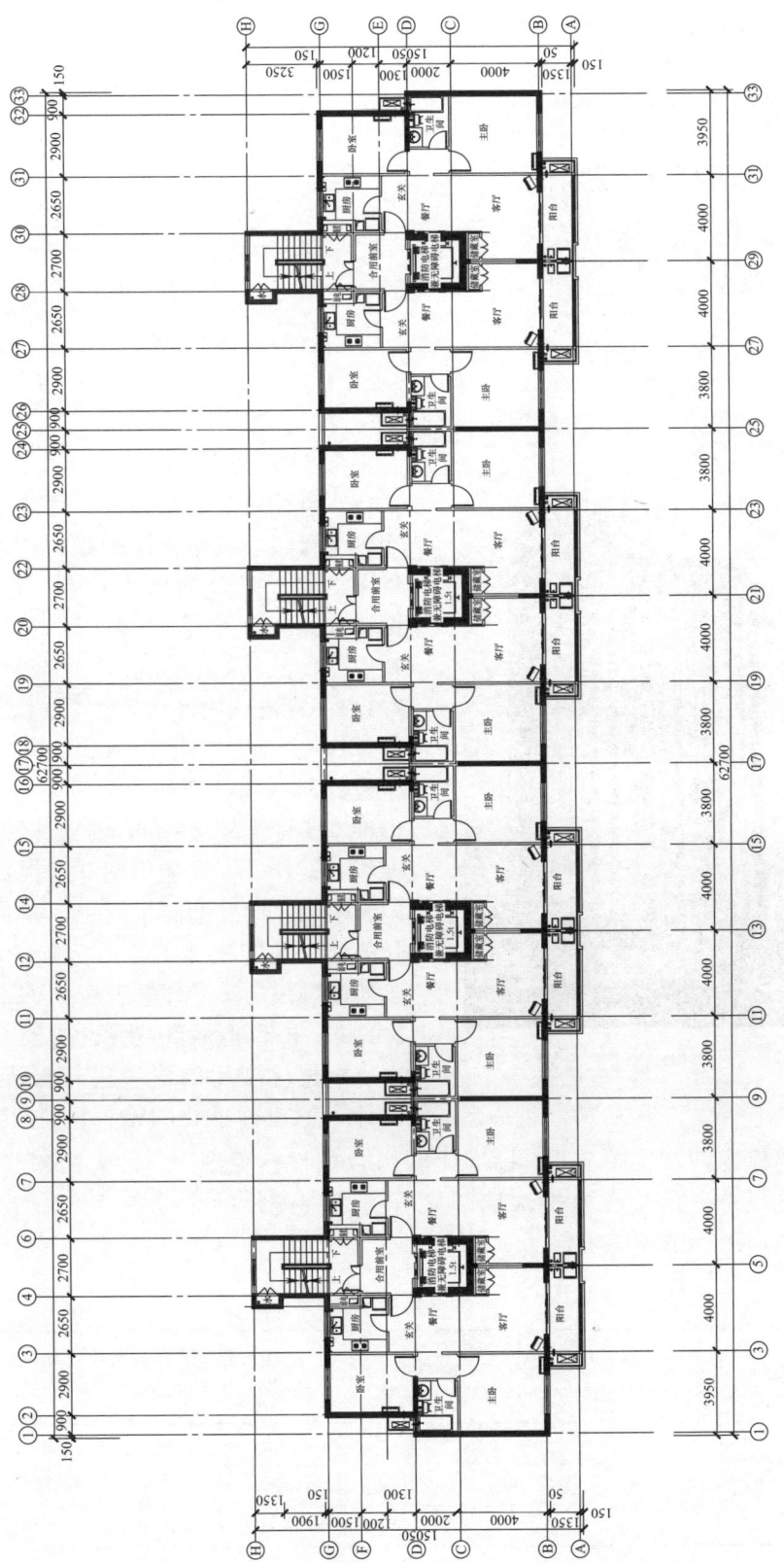

图 5.4　标准层典型单元平面图

1.3 工程承包模式

本项目采用了 EPC 总承包模式。

2 装配式建筑技术应用情况

2.1 建筑专业

23 号楼作为装配式住宅的示范楼，地上总层数为 13 层，地下 1 层，标准层层高 2.9m，总建筑高度 37.7m，见图 5.5。采用四梯八户共四个单元的户型设置，每单元设 1 台电梯和 1 部疏散楼梯，地下一层为自行车库及设备用房。

图 5.5　23 号楼整体效果图

住宅房型设计以标准化模块化为基础，采用大空间可变房型设计。住宅顶层屋面采用现浇楼板，其余楼层的竖向构件、水平构件、楼梯、阳台均采用预制。建筑平面规则、建筑立面简洁明快，具有装配式建筑特点。

2.1.1 标准化设计

该项目的户型为 87m²，每个开间都位于模数网格内，开间尺寸满足模数化要求。设计基于标准模数系列，形成标准化的功能模块，设计了标准的房间开间模数，标准的门窗模数，标准的厨卫模块，并将这些标准化的建筑功能模块组合成标准的住宅单元，各功能模块的尺寸详见表 5.1。

2.1.2 主要部品标准化设计

根据标准化的模块进行标准化的部品设计，形成标准化的楼梯构件，见图 5.6、标准化的空调板构件，见图 5.7、标准化的阳台构件，见图 5.8，大大减少结构构件数量，为建筑规模量化生产提供基础，显著提高构配件的生产效率，有效地减少材料浪费，节约资源，节能降耗。

标准化房型　　　　　　　　　　　　　　　　　　　　　　　表 5.1

房型面积（m²）	房型类型	标准化元素	起居厅（mm）	餐厅（mm）	主卧室（mm）	卧室（mm）	厨房（mm）	卫生间（mm）
87	两房一厅	开间	4000	2900	3800	2900	2650	2550
		门窗	2400	无外窗	1800	1500	1200	600
		进深	3500	3700	4000	4000	2700	2000

2.1.3　全生命周期的可变房型的设计

在建筑全生命周期中，基于人一生的成长历程，会经历由两人世界的夫妻家庭，见图5.9、夫妇带一个或两个子女的核心家庭，见图5.10以及夫妇带一个子女及两个老人的三代人口的主干家庭，见图5.11不同的人生阶段。本项目通过全生命周期的可变房型设计，使房型能适应各种不同使用时期、不同家庭人员结构的需要。

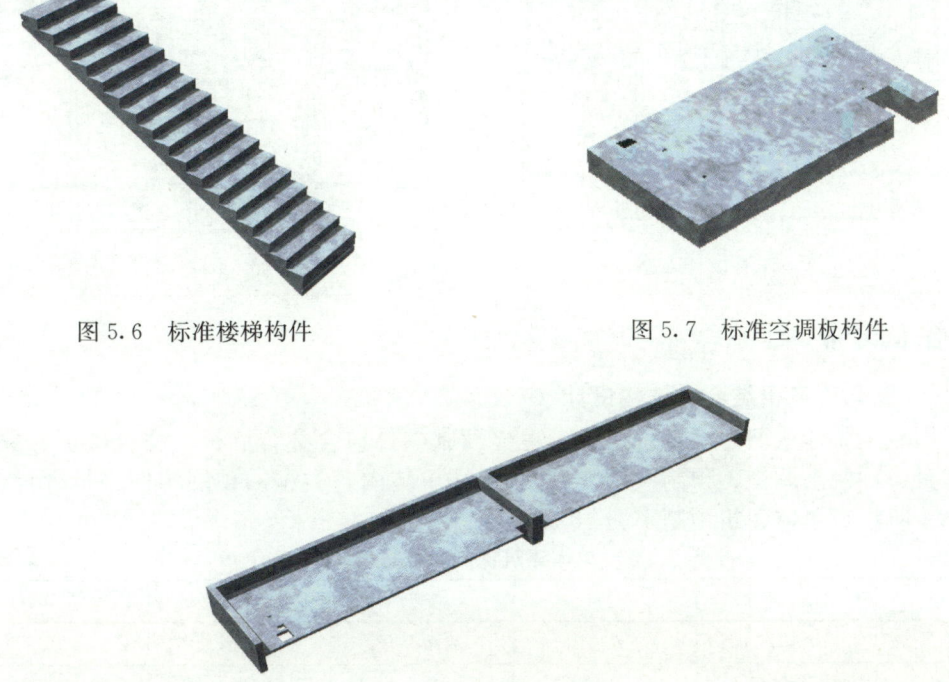

图5.6　标准楼梯构件　　　　　　　　　　图5.7　标准空调板构件

图5.8　标准阳台构件

运用基于全生命周期的可变房型设计的设计方法和理念，装配式设计见图5.12对原有设计方案见图5.13进行了调整，抽掉户型中间的框架柱，缩短内部剪力墙的长度，调整了内部使用空间，使空间的使用更加灵活。

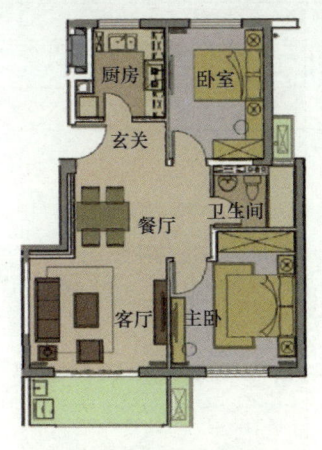

图5.9　夫妻家庭

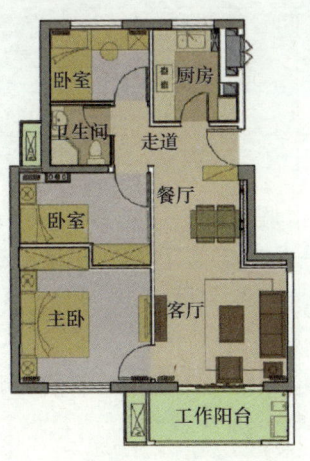

图5.10　核心家庭

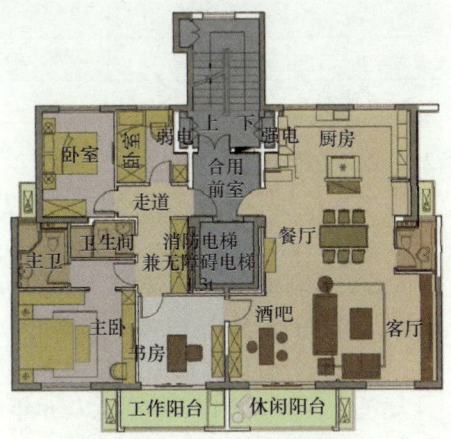

图5.11　主干家庭

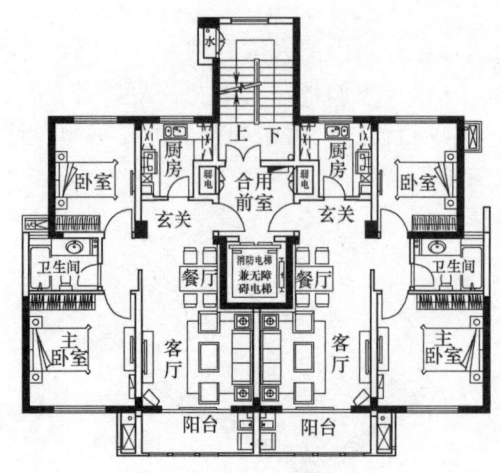
图 5.12 原有设计方案

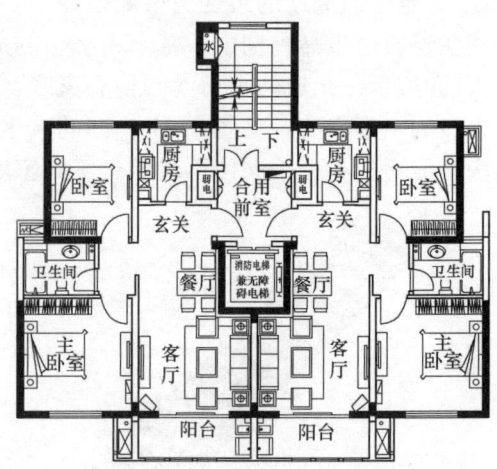
图 5.13 调整后设计方案

2.2 结构专业

2.2.1 预制与现浇相结合的结构设计

采用装配整体式剪力墙结构体系，主要预制构件包含叠合墙板、叠合楼板、叠合梁、预制阳台、预制空调板、预制楼梯。对 23 号楼单体内各类型的预制构件进行统计，汇总如表 5.2 所示，单体建筑预制率为 48.2%。

单体建筑预制率计算表　　　　　　　　　　　　　　　　　　表 5.2

编号	构件名称	权重	类型	比例	小计
1	承重墙	0.6	双面叠合	75%	31.5%
2	梁	0.08	叠合	40%	2.2%
3	楼板	0.24	叠合桁架	100%	9.6%
4	楼梯	0.02	全部预制	100%	1.9%
5	凸窗/窗	0.02	双面叠合	100%	1.4%
6	空调板	0.01	全部预制	92%	0.8%
7	阳台	0.02	叠合桁架	92%	0.7%
8	女儿墙	0.01	全截面预制	0%	0.0%
总计			48.2%		

2.2.2 抗震设计

结构抗震分析采用了如下设计基本假定：

1）在结构内力与位移计算时，叠合楼盖假定楼盖在其自身平面内为无限刚性；

2）梁刚度增大系数按照《混凝土结构设计规范》GB 50010—2010（2015 年版）5.2.4 条执行，可根据翼缘情况近似取 1.3～2.0；

3）水平荷载作用下，按照弹性方法计算的楼层层间最大位移角应满足《建筑抗震设计规范》GB 50011—2010（2016 年版）5.5.1 要求。

2.2.3 节点设计

本工程叠合楼板采用密拼方式连接，预制板厚度为 50mm，现浇混凝土厚度根据楼板总厚度分为 90mm 和 130mm，接缝处附加板底通长钢筋，如图 5.14 所示。

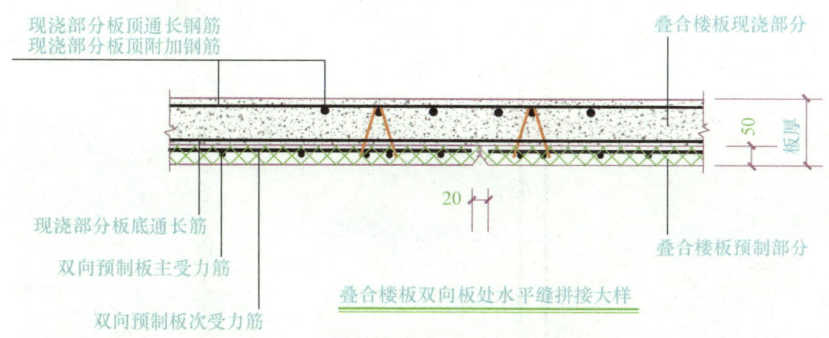

图 5.14　叠合楼板双向板水平缝拼接

　　双面叠合墙板水平和竖向接缝间应布置连接钢筋，连接钢筋直径和放置位置应于叠合墙板内分布筋相同，不允许放置单排连接钢筋。水平接缝处竖向连接钢筋放置于叠合墙板芯板层，上下交错 500mm 放置，且锚固长度不得小于 $1.2l_{aE}$；竖向接缝处水平连接钢筋放置于叠合墙板芯板层，锚固长度不得小于 $1.2l_{aE}$，见图 5.15。

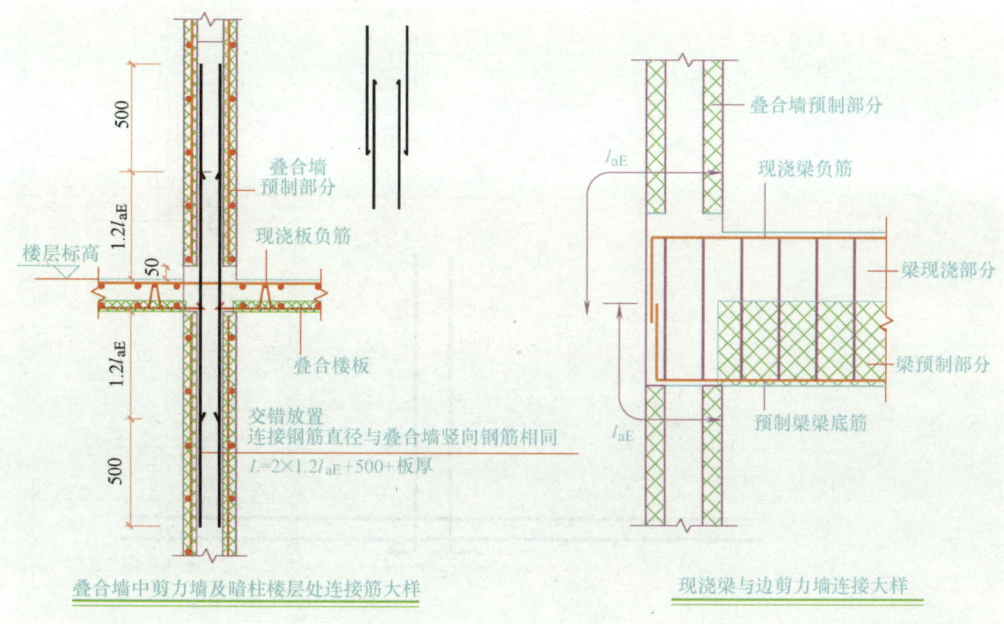

图 5.15　通用节点大样（一）

　　双面叠合墙板拼接节点处采用现浇，现浇节点区域应满足《装配式混凝土结构技术规程》JGJ 1—2014 和《高层建筑混凝土结构技术规程》JGJ 3—2010 相关规定。现浇节点和预制叠合墙板直接连接钢筋直径不应小于叠合墙板内分布筋，如图 5.16 所示。

　　本工程叠合墙板与现浇主体之间采用连接可靠、构造简单、施工便捷、防水性优异的标准化节点，如 L 形、T 形和一字形节点，如图 5.17 所示，配套模板同样标准化设计，达到降低施工难度、节约成本、提高效率的目的。

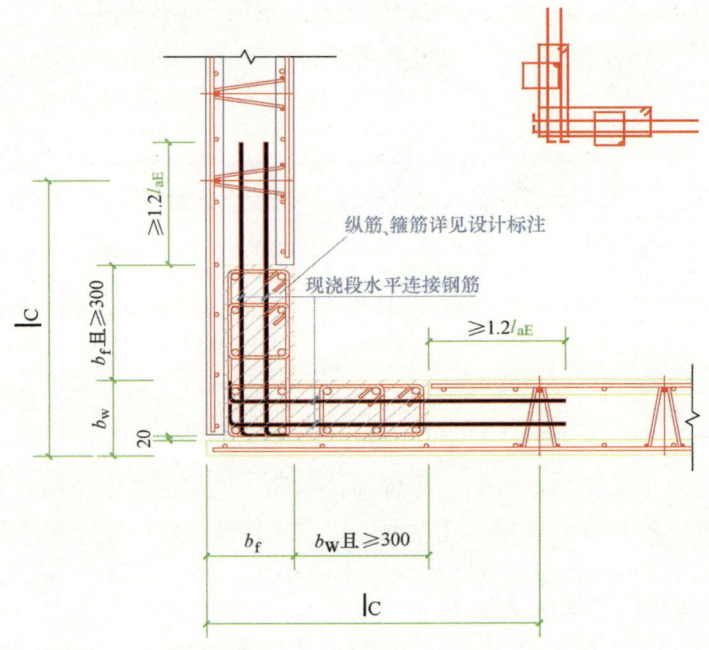

L形节点连接大样

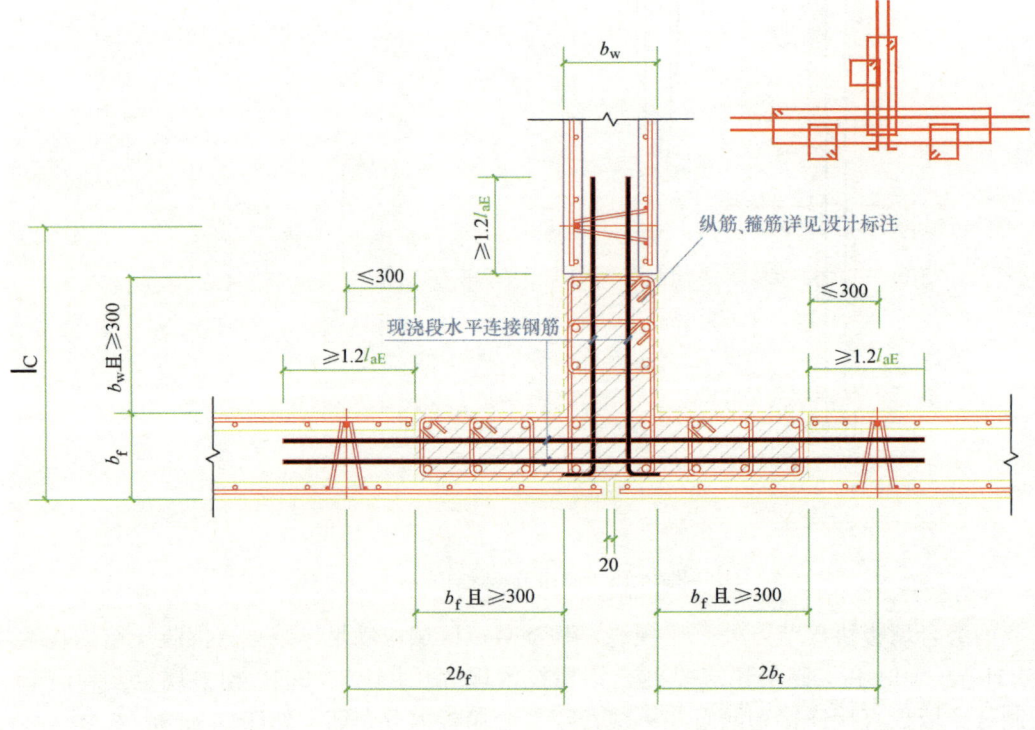

T形节点连接大样

图 5.16   通用节点大样（二）

2.3 水暖电专业

水暖电专业的集成是装配式建筑的重要内容，采用 BIM 软件将建筑、结构、水暖电专业通过信息化技术的应用，将水暖电点位与主体装配式结构实现集成化，并检测各专业间在生产、施工过程中的碰撞问题。

2.4 全装修技术应用

本工程贯彻集成技术的应用，融入外墙一体化、同层排水系统、整体卫浴、预制装配式建筑干式内装系统等全装修技术。

外墙是建筑围护的重要组成部分，外墙一体化保证了建筑防水、防火、保温、安全及美观等一系列环节的施工质量。设计中尝试采用外保温的形式，在工厂尝试将外保温与叠合墙板预制成型，并在窗下口增设防水措施。外墙一体化的设计杜绝了长期以来保温板施工的各种缺陷。

同层排水系统的管道不穿过楼板，防止噪声对楼下住户的干扰；解决卫生死角，采用挂式洁具，方便清扫，彻底解决卫生间死角；个性化设计，不受坑距限制，避免上下卫生间须对齐的尴尬，卫生间布局自由；防渗漏，与建筑同寿命，性能优异的管道管材，且管材不受混凝土挤压，有效避免渗漏发生。

整体式卫浴系统采用定制化生产，工业化程度高；接缝少，全圆弧边角，布局合理，易清洗；施工效率高，两个工人一天即可安装一间卫生间；节能环保，不污染环境、不产生建筑垃圾，保温隔热性能优良；隔声降噪，整个卫浴间与主体分开，大大降低卫浴间噪声对周围环境影响。

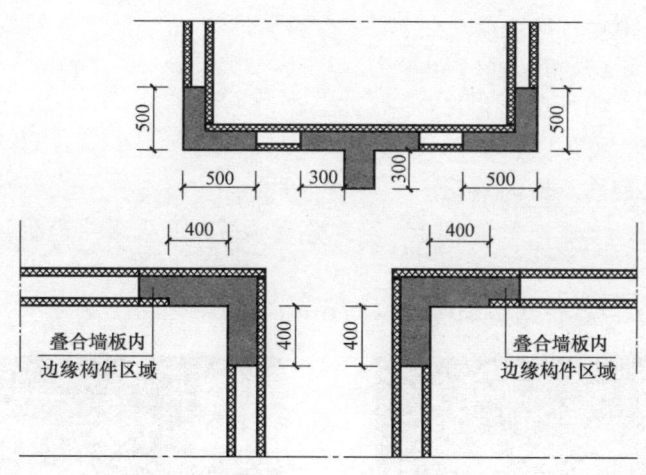

图 5.17 标准化节点

2.5 信息化技术应用

工程项目设计阶段：通过对专用 BIM 设计软件进行接口开发，将三维数字模型传输到系统平台上，各专业的设计人员通过密切协调完成装配式建筑预制构件各类预埋和预留的设计，并快速地传递各自专业的设计信息。通过碰撞与自动纠错功能，自动筛选出各专业之间的设计冲突，帮助各专业设计人员及时找出专业设计中存在的问题。

预制构件生产阶段：BIM 模型直接获取产品的尺寸、材料、钢筋等参数信息，所有的设计数据直接转换为加工数据，制定相应的构件生产计划，向施工部门传递构件生产的进度信息。在信息化平台上将信息模型与预制构件所有信息进行关联，有效地保证了预制构件的质量，建立起装配式建筑质量可追溯机制。

项目施工阶段：利用 BIM 技术进行装配式建筑的施工模拟和仿真，对施工流程进行优化；同时对施工现场的场地布置和车辆开行路线进行优化，减少预制构件、材料场地内二次搬运，提高垂直运输机械的吊装效率，加快装配式建筑的施工进度。

通过信息化平台将设计、生产、施工有机串联，形成一体化数字设计、机器化生产、信息化项目管理，提高工程项目数据资源利用水平和信息化管控能力，实现全专业的协同和集成，在设计、生产、施工和运营全生命周期中，发挥装配式建筑和信息化技术的高效搭配。

3　构件生产、安装施工技术应用情况

3.1　生产

23 号楼所用构件主要分为两类，一类是板式构件，包括叠合楼板，叠合墙板，预制叠合式阳台板，空调板等；一类是异形构件，包括叠合梁，预制楼梯梯段等。板式构件一般采用大平台钢模自动化流水线生产，生产效率高，质量有保障。其主要流水作业环节为：

1) 自动清扫机清理台模；
2) 机械支模手自动放线、支模；
3) 固定预埋件，如线盒、套管等；
4) 喷涂脱模剂；
5) 绑扎纵横向钢筋及格构钢筋；
6) 混凝土分配机浇注，平台振捣（若为叠合墙板，此处多一道翻转工艺）；
7) 养护室养护。

板式构件生产，以叠合墙板为例，见图 5.18～图 5.21。

图 5.18　机械支模手画线支模

图 5.19　混凝土浇筑

图 5.20　摆放格构梁

图 5.21　翻转

3.2　施工安装

3.2.1　叠合墙板施工安装

测量放线→检查调整墙体竖向预留钢筋→测量放置水平标高控制专用垫块→墙板吊装就位→安装固定墙板支撑→水电管线连接→墙板接缝连接→绑扎柱钢筋和附加钢筋→暗柱支模→叠合墙板底部及接缝处理→检查验收，见图 5.23、图 5.24。

主要工序介绍如下：

（1）检查调整墙体竖向预留钢筋：检查墙体竖向钢筋预留位置是否符合标准，其位置偏移量不得大于±10mm。如有偏差需按 1∶6 要求先进行冷弯校正，应比两片墙板中间净空尺寸小 20mm 为宜，并疏整扶直，清除浮浆。

图 5.22　现场施工

（2）测量放置水平标高控制垫块：预制墙板下口留有 50mm 左右的空隙，采用专用垫块调整预制墙板的标高及找平。在每一块墙板两端底部放置专用垫块，并用水准仪测量，使其在同一个水平标高上。

（3）叠合墙板吊装：吊装叠合式预制墙板时，采用两点起吊，就位应垂直平稳，吊具绳与水平面夹角不宜小于 60°，吊钩应采用弹簧防开钩；起吊时，应通过采用缓冲块（橡胶垫）来保护墙板下边缘角部不至于损伤。

（4）安装固定预制墙板斜支撑：每块预制墙板通常需用两个斜支撑来固定，斜撑上部通过专用螺栓与预制墙板上部 2/3 高度处预埋的连接件连接，斜支撑底部与地面（或楼板）用膨胀螺栓进行锚固；支撑与水平楼面的夹角在 40°～50°之间。

（5）底部及接缝处理：叠合式预制墙板与地面（楼面）间预留的水平缝，用木方进行封堵，并用射钉将其固定在地面上；预制墙板之间的竖向缝隙可以用直木方（板）来封堵，用木方（板）封堵内墙缝隙时，木方高度要与预制墙板上口标高平齐，确保浇筑混凝土要求。

图 5.23　叠合墙板吊运

图 5.24　固定临时支撑

3.2.2　叠合梁、楼板施工安装

叠合楼板支撑体系安装→叠合主梁吊装→叠合主梁支撑体系安装→叠合次梁吊装→叠合次梁支撑体系安装→叠合楼板吊装→叠合楼板、叠合梁吊装铺设完毕后的检查→附加钢筋及楼板下层横向钢筋安装→水电管线敷设、连接→楼板上层钢筋安装→墙板上下层连接钢筋安装→预制洞口支模→预制楼板底部接缝处理→检查验收，见图 5.25、图 5.26。

3.2.3　预制楼梯施工安装

预制楼梯起吊→预制楼梯安装→垂直支撑固定→连接处支模→检查验收，见图 5.27、图 5.28。

图 5.25　叠合梁安装

图 5.26　叠合楼板就位

图 5.27　预制楼梯安装

图 5.28　垂直支撑固定

3.2.4 叠合阳台安装

安装支撑系统→叠合阳台吊运→叠合阳台安装及接缝处理→水电管线铺设及钢筋绑扎→检查验收，见图 5.29、图 5.30。

图 5.29　叠合阳台吊运

图 5.30　叠合阳台安装

4　效益分析

4.1　成本分析

为综合对比叠合板式混凝土剪力墙结构体系与传统建筑方式的造价，选择与 23 号楼相近的现浇建筑 14 号楼，对比分析发现 23 号楼项目的成本增量约为 300 元/m²。其造价变化如表 5.3 所示。

23 号楼与传统建筑（14 号楼）成本变化分析表　　　　表 5.3

分项		相比传统建筑成本变化	原　　因
设计成本		增加	设计环节增加了深化设计阶段
机械费		增加	相比其他预制混凝土结构体系，叠合体系构件具有重量轻、体积大等优点，可大大降低塔吊机械费等，但相比传统现浇体系不可避免的增加了塔吊使用次数，因此机械费是增加的
材料费	预制构件	增加	以前以商混和钢筋单卖到工厂，现在的预制构件单价相比前者要贵，预制构件已成为增量的主要原因
	模板	降低	叠合体系已经是模板，不必另支模。模板相关费用大大减少
	抹灰砂浆	降低	预制构件表面光滑，精度达毫米级，相关抹灰砂浆用量大大减少
人工费		降低	主要是大部分工作由工厂工人和机械设备完成

4.2　用工分析

与传统建筑相比，23 号楼用工数量减少了 40%，主要是钢筋工、木工、架子工等的投入。其中，钢筋工主要是现场绑扎钢筋量大大减少，相关钢筋作业由预制构件厂完成；

木工是由于现场支模量大大减少；架子工是由于叠合楼板所需临时支撑明显少于传统现浇楼板数量；泥工只需要将二次浇筑的混凝土填充进去振捣密实就能完成所有工作，墙体和楼板的预制件表面平整光滑，室内墙面和天花板面也无须抹灰找平。

4.3　用时分析

该项目可实现6～7天完成一个标准层，基本与传统建筑标准层施工时间持平。但传统建筑需要投入更多的工人，标准层施工工人平均工时也节约了近40%。由于墙板的所有受力钢筋与楼板部分受力钢筋在工厂埋入预制部分，现场只需要在节点处做少量的钢筋连接绑扎；最后，泥工只需要将二次浇筑的混凝土填充进去振捣密实就能完成所有工作，墙体和楼板的预制件表面平整光滑，室内墙面和天花板面也无须抹灰找平。

【专家点评】

近十余年来，宝业自主研发了低层密柱支撑钢结构、多层钢框架结构和高层预制装配式混凝土结构三套产品技术体系。其中，叠合板式混凝土剪力墙结构（以下简称"叠合剪力墙结构"）具有鲜明的技术特点、典型的装配式建筑特征和较强的市场竞争力。

宝业叠合剪力墙结构是以叠合式楼板和叠合式墙板为主体，辅以部分现浇混凝土构件，共同形成的剪力墙结构。其中，叠合式墙板的预制部分由两层预制板与桁架钢筋制作而成，现场安装就位后，在两层板中间浇筑混凝土以形成整体式剪力墙；叠合式楼板采用桁架钢筋预制板密拼连接，预制板安装就位后，安装板面钢筋和连接钢筋，之后浇筑混凝土叠合层，从而形成整体式楼板。该项技术的关键是桁架钢筋的应用，通过桁架钢筋保证了构件的吊装性能、提高了新旧混凝土叠合面的抗剪性能，另外，桁架钢筋还作为横向钢筋，保证了叠合剪力墙和叠合板接缝中间接搭接的纵向受力钢筋有效连接。宝业叠合剪力墙结构属于装配整体式剪力墙结构体系。通过连接节点的精心设计，保证了结构的承载能力、变形能力以及整体稳定性。该项技术中的叠合构件均采用自动化机械化流水线生产，生产效率高。该项技术中预制构件作为部分后浇混凝土的模板，而预制构件中的钢筋可视为成型钢筋，充分利用了装配式混凝土和现浇混凝土的优势，具有尺寸精准度高、质量稳定性高、施工快捷、节能环保、防水性好、结构体系整体性好以及施工效率高等技术优点。另外，相比于其他的装配整体式剪力墙结构体系，在满足同等建筑标准和功能要求的情况下，具有较高的预制率，但用工与成本却显著降低。

近年来，宝业叠合剪力墙结构已在上海市、安徽省、浙江省等多个项目中获得了成功应用，积累了较为丰富的经验。其中，上海浦东新区惠南新市镇17-11-05，17-11-08地块项目23号楼是该项技术的示范项目。该项目的单体预制率达到了48%。除了上述的结构方面的设计、制作和施工特点外，在该项目中还采用了以标准化及模块化为基础、全生命周期大空间可变房型的设计技术，实现房型能适应各种不同使用时期、不同家庭人员结构的需要；采用了全装修技术，融入外墙一体化、同层排水系统、整体卫浴、预制装配式建筑干式内装系统等新技术；采用了信息化技术，通过信息化平台将设计、生产、施工有机串联，形成一体化数字设计、机器化生产、信息化项目管理，提高工程项目数据资源利用水平和信息化管控能力，实现全专业的协同和集成，在设计、生产、施工和运营全生命周期中，发挥装配式建筑和信息化技术的高效搭配。另外，在该项目中，还采用了EPC总承包模式，获得了明显的经济效益。

随着优化的连接技术、高效的施工检测技术以及专业的信息化平台和工程软件技术等进一步的研发及改进，并结合宝业的在全产业链优势，相信宝业的叠合剪力墙结构将会有越来越多的工程应用，实现有效提升建筑品质和建设效率以及减少资源浪费和环境污染的目标。

（赵勇：同济大学，副教授）

编写人

姓名：樊骅

单位名称：宝业集团上海建筑工业化研究院

职务：院长

职称：高级工程师

第六章 技术体系之五：现浇剪力墙搭配预制水平构件的结构

【案例7】 郴州金田佳苑项目

摘 要

郴州金田佳苑高层住宅，是远大住工承接的EPC项目，采用现浇剪力墙搭配预制水平构件的结构体系，实现外墙结构保温一体化，在装配整体式剪力墙结构体系方面进行了有益探索。

外围剪力墙墙身预制，边缘构件全部现浇。内部剪力墙全部采用现浇。以预制外墙板伸出翼缘（外叶墙板和保温层）作为外围剪力墙边缘构件现浇外模板。预制剪力墙的钢筋采用灌浆套筒连接，施工方便快捷。这种外墙体系具有突出的节能、保温、防水、防火的特点，隔音性能和耐久性良好。杜绝了传统外保温墙面存在的饰面、保温层脱落等质量隐患和通病。采用叠合梁、叠合楼板、预制楼梯等其他预制构件，加快了施工速度，改善了建筑质量。本项目还采用整体卫浴、整体厨房、全装修以及分布式管线预埋系统，实现了节水、节能、节材、节地、节时、环保。

1 典型工程案例简介

1.1 基本信息

1）项目名称：郴州金田佳苑；

2）项目地点：基地位于湖南省郴州市高新技术园区，东、西、北三面分别邻望仙路、郴永大道、德星路，南面隔相邻地块与石虎路相望；

3）开发单位：郴州高科投资控股有限公司；

4）设计单位：远大住工；

5）深化设计单位：远大住工；

6）施工单位：远大建工；

7）预制构件生产单位：远大住工；

8）进展情况：主体完工。

1.2 项目概况

基地位于湖南省郴州市高新技术园区，东、西、北三面分别邻望仙路、郴永大道、德星路，南面隔相邻地块与石虎路相望。基地面积约64亩，总建筑面积129681.47m²，其中地上建筑面积 108954.75m²，地下建筑面积 20726.72m²。包括 8 栋 18 层高层住宅（共 18 个单元），一栋 3 层配套服务用房，一个单层地下车库。项目容积率为 2.55。

　　其中高层住宅采用的是"混凝土装配-现浇式剪力墙结构体系"，项目建设周期为：510 天；装配率为：62.25%，项目概况见图 6.1。

(a)　　　　　　　　　　　　　　　　　　(b)

图 6.1　效果图
（a）全景鸟瞰图；（b）沿街透视图

1.3　工程承包模式

　　由远大住工总包。

2　装配式建筑技术应用情况

2.1　建筑专业

2.1.1　标准化设计

　　项目所用的预制构件主要包括叠合楼板、叠合梁、预制剪力墙板、轻质隔墙板和预制楼梯。预制构件是在工厂或现场预制而成，采用的混凝土强度等级为 C35。

2.1.2　主要预制构件及部品设计

　　（1）叠合楼盖

　　叠合楼板的预制部分的厚度为 60mm，现浇层厚度不小于 70mm；在预制板内设置桁架钢筋，可以增加预制板的整体刚度和水平界面抗剪性能，见图 6.2。

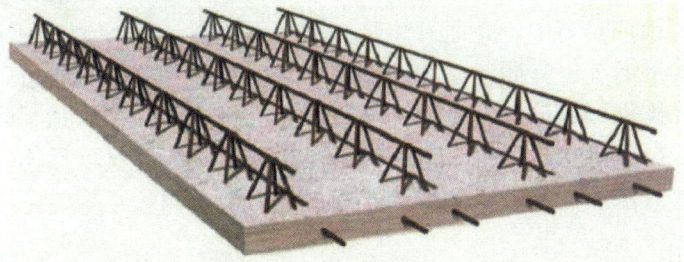

图 6.2　叠合楼盖示意图

（2）叠合梁

预制梁与梁现浇部分结合面设置抗剪键，增强叠合梁的整体抗剪性能，预制梁的箍筋按规范加密区和非加密区的相关要求全部伸入叠合层，且各肢伸入叠合层的直线段长度不宜小于 10d，d 为箍筋直径，见图 6.3。

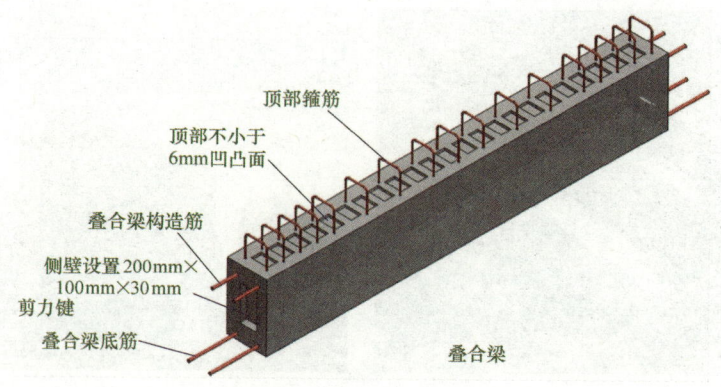

图 6.3　叠合梁示意图

（3）预制外墙板

预制剪力墙实现了结构和保温一体化，具有突出的保温、防火、防水、隔声性能。本体系将发挥保温作用的挤塑聚苯板 xps 板预埋在钢筋混凝土外墙板中，隔离了保温板与空气的接触，很好地解决了外墙保温板的保温与防火问题。

（4）轻质隔墙

填充墙、分户墙均采用轻骨料混凝土预制而成的轻质隔墙，容重在 800kg/m³～1400kg/m³；墙体厚度根据功能用途需要分为 100mm、120mm、140mm、160mm、200mm，轻质隔墙可以通过灌浆插筋与楼板连接，也可以通过预埋件与外挂墙板或剪力墙、框架柱连接。

（5）预制楼梯

预制楼梯厚度为 100mm、180mm，按设计用途分为预制单跑楼梯和预制双跑楼梯，预制楼梯宽度与楼梯间宽度适当留出 10～20mm 的可调缝，以便于楼梯的装配。

2.2　结构专业

2.2.1　预制与现浇相结合的结构设计

预制套筒灌浆连接式剪力墙结构是由外叶墙板、保温层、剪力墙内叶板组成，预制剪力墙下端预埋套筒，上端伸出钢筋。上下剪力墙竖向连接时，下部剪力墙的预留钢筋伸入上部预制剪力墙的预埋套筒中，并通过注浆口灌注专用配套灌浆料形成可靠的连接接头，上下墙板之间的水平通缝也宜同时采用灌浆料灌满以保证接缝处承载力。在纵横墙交叉处设置现浇段，边缘构件可部分预制、部分现浇，非边缘构件的相邻预制墙板之间的竖向接缝位置设置现浇段。外叶墙板不承重，内叶墙板和外叶墙板要有可靠连接，中间设置保温层，形成自保温、自承重的预制套筒灌浆连接式剪力墙结构。

2.2.2　抗震设计

本建筑结构设计使用年限为 50 年，结构安全等级为二级，结构重要性系数取 1.0。

抗震设防烈度为 6 度，设计地震分组为第一组。设计基本地震加速度值为 0.05g，结构阻尼比为 0.05。建筑抗震设防类别为：丙类。剪力墙抗震等级为四级。

2.2.3 节点设计

节点设计详见图 6.4。

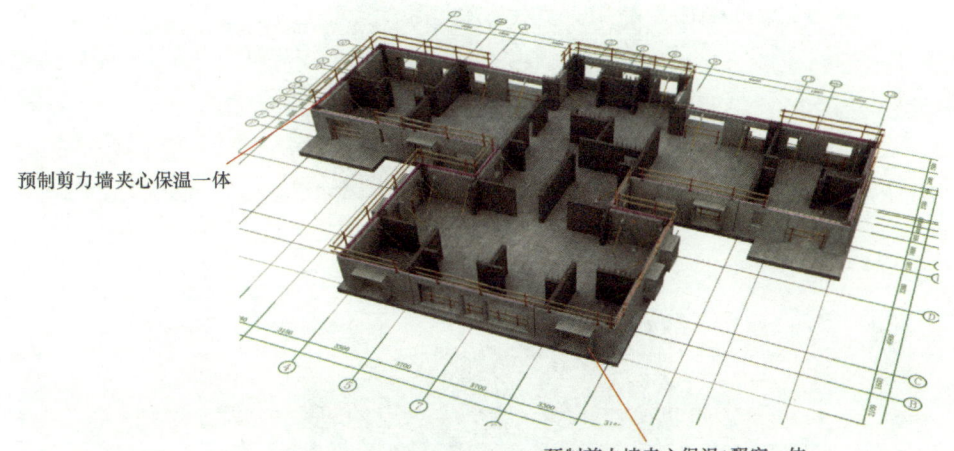

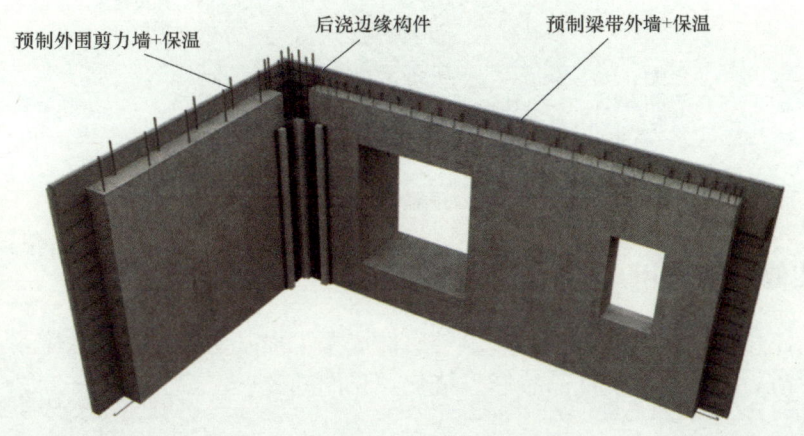

图 6.4 预制剪力墙节点示意图

2.3 水暖电专业

2.3.1 采用分层式管线预埋系统

叠合预制层：变动性较小的系统（照明线盒、消防线盒）。

叠合现浇层：变动性较大的系统（照明线管、消防线管、空调插座及厨卫插座线管）。

找平装修层：变动性最大的系统（三网系统、普通插座线管）。

2.3.2 采用分布式管线预埋系统

（1）给水管

给水管预埋见图 6.5。

（2）预制轻质隔墙（后装）

预制轻质隔墙见图 6.6。

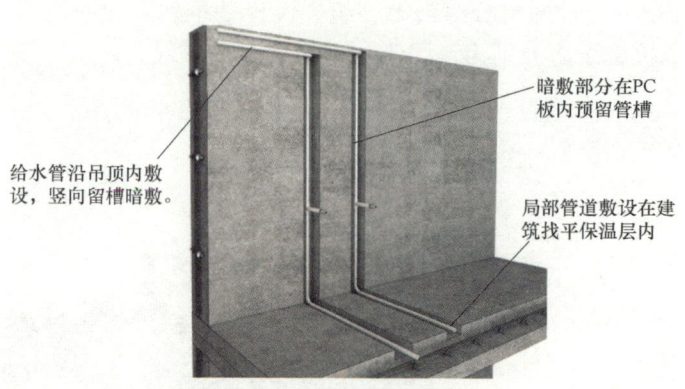

图 6.5 给水管预埋示意图

暗敷部分在PC
板内预留管槽

给水管沿吊顶内敷
设，竖向留槽暗敷。

局部管道敷设在建
筑找平保温层内

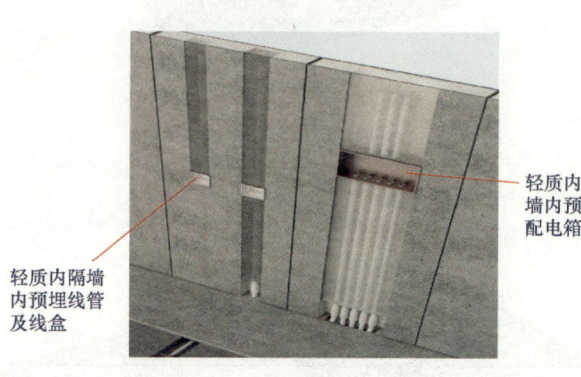

轻质内隔
墙内预埋
配电箱

轻质内隔墙
内预埋线管
及线盒

图 6.6 预制轻质隔墙示意图

2.4 全装修技术应用

采用一体化生产技术，结构、保温一次性成型，提升质量，提高效率，见图 6.7。整体卫浴、整体厨房、部品装修一体化，见图 6.8。

图 6.7 一体化成型外立面

图 6.8 一体化装修样板间

3 构件生产、安装施工技术应用情况

3.1 构件生产工艺要求及特点

3.1.1 清理模板

用铁铲铲掉内、外、底模表面（四个面）、端头面、夹具上残留的混凝土渣，再用刷子清扫。

用铁铲铲掉循环使用的剪力键上残留的混凝土渣，再用刷子清扫。用铁铲铲掉橡胶条上残留的混凝土渣（六个面），再用刷子清扫，见图6.9。

3.1.2 涂刷脱模剂

确认模内干净，无杂物。将脱模剂用海绵刷先涂内外边模的侧面，再涂台车底模。将所有的工具、材料等清离台车，让台车流入下一工位。

3.1.3 模具检查

1）对照图纸检查模具尺寸；2）检查边模是否有变形，及与底模的垂直度和与台车黏合处缝隙；3）对照图纸检查剪力键的数量、位置是否准确，安装是否牢固；4）检查橡胶条的数量、位置是否准确，安装是否牢固，见图6.10。

图6.9 模板清理效果

图6.10 模具检查

3.1.4 绑扎钢筋

1）按图纸设计要求绑扎底、面筋；2）根据网片尺寸放置塑料垫块；3）检查上层网片和扎丝头不可冒出边模正面的水平面；4）置筋负责人填写《工艺流程表》和《自检记录表》，记录本次组筋的型号、日期、时间；5）将所有的工具、物料篮、图纸、扎丝等清离台车，让台车流入下一工位。

3.1.5 预埋件埋设

1）根据图纸要求，放置预留钢筋、预埋套筒、吊钉等；2）将预埋套筒、吊钉按图纸要求加固，见图6.11。

图 6.11　预埋件埋设示例

3.1.6　混凝土浇筑前检查

1）检查钢筋的品种、等级、规格、保护层厚度、网格尺寸等符合文件要求；2）根据图纸对套筒的型号和数量进行确认，用卷尺对位置尺寸进行确认，加固钢筋满足图纸要求；3）检查内外模具内是否干净无杂物。

3.1.7　混凝土浇筑

1）根据模具尺寸，结构等特点，使用先远后近，先窄后宽等合理的布料路线；2）接料后从左端开始移动布料小车的同时，根据需要布料的宽度大小打开出料门；3）根据混凝土的下卸速度，将布料小车调整到合适的速度后保持匀速，满足布料均匀、饱满一次到位，见图 6.12。

3.1.8　振动

布料完毕后，开始实施振动，达到表面呈现平坦、无气泡产生的状态。

3.1.9　检查抹面

检查预埋件是否移位和倾斜，否则将其校正到标准的位置。

3.1.10　混凝土养护

1）养护时要按规定的时间周期检查养护系统测试的窑内温度、湿度，并做好检查；2）养护过程中，要做好定期的现场检查、巡视工作，及时发现窑内自然条件的变化，见图 6.13。

图 6.12　混凝土浇筑工序

图 6.13　混凝土构件养护窑

3.1.11　模板拆除

拆卸上档边夹具、螺栓及螺母，将其放入周转箱内，将边模撬开。

3.1.12　起吊脱模检查

1）台具旋转，完成构件脱模；2）检查表面不能有露筋、蜂窝、麻面、掉角、裂缝等品质缺陷；3）将《构件成品质量验收记录表》的数据信息与图纸要求的相对照，判定构件是否合格。合格构件在"准用证"上盖合格检验章，不合格构件贴上"不合格"标签并记录不合格项目，见图6.14。

图 6.14　起吊脱模工序

3.2　构件施工安装工法及特点

3.2.1　弹线定位标高测设

1）根据主控线及控制线放出构件的边线及端线；2）标出构件垫块位置，抄平标高，见图6.15。

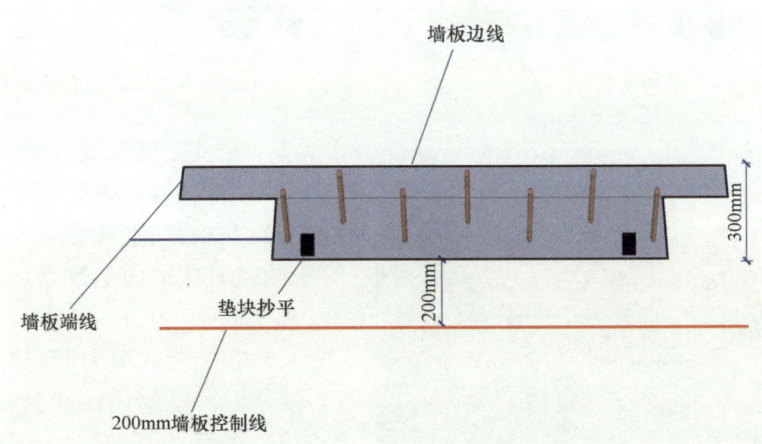

图 6.15　装配式剪力墙放线及标高测设

3.2.2　钢筋调直检查

1）调整钢筋间距；2）专用调整工具套入楼面预留钢筋上，见图6.16。

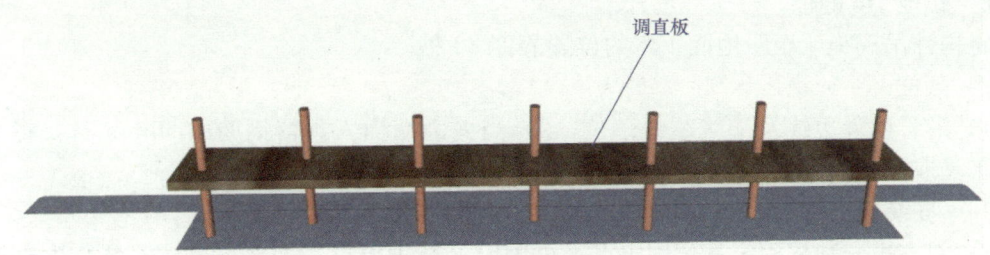

图 6.16　钢筋调直检查

3.2.3　安装吊钩及缆风绳

1）根据墙板的大小及重量，选定合适的钢丝绳、钢梁、吊钩，并将按照要求吊钩安装在吊钉上；2）安装揽风绳有利于墙板在落位时，避免因墙板落位时发生碰撞，见图 6.17。

3.2.4 起吊安装防护底座

构件调离拖车及时安装防护底座，见图 6.18。

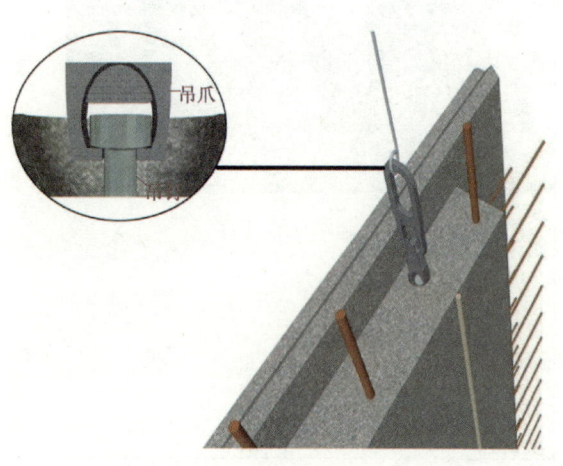

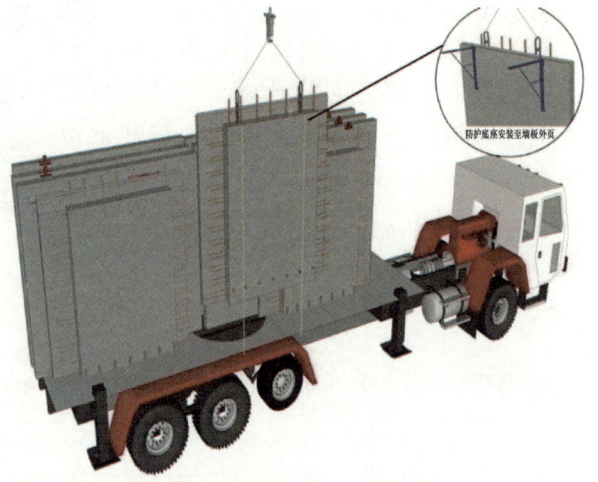

图 6.17 吊钩安装　　　　　　　　　图 6.18 起吊、安装防护底座

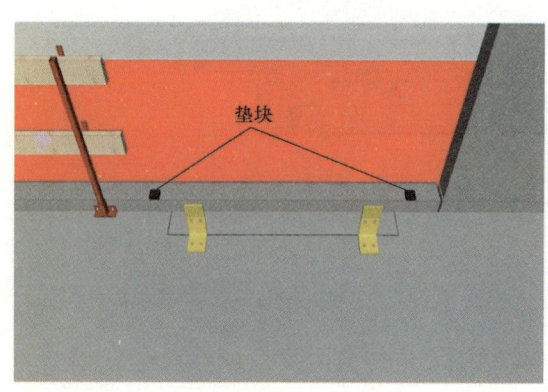

图 6.19 安装定位件及放置垫块

3.2.5 安装定位件及放置垫块

1）沿构件内边线安装 2 个墙板加固件；2）在构件内侧放置垫块，垫块高度等于测量时楼地面上数据，见图 6.19。

3.2.6 灌浆

1）在装配式剪力墙内叶的位置灌浆；2）灌浆时不能堵住预埋套筒位置。

3.2.7 吊运

1）按照构件吊运线路将构件吊至安装位置；2）吊运线路必须在防坠隔离区内，见图 6.20。

3.2.8 距地 1m 静停

将构件吊离拖车至距地面 1 米的位置静停 30 秒。

3.2.9 落位

1）沿着构件边线及端线缓慢落位；2）当剪力墙插入预留钢筋内 50mm 时，将专用调整工具取出，见图 6.21。

3.2.10 安装斜支撑

1）斜支撑安装先固定下部固定点，再固定上部固定点。上部支撑点安装高度在墙板 2/3 位置处；2）有斜支撑套筒应安装在套筒位置，见图 6.22。

3.2.11 取钩

斜支撑安装紧固完成后，可以取钩。

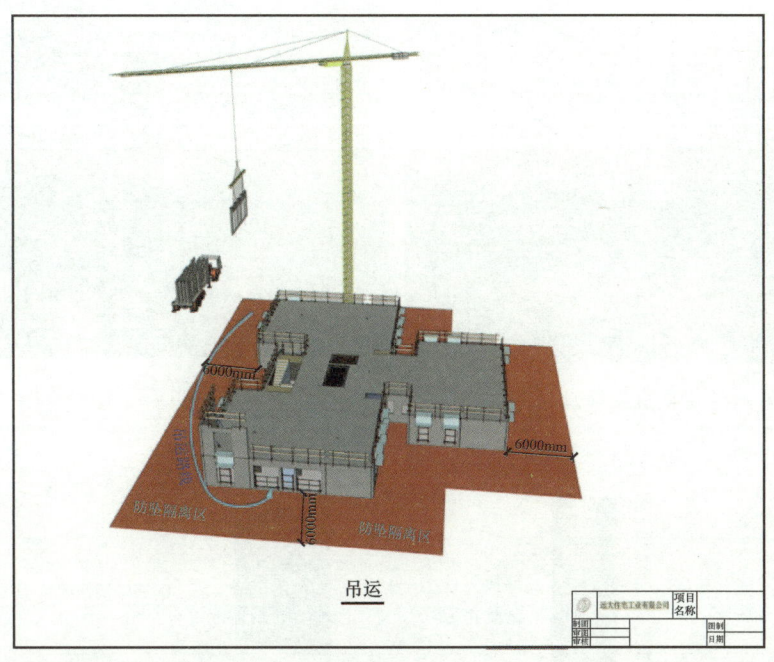

图 6.20　吊运线路示意图

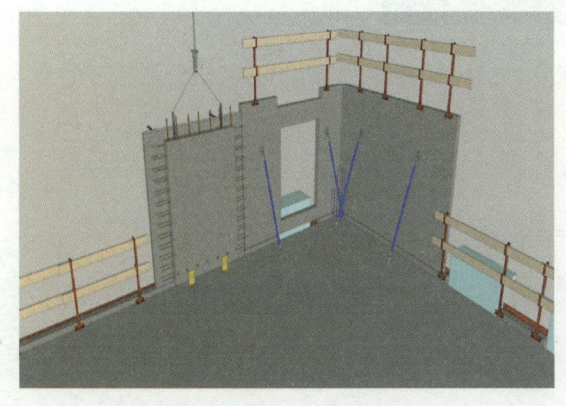

图 6.21　外墙板落位

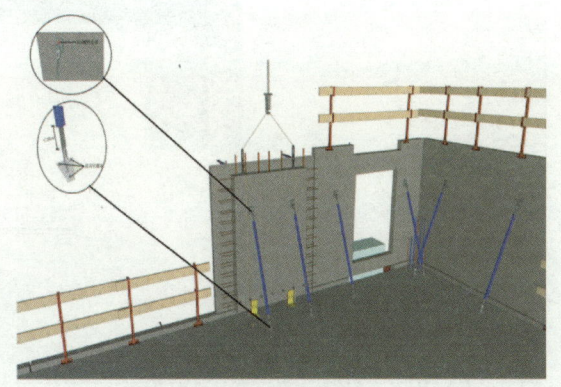

图 6.22　安装斜支撑

3.2.12　垂直度检查

1）靠尺在距离墙板边 500mm 左右；2）采用斜撑杆螺栓旋转调节墙板垂直度，见图 6.23。

3.2.13　标高复核

采用水准仪，利用塔尺后视已知点标高，再将塔尺置于板底垫块处，进行标高复核，见图 6.24。

3.2.14　灌浆

1）灌浆套筒内的杂物应该清理干净；2）灌浆前检查构件接缝处是够封堵严实，见图 6.25。

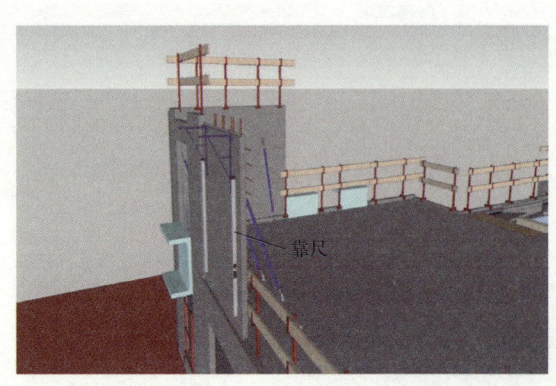

图 6.23　垂直度检查

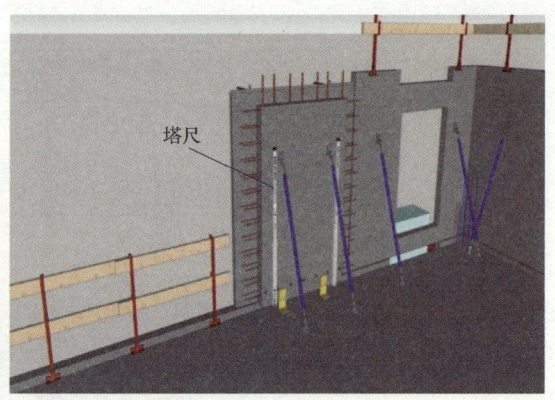

图 6.24　标高复核

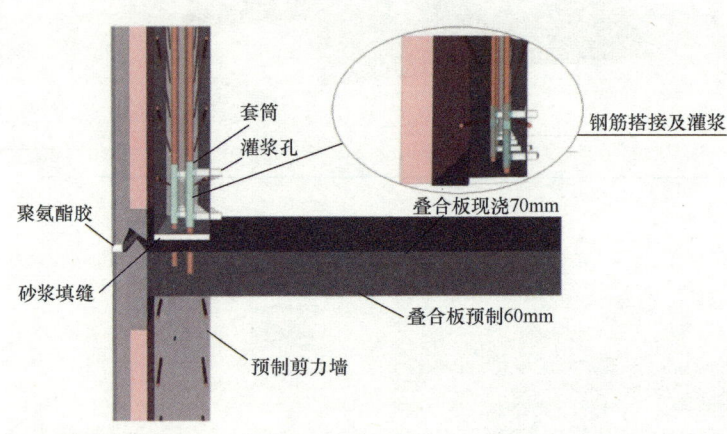

钢筋灌浆节点图

图 6.25　钢筋灌浆节点图

4　效益分析

4.1　成本分析

（1）装配式建筑与传统建筑的建安成本对比

装配式建筑的造价跟项目规模直接相关。目前情况下，当一个 PC 制造工厂的生产规模达到 30 万 m² （建筑面积）时，所提供项目工程的建安成本跟传统造价大体相当；低于 30 万 m² 时，成本略高于传统造价（约 100～200 元/m²）。如果考虑工期缩短带来资金成本的减少等因素，项目的综合成本还会下降。而且，随着传统建造方式中的人工成本不断上涨，装配式建造方式的成本会随着规模扩大逐渐降低，装配式建造方式的成本优势将越来越明显。

（2）装配式建筑与传统建造方式的建筑在成本构成上的不同

装配式建筑与传统建造方式的建筑因为施工工艺的不同，在成本构成上有增有减，两项相抵，总的成本大体持平。

增加的成本部分包括：

1）PC构件的制作、运输与吊装，成本比现浇的要高；

2）增加墙板和楼板的接缝处理及外墙防水缝处理；

3）预制构件代替砌体工程，混凝土含量和含钢量略有提高；

4）工厂PC构件需要缴纳17％增值税，项目施工还要缴纳营业税，存在重复纳税，造成成本增加。

减少的成本部分包括：

1）外墙保温通过构件实现，不需单独考虑；

2）梁板模板取消，墙柱模板大量减少；

3）取消外脚手架；

4）内外墙面抹灰和天棚抹灰工程可以取消；

5）施工现场用工量大量减少；

6）材料损耗与浪费大幅度减少；

7）因施工周期的缩短带来资金成本、管理成本、人工成本及设备租赁成本的减少。

（3）装配式建筑在综合成本上具有的优势

采用装配式建造方式能够缩短三分之一以上的施工工期，项目的开发周期大约也能缩短三分之一。由此可以大量节约资金成本、管理成本、人工成本和设备租赁成本等。

以资金成本为例，假设一个项目的开发成本为5000元/m²（包括土地成本、建安成本、配套成本、销售成本等），资金使用成本占10％左右，即500元/m²。如果缩短三分之一的开发周期，资金使用成本大约可以节约150元/m²。加上其他费用的缩减，成本节约可以超过200元/m²。

如果是政府安置房项目，假设过渡期补贴标准为1000元/月/户，如果工期提前一年完成交付，节约下来的过渡期补贴折合到建筑面积大约为170元/m²。

由此可见，当装配式建筑的建安成本与传统建筑持平时，其综合成本完全可以做到比传统建筑方式更低。

4.2　用工分析

以一栋30层的建筑为例作用工分析，见表6.1。

装配式建造方式与传统建造方式用工对比表　　　　　　　　　　表6.1

装配式建造方式	人数	传统方式	人数
钢筋加工	6	力工、瓦工、钢筋工、模板工(木工)、混凝土工、架子工、焊工、电工、水工、油漆工，以每个工种约3人计算	30
PC部件流水线	26	起重工、吊车司机和指挥、机修工 以每个工种约2人计算	8
标准层施工	8		
总计人数	40人		38人

4.3 用时分析

以 30 层精装修住宅为例作用时对比，见表 6.2。

装配式建造方式与传统方式用时对比表   表 6.2

建造方式	装配式建造方式	传统建筑方式
基础及正负零以下工程	小于 2 个月完成	至少两个半月
主体工程	5 天一层，所有部品与构件均在工厂制造，现场组装，现场进行标准化、精细化施工。5 个月内完工	最快 5 天一层，受天气影响，搭脚手架，隐患大，手工作业，品质难保障，进度难控制。至少需要 6 个月
内外装修	现场进行装配式工业施工，主体完成后再加 2 个月半月	至少需要 3~5 个月
水电安装	与主体及装修同步	至少需要 2~3 个月
从动工到交付	最快 10 个月	至少需要 24~30 个月

4.4 四节一环保分析

装配式与传统建造方式四节一环保对比见表 6.3。

装配式建造方式与传统建造方式节能、降损、减排对比表   表 6.3

项目	传统生产方式	装配式建造方式
施工能耗(标准煤)	20 公斤/m²	降低约 20%施工能耗
施工用水量	1.5~3m³/m²	减少约 60%用水量
混凝土损耗	3%	减少约 60%混凝土损耗
钢材损耗	2~4.5%	减少约 60%钢材损耗
木材损耗	0.005m³/m²	减少约 80%木材损耗
施工垃圾	50 公斤/m²	减少约 80%施工垃圾
装修垃圾	2 吨/户	减少约 80%装修垃圾

（1）节水达到 80%

室内大型混凝土搅拌站生产混凝土，用水计量准确；现场拼装采用套筒灌浆工艺，干法施工，无养护用水；工厂没有水资源浪费，也没有污水污染环境。

（2）节能达 70%

先进工厂流水线标准化生产质量精度高，无次品；通过优化设计，改进建筑结构形式，提高土地可使用空间；施工现场人为操作少，机械化操作避免人为误差与材料浪费。

（3）节地 20%

通过合理的布置建筑朝向和住宅排列方式来提高建筑密度；通过优化设计改进建筑结构形式，增加可使用空间；充分利用地下空间，提高土地利用率。

（4）节材 20%

无竹木跳板、尼龙防护网等等设施，现场干净、整洁；钢材质量稳定，尺寸统一，少废弃；工厂集中装修，无二次装修垃圾；装配式施工，无传统施工繁琐设施，建筑垃坡少。

（5）更环保

装配式建造过程中的能耗和废气排放量，远低于国内平均能耗，部分项目低于欧盟标准。

采用吊装施工，现场无搅拌无砌砖无抹灰工序；管线预留预埋，无现场开槽带来的建筑垃圾；工地整洁无建筑垃圾，杜绝扬尘。现场装配减少振捣、焊接、敲打，建筑噪声大大减少；建筑周期仅为传统的1/3，杜绝夜晚赶工扰民。

【专家点评】

（1）结构技术体系适用的地域和高度

远大住宅工业有限公司（以下简称"远大住工"）是我国首家以"住宅工业"行业类别核准成立，采取工厂化方式生产成套建筑产品、关键建筑构件和部品的新型工业企业。公司"以一个现代制造商的思维来思考建筑"，定位于工业化建筑产品专业生产和销售，包括成套建筑产品、关键建筑构件和部品的生产和销售以及工业化工程建设总承包，为装配式建筑提供全产业链的专业服务。

承重构件（剪力墙、框架柱）现浇＋水平构件（楼板、框架梁）叠合的技术体系原则上适用于任何地域，其最大适用高度根据建筑的结构类型、所处区域抗震设防烈度级、建筑抗震设防分类等因素，满足现行《抗震设计规范》GB 50011—2010（2016年版）、《高层建筑混凝土结构技术规程》JGJ 3—2010和相关的地方规程规范的要求，对于高度超过50m的框剪结构、筒体结构和复杂高层结构，应注意采取可靠措施（加厚叠合楼盖现浇层厚度，加大现浇层的配筋等）增强叠合楼板的整体刚度。

采用竖向钢筋套筒灌浆连接技术的装配整体式建筑原则上适合于抗震设防烈度6～8度地区，其最大适用高度根据建筑的结构类型、所处区域抗震设防烈度级、建筑抗震设防分类等因素确定，并应满足现行《抗震设计规范》（GB 50011—2010（2016年版））、《高层建筑混凝土结构技术规程》JGJ 3—2010和《装配式混凝土结构技术规程》JGJ 1—2014及相关地方规程规范的要求。

（2）技术难点

① 技术难点在于装配式建筑建造各阶段（设计、构件生产、吊装阶段）的技术协同和标准统一。

② 对承重构件（剪力墙、框架柱）现浇＋水平构件（楼板、框架梁）叠合体系、以及以竖向钢筋套筒灌浆连接技术为核心的装配整体式剪力墙结构体系有深入完整的研究和理解，对其预制构件的设计连接节点构造优化、关键建筑构件和部品的生产工艺、运输吊装工序等装配式技术综合策划能力强，提前解决和规避构件生产和吊装阶段的难题，为客户提供装配式建筑整体解决方案，实现资源节约与低碳减排，提升建筑品质和效率，确保成本、工期可控。

③ 全国布局，拥有现代化的建筑构件和部品的大规模生产能力，生产线自动化程度高，能生产所有的预制建筑构件和部品，包括预制三明治夹心保温外墙板、预制钢筋混凝土内隔墙、预制框架柱、叠合梁、叠合楼板（阳台板）、预制楼梯、预制空调板及预制外

墙挂板等。对预制建筑构件和部品的生产工艺和质量控制手段完善，产品质量好，工期、成本可控。

④装配式建筑吊装、管理经验丰富，制定科学合理的装配式建筑的施工工序穿插，熟练采用高效完备的施工机械、成套的标准化支撑等专业化的施工方式，改善施工环境、实现"五节一环保"，提高劳动效率、保证质量、缩短工期、降低成本。

（3）关键因素

远大住工提倡并践行符合装配式建筑特点的设计、生产、施工一体化建造模式（EMPC模式），可以有效地实现建造各阶段（设计、生产、吊装）的无缝对接，使建造过程能更高效有序地推进，提高建筑产品的质量、降低成本。

（4）适合推广的区域

远大住工正以现代制造商的思维来思考建筑，以全面开放包容的姿态来整合装配式建筑全产业链，分享其在装配式建筑领域长年探索和实践所凝聚的经验和成就，全力打造"建筑产业现代化服务平台"并服务于社会，全面践行EMPC的运营模式，必将助力建筑技术的进步，推动建筑产业现代化的发展，促进传统建筑行业的变革。

此建筑体系原则上适合在所有区域推广，特别适合于经济较发达、人口密集的区域。

（于劲：北京市住宅建筑设计研究院有限公司，总工）

编写人

姓名：何磊

单位名称：长沙远大住宅工业集团股份有限公司

职务：建筑市政研究院院长

职称：高级工程师

第七章 技术体系之六：圆孔板剪力墙结构

【案例8】 北京市昌平区北七家镇 B1 号楼安置房项目

摘 要

EVE 装配式混凝土剪力墙结构体系是采用工业化生产的 EVE 预制空心墙板、叠合楼板及其他混凝土构件，经现场装配安装施工构成的装配式混凝土剪力墙结构体系。由预制混凝土空心板构成建筑内外承重墙体，相邻空心板结合处及板体孔洞内分别配置钢筋笼及钢筋网片，墙体转角、纵横墙交接处及边缘构件部位均设置现浇钢筋混凝土柱，预制空心墙板连接处及所有孔洞均采用混凝土浇筑。

EVE 装配式混凝土剪力墙结构体系预制率达到 50% 以上，装配率达到 85% 以上。EVE 装配式混凝土剪力墙结构体系的主要创新点：

1）全面采用通用预制构件的装配式建筑体系，实现了预制构件的标准化、模数化、通用化设计；

2）EVE 装配式建筑体系的所有构件均采用成组立模生产。该生产线具有占用空间小、生产效率高、设备投资少、产品质量好、节约能耗等多项优点；

3）钢筋施工采用工厂加工制作的成型钢筋，现场所有竖向钢筋搭接连接，施工安装方便，质量可控；

4）装配式空心板剪力墙结构体系建筑造价具有良好的经济合理性；

5）具有自主知识产权，具有广泛应用的市场。

1 典型工程案例简介

1.1 基本信息

1）项目名称：北京市昌平区北七家镇（平西府组团土地一级开发项目（北区）地块）二类居住、商业金融、托幼用地项目（配建限价商品住房）B1 号楼；

2）项目地点：本项目位于北京市昌平区北七家镇，七北路北侧，平西府西路东侧；

3）开发单位：北京世纪鸿城置业有限公司；

4）设计单位：北京城建设计发展集团股份有限公司；

5）深化设计单位：北京珠穆朗玛绿色建筑科技有限公司；

6）施工单位：中交第一公路工程局有限公司；

7）预制构件生产单位：北京珠穆朗玛绿色建筑科技有限公司；

8）进展情况：项目施工已经竣工验收完成。

1.2 项目概况

项目地块位于北京市昌平区北七家镇，距市中心约22km。总建设用地面积11万 m²，地上建筑面积 28.8 万 m²。B 地块规划总用地面积：40100m²，地上总建筑面积：100250m²，主要用途是回迁安置房。其中 B1 号楼为地上 10 层，地下 1 层。地上建筑面积：7522.90m²，地下建筑面积：737.48m²。标准层平面由 4 个单元组成，其中 2、3、4 单元连为一体，1 单元与其他单元设缝脱开。该楼地上部分采用装配式预制圆孔板剪力墙结构体系进行设计及施工。B1 号楼的预制率大于 40％、装配率大于 80％。本文以 B1 号楼为例介绍结构技术体系，见图7.1～图7.4。

图 7.1 总平面图

图 7.2 鸟瞰图

图 7.3 平面图

图 7.4 外立面图

B1 号主体工程于 2015 年 7 月末正式开始施工，2016 年 5 月 25 日主体结构封顶，但中间因配合检查和冬施等原因停工约 6 个月左右，目前项目经建设、设计、质监站、监理、施工等单位于 2016 年 8 月 10 共同验收，核定主体分部工程为合格，工期满足建设单位要求。

1.3 工程承包模式

本项目采用总承包单位采购预制构件、预制构件厂家配合的模式。

2 装配式建筑技术应用情况

本工程地下结构采用现浇钢筋混凝土剪力墙结构。基础采用钢筋混凝土筏板基础。地上主体结构采用预制圆孔板装配式剪力墙与现浇剪力墙相结合的结构体系。楼、电梯间内墙处采用现浇钢筋混凝土剪力墙。预制圆孔板板材的宽度为 450～1200mm 不等，采用拼接方式连接，在圆孔及墙板竖缝连接处现场浇筑混凝土。此外，在纵横墙交界处及平面外搭梁处设置钢筋混凝土现浇段（等同于一般全现浇剪力墙结构的边缘构件或暗柱）。

楼、屋盖体系采用带桁架钢筋的混凝土叠合楼板＋叠合梁体系。标准层部分的楼梯采用预制钢筋混凝土楼梯。

本工程采用的预制构件包括：外墙圆孔板（带外保温）、内墙圆孔板、连梁模壳、窗下墙板、带桁架钢筋的叠合楼板预制层、叠合梁、楼梯、空调板、女儿墙板。

2.1 建筑专业

2.1.1 标准化设计

预制圆孔板装配式剪力墙主要由板宽为 450mm、600mm、800mm、1000mm、1200mm 的预制圆孔墙板与现浇剪力墙相结合。设计需符合以 200mm 为模数即可。

2.1.2 主要预制构件及部品设计

设计时结合预制构件的尺寸和排板实际情况，需对门窗洞口位置进行确定，见图 7.5～图 7.8。

图 7.5 预制标准圆孔墙板

图 7.6 预制门窗洞口墙板

2.1.3 外墙防水设计

预制混凝土圆孔墙板的四周均有大的通槽。EVE 预制装配式建筑由预制混凝土圆孔墙板构成建筑内外承重墙体，相邻圆孔板结合处及板体圆孔内分别配置有钢筋笼及钢筋网片，墙体转角、纵横墙交接处及边缘构件部位均设置有现浇钢筋混凝土柱，预制圆孔墙板连接处及所有圆孔均采用混凝土浇筑。后浇注的混凝土通过各个预制构件的四周通槽和圆孔能够使构件之间形成一个封闭密封的混凝土整体墙体，使预制装配式墙体能够达到防水的目的，如图7.9所示。

图7.7　预制楼梯

图7.8　预制叠合楼板

2.2　结构专业

　　EVE装配式混凝土剪力墙结构体系由圆孔板剪力墙、连梁、叠合楼板采用标准化、模数化、通用化预制圆孔板构件组合构成；圆孔板构件连接节点构造设计符合多高层住宅结构抗震设计规范要求。结构设计标准参照北京地方标准《装配式剪力墙结构设计规程》DB 11/1003—2013。构件质量控制标准参照北京地方标准《预制混凝土构件质量控制

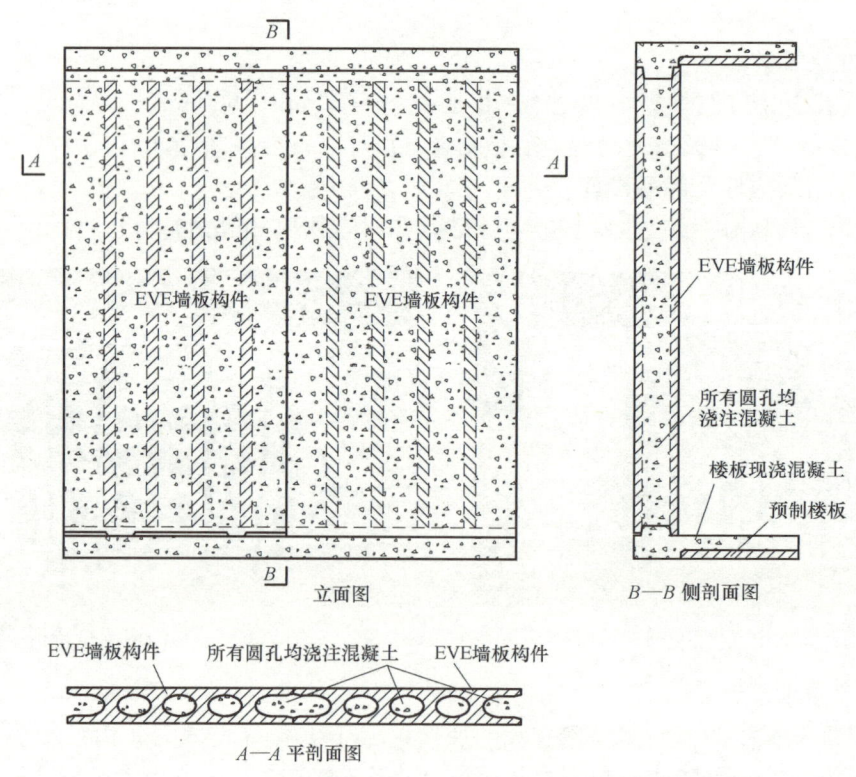

图7.9　预制混凝土圆孔墙板接缝防水构造示意图（一）

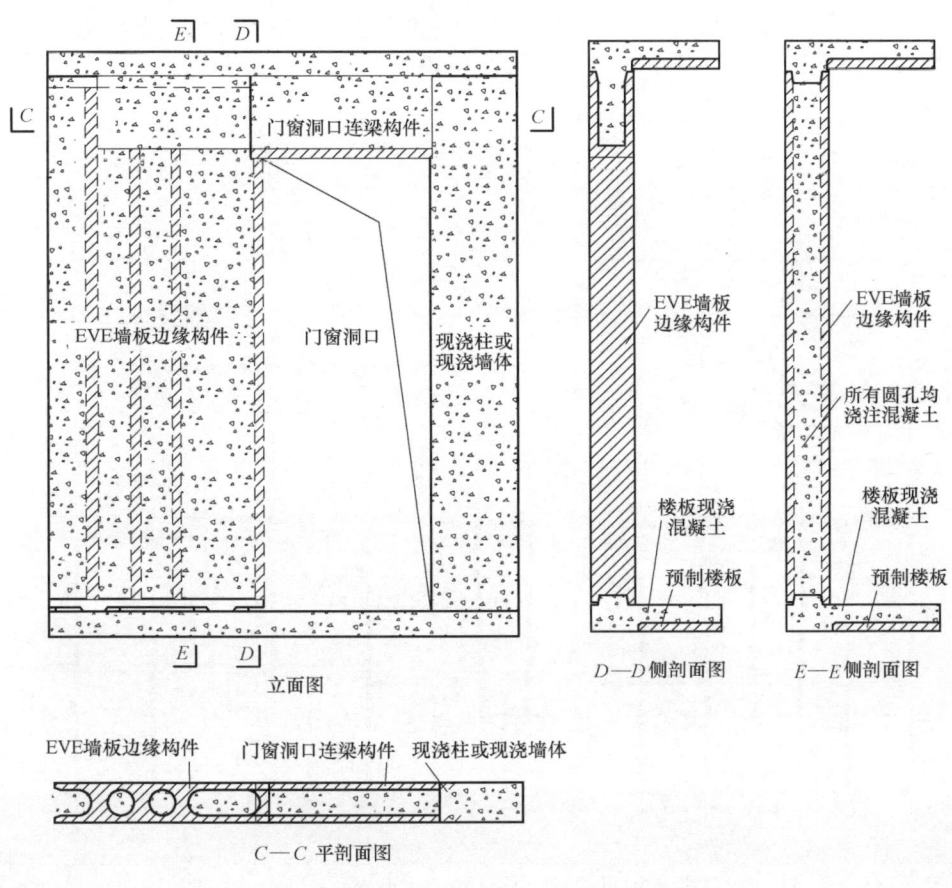

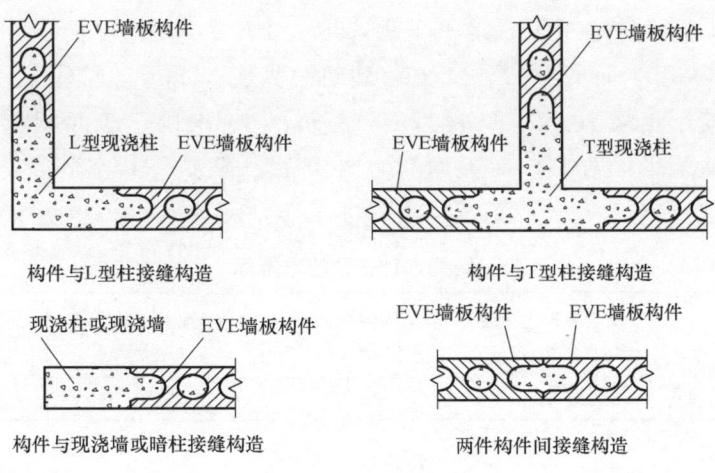

图 7.9　预制混凝土圆孔墙板接缝防水构造示意图（二）

标准》DB 11/T 1312—2015，构件质量验收标准参照北京地方标准《预制混凝土构件质量验收标准》DB 11/T 968—2013。工程施工与质量验收标准参照北京地方标准《装配式混凝土结构工程施工与质量验收规程》DB11/T 1030—2013。

2.2.1 预制与现浇相结合的结构设计

构件组合平面见图7.10。

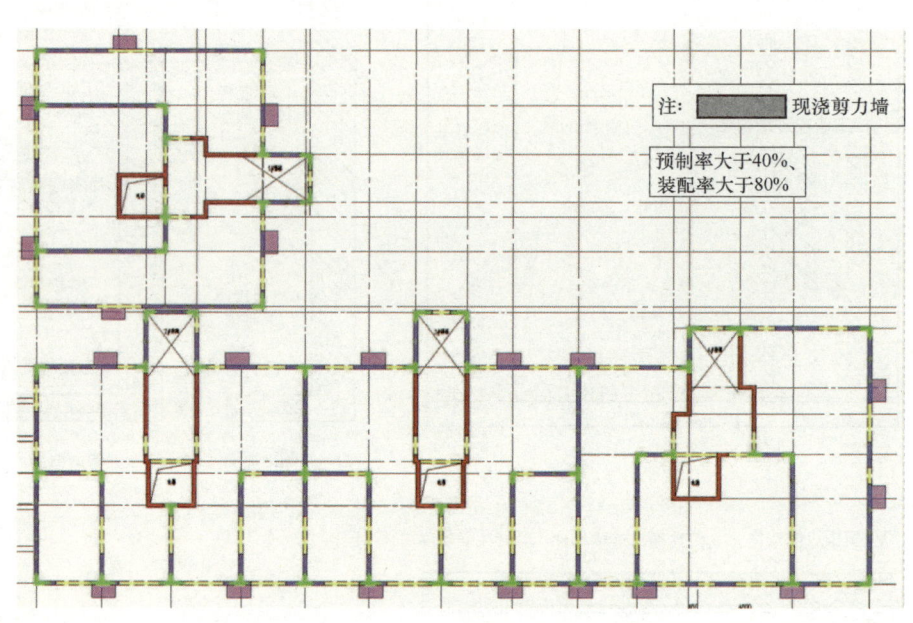

图7.10　构件组合平面图

2.2.2 抗震设计

B1号楼为回迁房住宅工程，地下1层，地上10层，地下室面积737.48m²，地上建筑面积7522.90m²，标准层高2.7m，建筑总高度31.6m，抗震烈度8度，抗震等级2级，设计使用年限50年，见表7.1、表7.2。标准层建筑面积729.66m²，由四个单元构成，建筑平面规则，单元对称，外立面平整，公共空间及户内各功能分区明确、布局合理。

结构设计主要技术指标　　　　　　　　　　　　　　　　　　　　表7.1

设计基准期及设计使用年限	建筑结构安全等级	结构构件重要性系数 γ_0	地基基础设计等级	防水等级	耐火等级
50年	二级	1.0	二级	一级	二级

抗震设防有关参数　　　　　　　　　　　　　　　　　　　　　　表7.2

抗震设防烈度	设计基本地震加速度值	水平地震影响系数最大值	建筑场地类别	设计地震分组	特征周期值	抗震设防类别	结构嵌固部位	抗震等级
8度	0.02g	0.16	Ⅲ类场地	第一组	0.45s	丙类	基础底板	二级

2.2.3 节点设计

各节点详情见图 7.11～图 7.15。

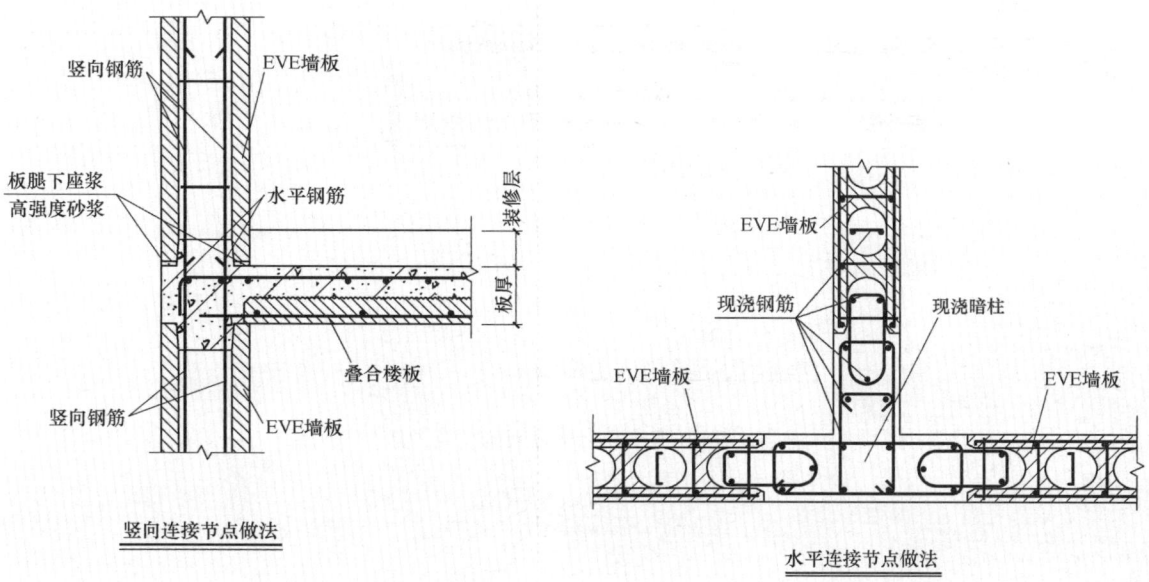

图 7.11 竖向连接节点图

图 7.12 水平连接节点图

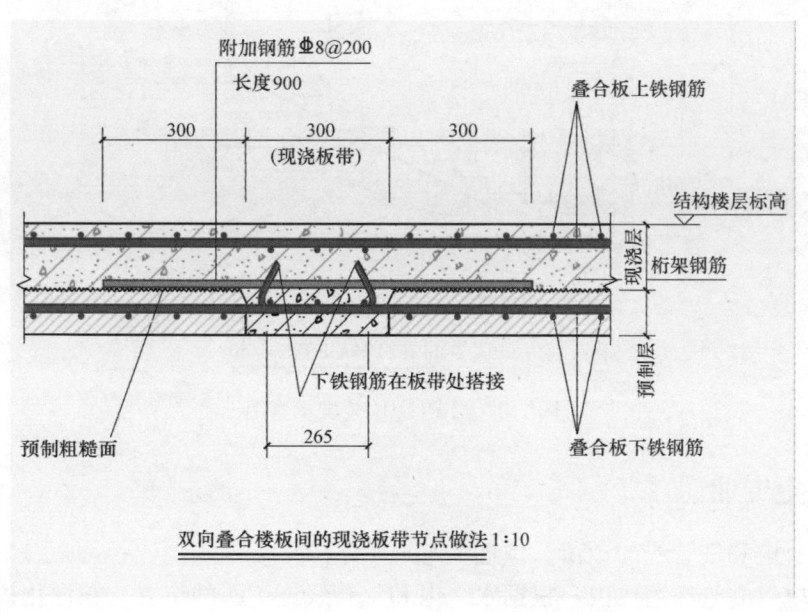

图 7.13 双向叠合楼板间的现浇板带节点图

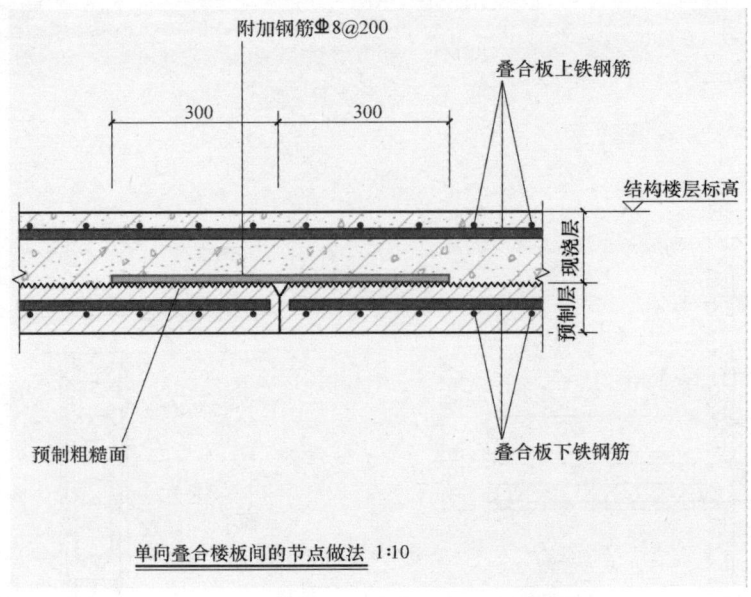

图 7.14　单向叠合楼板间的节点做法

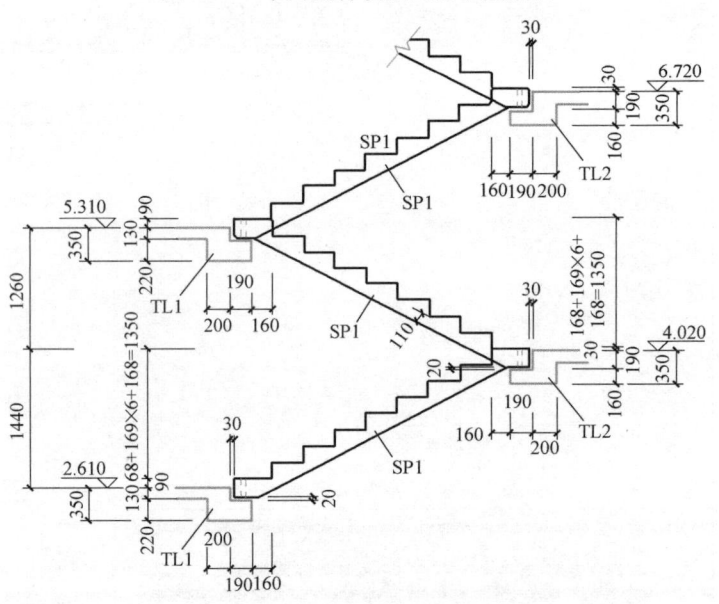

图 7.15　SP1L/R 装配示意图

2.3　水暖电专业

水、暖、电和气管线的预留、预埋。

（1）水电气立管在墙体内：根据水、电和气管线施工图的位置，在深化设计时把它们在预制墙板构件的相应位置进行设计确定，在工厂生产时留设于预制圆孔墙板内，到施工现场进行组装配置。

（2）楼板内电气管线：根据水、电和气管线施工图的位置，在深化设计时把它们在预制叠合楼板构件的相应位置进行设计确定，在工厂生产时留设于预制叠合楼板内，到施工现场进行组装配置。特别是在现场施工时埋设于叠合楼板的现浇层内，设计考虑现浇层厚度 70mm 以上，可满足管线纵横一次交叉。

（3）水暖水平管线：埋设于建筑面层内。

2.4 信息化技术应用

预制生产时，对每件预制构件进行编码，每件构件都有自己唯一的编号，然后依据编号对构件的生产、检查、出入库、安装和完成使用情况等进行管理。

3 构件生产、安装施工技术应用情况

3.1 EVE 装配式预制圆孔墙板剪力墙结构生产工艺

3.1.1 工艺简介

采用自动化成组立模生产线生产。自动化成组立模生产线即钢筋加工、成组立模调整、立模浇筑、构件养护、（抽芯成型＋构件养护）预制圆孔板墙板构件出模在一条生产线上自动化完成。

3.1.2 工艺特点

（1）圆孔板构件、叠合楼板构件、预制楼梯构件能够通过成组立模自动化生产线达到工业化、标准化、高效率生产制造，见图 7.16。

（2）EVE 体系构件生产采用的 EVE 成组立模机组机械化生产线具有占用空间小、生产效率高、设备投资少、产品质量好、节约能耗等多项优点，非常适用于建筑构件的工业化、规模化生产，满足装配式住宅对构件规模化、标准化应用的需要，见图 7.17。

图 7.16 叠合楼板成组立模生产线   图 7.17 EVE 装配式混凝土剪力墙结构体系生产线

3.1.3 工艺流程图

混凝土构件预制厂生产流程见图 7.18。

3.1.4 主要工序环节操作图片

主要工序环节操作见图 7.19。

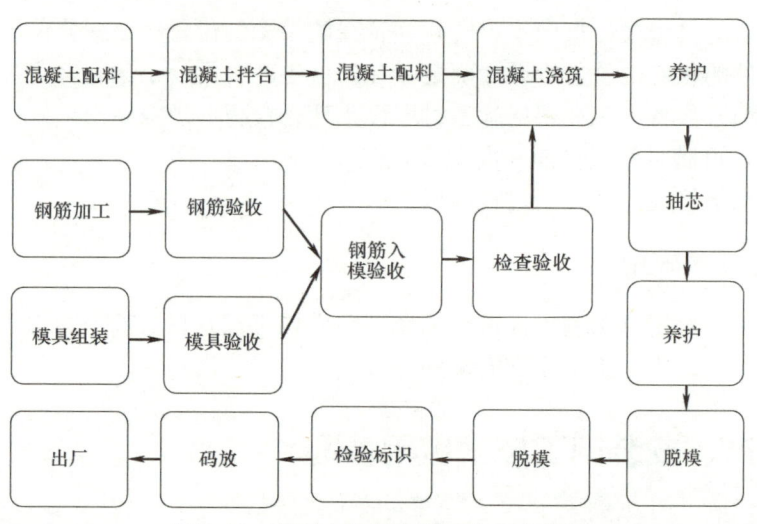

图 7.18 混凝土构件预制厂生产流程图

钢筋加工	 模具清理	 安放保温板
 模具组装	 合模	混凝土浇筑
 混凝土试块见证	 出模	 构件养护

图 7.19 主要工序环节操作图片（一）

水平构件结构性能检验	构件存放	监理出厂检验标示

图 7.19　主要工序环节操作图片（二）

竖向构件运输	竖向构件堆放
水平构件运输	水平构件堆放

图 7.20　构件运输与堆放图

3.1.5　质量控制标准及要求

执行《预制混凝土构件质量检验标准》DB11/T 968—2013。

3.1.6　构件运输与堆放

构件运输与堆放见图 7.20。

3.2 装配式剪力墙结构施工工艺

EVE 预制圆孔板剪力墙结构施工流程见图 7.21。

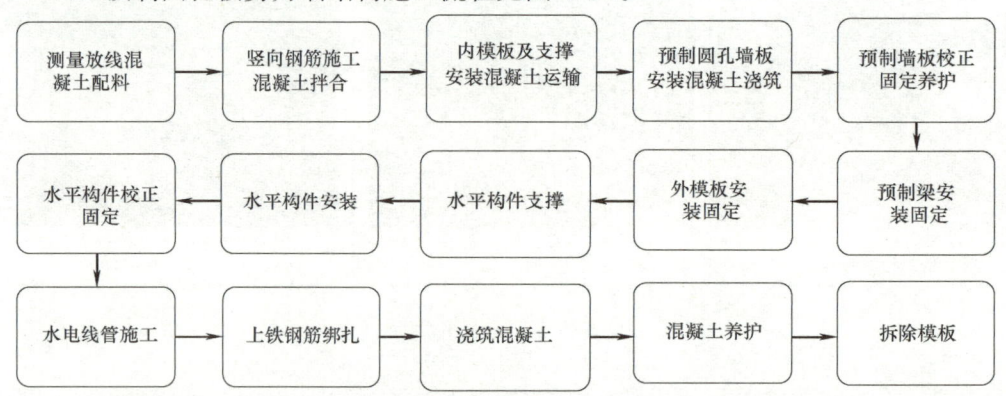

图 7.21　EVE 预制圆孔板剪力墙结构施工流程图

3.2.1 测量放线

装配式预制混凝土剪力墙结构，轴线与标高测量是施工过程中的重要内容，关系到施工速度及施工质量。针对本工程特点，轴线测量采取内控法，即先控制坐标系统，由整体至局部，逐渐引进、逐渐控制，标高测量选取水基准点，闭合复查，逐层引至。

根据所有圆孔板剪力墙位置，由控制网弹出墙体控制线，再由墙体控制线弹出墙体线，最后弹出墙板、门窗洞口位置线，见图 7.22。

图 7.22　测量放线

3.2.2 墙体钢筋施工

本工程墙体钢筋分为现浇柱钢筋和预制圆孔板圆孔内钢筋，现浇柱钢筋笼在工厂加工成型，预制圆孔板圆孔内钢筋采用机械焊接成型的梯子钢筋。将上述成型钢筋运至施工现场，吊装就位安装绑扎，见图 7.23。

3.2.3 内模板及支撑安装

现浇柱混凝土的内模板包括：预埋螺栓、模板固定底盘、定型墙模板和斜支撑。固定底盘通过预埋螺栓安装固定在楼板上，安装位置应与定型模板安装位置一致，定型模板底端通过螺栓与固定底盘连接固定，在定型模板两侧安装可双向调长度的斜支撑，通过调节斜支撑校正定型模板，保证定型模板的垂直与稳定，见图 7.24。

3.2.4 竖向预制构件安装

预制圆孔墙板构件安装工序是：构件准备→灌浆→吊装→就位→校核调整→与拉接横

图 7.23 墙体钢筋施工

图 7.24 内模板及支撑安装

梁固定→安装钢筋对拉螺栓。

预制圆孔墙板安装时由门窗洞口或一端开始逐块进行至此墙面所有墙板安装完成，调整各个预制墙板之间板面应垂直平整，上端标高一致后就位固定，见图 7.25。

3.2.5 预制墙板校正固定

对安装完成的所有墙板进行校正后固定，然后，安装钢筋对拉螺栓，钢筋对拉螺栓锚必须拧入预埋件螺孔内，见图 7.26。

3.2.6 安装预制梁安装固定

对安装完成的所有预制梁进行校正后固定，见图 7.27。

3.2.7 外模板安装固定

外模板安装固定见图 7.28。

3.2.8 水平构件支撑安装

支撑系统安装工艺：施工准备及放样→安装第一步距架体（立杆、横杆）→

图 7.25 竖向预制构件安装

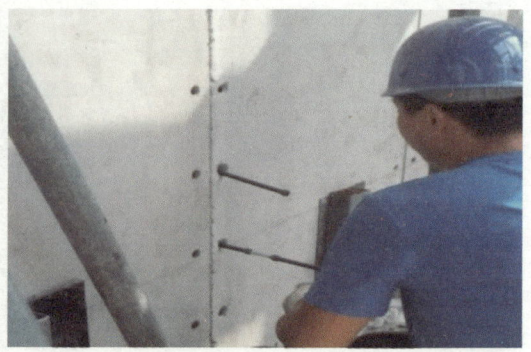

图 7.26　预制墙板校正固定

图 7.27　安装预制梁安装固定

图 7.28　外模板安装固定

安装第二步距架体→安装可调托座→调节结构支撑高度→安装模板体系，见图 7.29。

图 7.29　水平构件支撑安装

3.2.9 水平构件安装

按施工段的划分，流水施工，每一段按叠合板的编号由一端向另一端安装；叠合板吊装完成，叠合板底面与墙体交界处采用密封胶条及时封堵。

楼梯的吊装：在工厂加工预制楼梯时，根据楼梯重量在楼梯上下端各埋置 2 个内丝螺栓，通过螺栓连接吊环，安装后采用高性能胶凝材料封堵，见图 7.30。

图 7.30 水平构件安装

3.2.10 水平构件固定

水平构件固定见图 7.31。

图 7.31 水平构件固定

3.2.11 水电线管施工

水电线管施工见图 7.32。

图 7.32　水电线管施工

3.2.12　上铁钢筋绑扎

绑扎上铁：按照要求用八字扣，钢筋相交点均要绑扎，依次绑好上层钢筋网片和支座负筋，见图 7.33。

图 7.33　上铁钢筋绑扎

3.2.13　浇筑混凝土

混凝土选用坍落度为 200±20mm 的商品混凝土。混凝土现浇混凝土施工作业前，需洒水润湿。现浇混凝土顺序为先浇筑预制圆孔墙板圆孔内混凝土和相邻板连接处混凝土；后浇筑定型墙模板内现浇混凝土；然后浇筑叠合楼板上层混凝土，由一端往另一端逐渐浇筑混凝土，见图 7.34。

图 7.34　浇筑混凝土

3.2.14　混凝土养护

混凝土浇筑完及时采用塑料薄膜覆盖，12 小时后进行洒水养护，每天不少于 2 次，中午高温时段不得直接在混凝土表面喷洒凉水养护。养护时间不少于 7 天，见图 7.35。

图 7.35　混凝土养护

3.2.15　模板拆除

模板拆除时的现浇混凝土强度需符合相关规范要求，拆除模板时的混凝土强度应能保证其表面及棱角不受损伤，见图 7.36。

图 7.36　模板拆除

3.2.16　成品保护

现浇混凝土成品保护见图 7.37。

图 7.37　成品保护

4　效益分析

4.1　成本分析

以昌平区北七家镇 B1 号楼为例，按照北京市定额对 B1 号楼采用传统现浇混凝土剪力墙结构的投标造价与采用 EVE 装配式混凝土剪力墙结构的投标造价分别进行对比分析。畅悦居小区 B1 号楼地上十层，地下一层，地上建筑面积 7510m^2，原设计采用现浇混凝土剪力墙结构，后改为 EVE 装配式混凝土剪力墙结构进行设计和施工。实施完成的 B1 号楼的 EVE 装配式结构建造成本要高出现浇结构约 220 元$/\text{m}^2$ 左右，即每建筑平方米造价要高出 10% 左右。

4.2 用工分析

装配式与传统现浇方式用工对比见表 7.3。

装配式与传统现浇方式用工对比分析表　　　表 7.3

工种	装配	现浇	备　注
木工	5	15	采用 EVE 装配式剪力墙结构,现浇混凝土节点大幅减少,因此木工数量减少明显。木工主要工作内容为:楼梯间大模板,楼板边模
钢筋工	8	16	机械生产封闭箍筋,楼板只绑扎负弯矩筋,钢筋工总体用量大大减少
混凝土工	8	10	混凝土浇筑方量减少明显,但由于混凝土施工采取班组作业,因此工人减少不明显,但作业时间减少
脚手架工	5	5	外脚手架采用传统落地时双排脚手架,人员一致
安装工	8	0	装配式剪力墙结构需要固定数量的安装工人,现浇结构需要安装工人较少
吊装工	4	4	装配式剪力墙结构吊装数量较现浇结构多,但由于塔吊数量固定,因此吊装工人持平
合计	39	50	总体来看,EVE 装配式剪力墙结构用工较现浇结构用工减少近 22%

4.3 用时分析

装配式与传统现浇方式用时对比见表 7.4。

装配式与传统现浇方式用时对比分析表　　　表 7.4

项目	装配结构	现浇结构	说　明
结构工期	66d	70d	现浇结构 7d/层,装配结构前二层约 9d/层,后八层约 6d/层
外装工期	60d	85d	主要在外墙粘贴保温上节约时间
内装工期	90d	105d	主要在墙面腻子工程大幅节省时间
合计工期	216d	260d	总工期相对缩短约一个半月

4.4 四节一环保分析

B1 号楼所采用 EVE 装配式住宅体系相比于传统的现浇住宅施工体系，在"四节一保"方面有较为显著的优势。

4.4.1 节能

B1 号楼所采用 EVE 装配式住宅体系在节电方面较传统住宅存在较大优势。电耗差异最主要的来源为垂直运输，而垂直运输工程主要是塔吊的使用。装配式住宅在运输方面的主要优势体现为以下几点：

1）装配式住宅多是构件的吊装，而在传统住宅施工过程中，往往是将钢筋、混凝土等各类材料分多次吊装；

2）装配式住宅模板吊装数量较少；

3）装配式住宅现浇部分较少，因此混凝土工程中自空压机和振捣器的使用较少，所以耗电量较小。

4.4.2　节地

B1号楼所采用EVE装配式住宅体系与传统住宅施工所占用的工作面大小都是一定的，装配式住宅在节地方面主要体现在更合理的利用工作面。由于构件预制率较高，均采用吊装的安装方法，所以现场需要堆放的模板等现浇所需的材料较少，这样可以为工人提供更充足的工作空间，提高工人的工作效率。

4.4.3　节水

EVE装配式住宅体系较传统住宅体系混凝土养护用水量大大减少。分析原因，主要是EVE圆孔板孔浇筑混凝土，只需散水湿润，不需养护用水。

4.4.4　节材

装配式住宅较传统住宅存在较大优势。主要是因为其预制构件在生产过程中采用周转次数高的钢模板替代木模板，同时预制叠合板在现场施工过程中也可以起到模板的作用，减少了楼板施工中木模板的需求量。

4.4.5　环境保护

1）扬尘减少：由于现场浇筑混凝土、模板使用量的减少，降低了施工现场的扬尘；

2）施工废弃物减：由于EVE预制构件厂在安装过程中控制严谨、管理规范，现浇混凝土的浇筑量少，损耗量很小，因此混凝土废弃量低于传统住宅。

【专家点评】

北京珠穆朗玛绿色建筑科技有限公司（以下简称珠峰科技）自主研发的EVE装配式圆孔板墙板结构体系（以下简称EVE墙板）源于其2005年研发的"EVE轻质复合外墙板"技术。该技术特征鲜明，生产施工简便，具有一定的发展前景。

（1）EVE墙板是一种单向抽芯的预制混凝土圆孔板，该技术体系的原理是：

1）在工厂利用成组立模的生产工艺，生产标准化的EVE墙板；在施工现场通过圆孔内的钢筋连接和混凝土灌孔，将EVE墙板及楼盖结构连接成为整体。

2）结构特征与浙江宝业集团的叠合板式混凝土剪力墙结构类似，最大的区别在于预制墙板的生产工艺。

3）该技术体系具有较好的适用性。对于低多层建筑，可以通过采用简单连接的方式、减少圆孔的混凝土灌芯等方式发展成为"干式连接"的板式结构；多层及小高层建筑也可采用"大型混凝土空心砌块"的概念建构结构体系。

4）EVE装配式圆孔板墙板结构体系目前已经纳入了北京市地方标准《装配式混凝土剪力墙结构设计规程》DB11/1003—2013，允许的最大建造高度为45m。当然，随着对EVE墙板结构技术体系研究的不断深入与完善，其适用范围将进一步扩展。

（2）对于EVE墙板结构体系的研发，珠峰科技坚持了集技术体系、生产工艺和设备、施工安装工艺与装备、质量保障与验收等为一体的研发路线。

1）研究成组立模的生产工艺，除了能够生产 EVE 墙板，还发展了预制楼梯、叠合楼盖预制底板等构件的立模生产；研发成组立模的模具设计与制造，为生产定型提供了保障；

2）研究施工现场的预制构件安装支架和模架，系统地解决了墙板安装与楼盖安装一体化的问题；

3）研究 EVE 墙板钢筋加工和连接技术，基本实现了预制构件和施工现场的钢筋采用加工机械化、集中生产与配送、钢筋骨架和网片机械安装等，极大地促进了建筑工程的工业化发展；

4）研究 EVE 墙板的圆孔灌芯工艺，对灌芯混凝土的配合比、操作工艺和设备等反复试验论证，从工艺上和操作标准上解决了施工质量的保证率。

珠峰科技持续坚持的这种技术研发态度和做法，在我国企业自主发展装配式建筑技术体系中是难能可贵的，具有很好的示范意义。

（3）EVE 墙板结构体系具有建筑标准化的特征，成组立模的预制混凝土构件生产工艺也可以根据不同的建筑类型、地域、使用要求等进行调整。

总之，珠峰科技研发的 EVE 墙板结构体系是一种极具发展潜力的技术体系，期待着它的不断完善和推广。

（马涛：北京市建筑设计研究院有限公司，设计总监）

编写人

姓名：张裕照

单位名称：北京珠穆朗玛绿色建筑科技有限公司

职务：总工程师

第八章 技术体系之七：装配式预应力框架结构

【案例 9】 南京汽车集团有限公司浦口生产基地 2 号涂装车间

摘　要

南京汽车集团浦口生产基地 2 号涂装车间项目（以下简称 2 号涂装车间项目）位于南京市高新技术产业开发区，施工周期 90 天，于 2016 年 6 月投入使用。

该项目是装配式混凝土框架结构工程，也是 EPC 总承包应用工程。2 号涂装车间项目结构形式采用预制预应力钢筋混凝土结构，该结构体系由预应力叠合框架梁、预应力叠合次梁、预应力叠合楼板以及定型模板的现浇柱组成，柱网为 12m×12m，跨度较大，符合装配式建造的要求。柱截面取 700mm×700mm，规格单一，适合复制作业。预制预应力混凝土梁截面分别为框架梁 400mm×1200mm，次梁 250mm×770mm，梁截面种类重复率高，同样符合装配式建筑构件生产制造要求。在柱现浇，梁全部预制，楼板 70% 预制的情况下，2 号涂装车间的预制率经估算为 55%。

本项目中预制预应力混凝土梁的生产利用了项目周边堆场作为张拉台座，在工地制造预制梁构件，节省了构件运输成本及时间，同时因采用预制构件，减少模板、脚手架用量 50%～70%，整体工期节约 30%，人工按高峰期计算减少 65%～70% 左右。

1 典型工程案例简介

1.1 基本信息

1) 项目名称：南京汽车集团有限公司浦口生产基地厂房扩建项目 2 号涂装车间项目；

2) 项目地点：江苏省南京市高新技术产业开发区内浦泗路 18 号；

3) 建设单位：南京汽车集团有限公司；

4) 设计单位：机械工业第四设计研究院有限公司；

5) 深化设计单位：机械工业第四设计研究院有限公司、宁波万斯达建筑科技有限公司；

6) 施工单位：江苏启安建设集团有限公司；

7) 预制构件生产单位：宁波万斯达建筑科技有限公司、江苏启安建设集团有限公司；

8) 进展情况：整个扩建项目计划工期：2015 年 8 月 5 日开工，2016 年 8 月 31 日竣工。其中本文案例所介绍的扩建项目 2 号涂装车间已于 2016 年 6 月投入使用。

1.2　项目概况

　　本项目坐落在南京市高新区浦泗路 18 号。项目用地范围：东临星火路，南接浦泗路，西侧为永锦路，北靠学府路。红线范围内用地面积 822081m²，总建筑面积约为 356137m²。其中，已建 302057m²，拟建 54786m²，拆除 706m²，容积率为 0.804，建筑密度为 63.89%。基地内建设内容为 2 号涂装车间（车间厂房三层，办公辅楼三层）、1 号联合站房（制冷站、2 号 10kV 配电所）、2 号联合站房（空压站及热交换站）、1 号污水处理站扩建。建设周期为 90 天。项目概况见图 8.1～图 8.5。

图 8.1　南京汽车集团有限公司浦口生产基地厂房 2 号涂装车间项目鸟瞰图

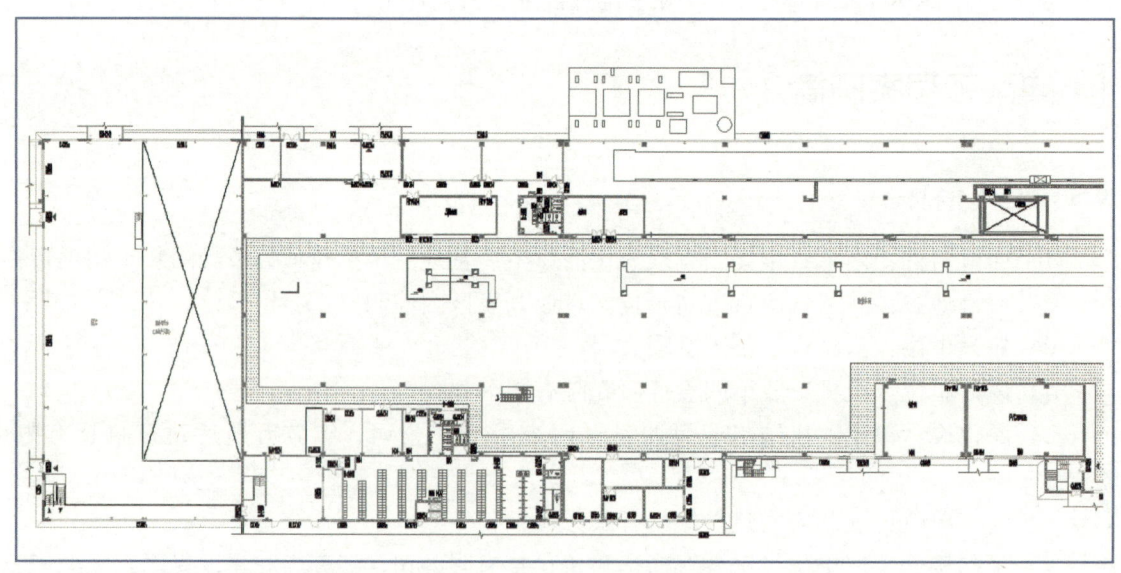

图 8.2　建筑一层平面图（一）

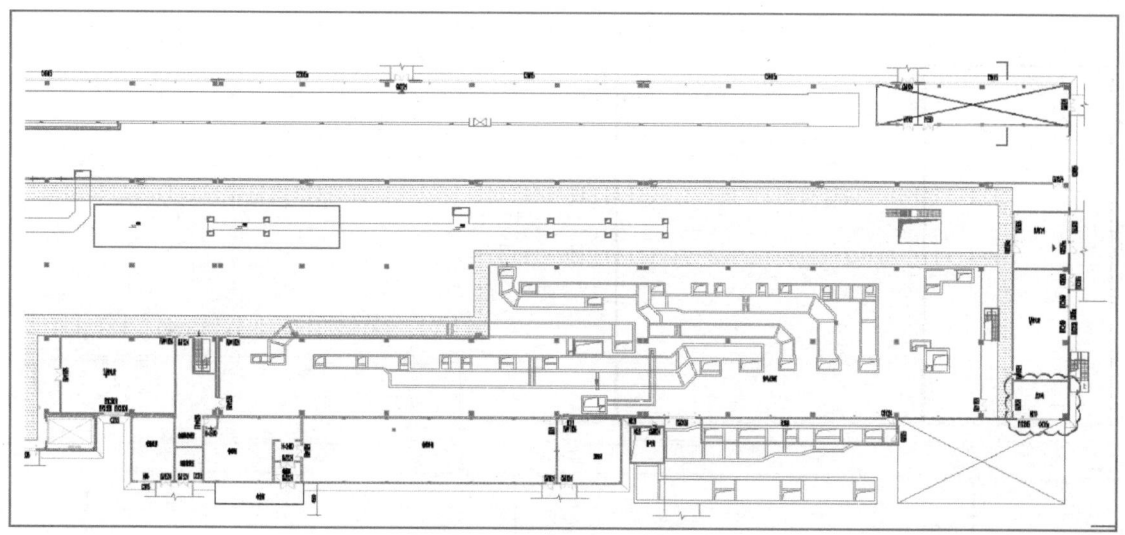

图 8.2　建筑一层平面图（二）

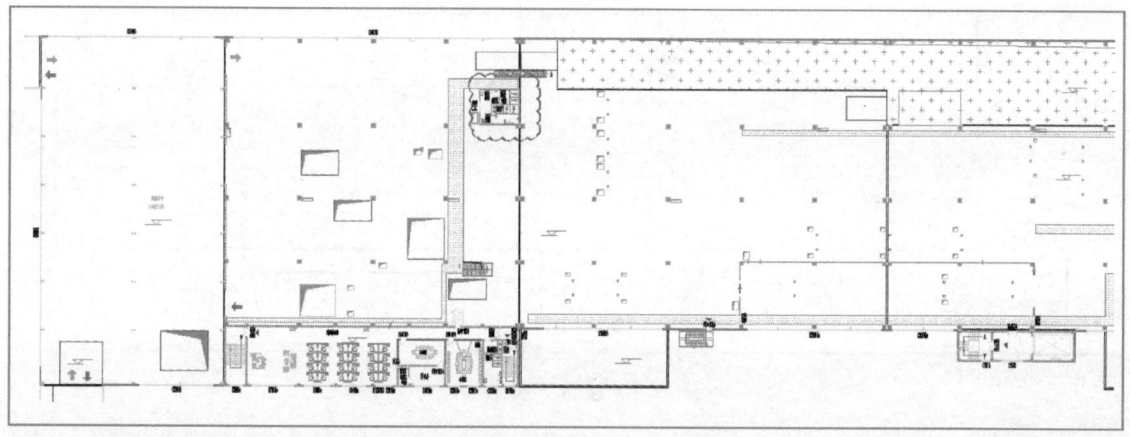

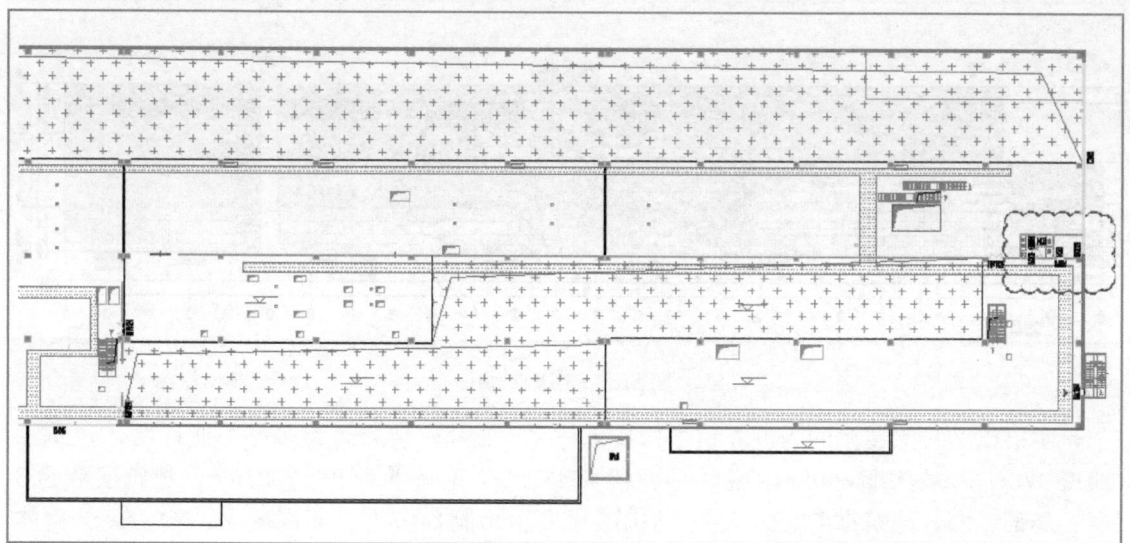

图 8.3　建筑二层平面图

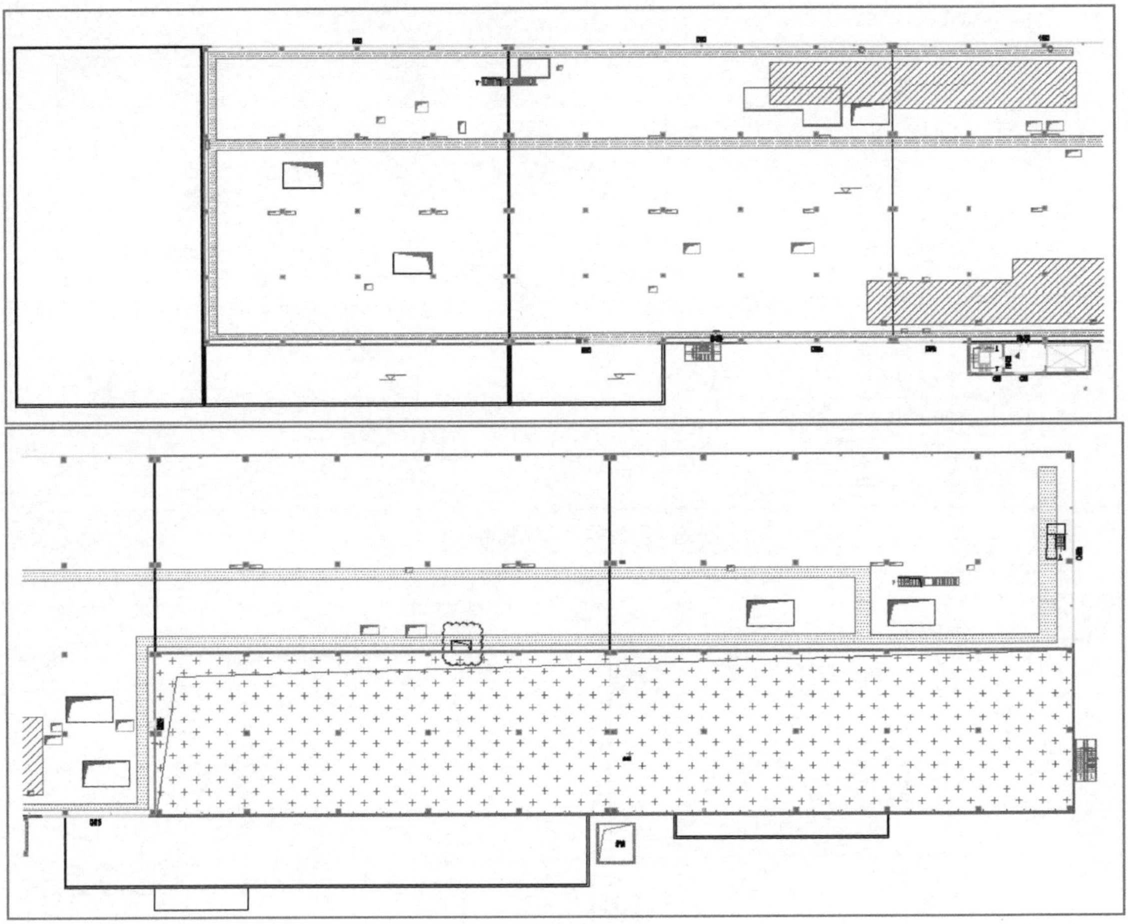

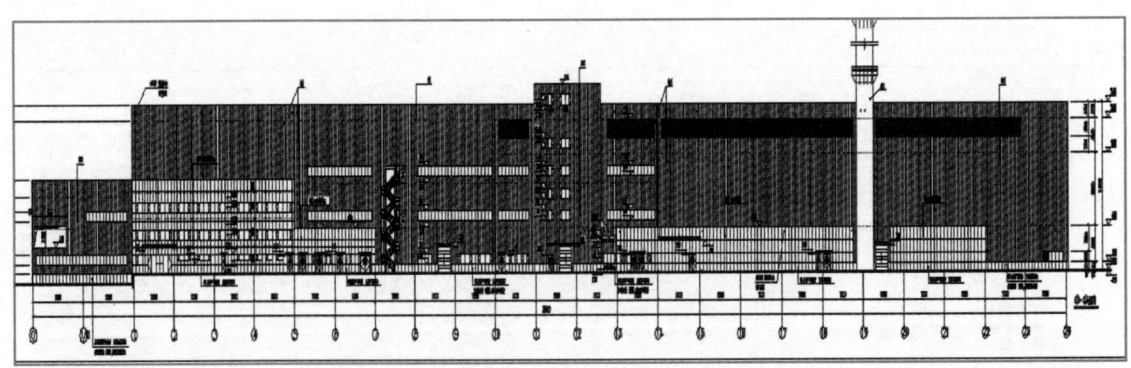

图 8.4　建筑三层平面图

图 8.5　建筑立面图

　　本书以 2 号涂装车间为例介绍结构技术体系。2 号涂装车间为多层工业厂房，建筑物跨度 47m，基坑深度 5.05m，总占地面积 16433m²，总建筑面积 42094m²，建筑层数为 3 层、局部 1 层，建筑高度 23.85m。结构形式采用预制预应力钢筋混凝土结构，该结构体系由预应力叠合框架梁、预应力叠合次梁、预应力叠合楼板以及定型模板的现浇柱组成，其中梁装配率为 100%，楼板装配率约为 70%。

1.3 工程承包模式

本项目由机械工业第四设计研究院有限公司 EPC 总承包，由江苏启安建设集团有限公司施工总承包，由机械工业第四设计研究院有限公司及宁波万斯达有限公司负责深化设计，由宁波万斯达有限公司及江苏启安建设集团有限公司负责预制钢筋混凝土构件的生产。

2 装配式建筑技术应用情况

2 号涂装车间项目应用的预制预应力混凝土装配整体式框架结构是指采用预制或现浇钢筋混凝土柱、预制预应力混凝土叠合梁、预制预应力叠合楼板，通过可靠节点连接形成的装配整体式框架结构。在我公司的实践应用中，该体系包括现浇钢筋混凝土柱（采用无柱箍定型钢模现浇）、预制预应力叠合梁（矩形或倒 T 型预应力预制梁）、楼板（PK 预应力混凝土叠合板或桁架支模现浇板、闭口钢承板组合板）、预制楼梯、预制夹心保温外墙板等。配套技术主要有柱定型钢模施工技术、楼板桁架支模技术、组合式临时支撑、楼面吊装设备。

对于荷载大、跨度大、层高较高的仓库、厂房等建筑，如果采用现浇钢筋混凝土结构，必须采用高支模架施工，存在速度慢、成本高、安全风险大等问题。如果采用预制预应力混凝土装配整体式框架结构，具有施工速度快、成本降低、质量可控、安全可靠等优点。

2.1 建筑专业

2.1.1 标准化设计

南京汽车集团有限公司浦口生产基地厂房扩建 2 号涂装车间项目，平面立面简单，柱网规则。其中使用的预制构件包括预制预应力混凝土梁及预制叠合楼板。在预制构件深化设计中所参考的标准及规程有：

1)《装配式混凝土结构技术规程》JGJ 1—2014；
2)《预应力混凝土结构抗震设计规程》JGJ 140—2004；
3)《建筑工程预应力施工规程》CECS 180—2005；
4)《预应力混凝土用钢绞线》GB/T 5224—2014；
5)《预制预应力混凝土装配整体式框架结构技术规程》JGJ 224—2010。

2.1.2 主要预制构件部品设计

本工程预制构件主要包含预制预应力混凝土梁和 PK 预应力混凝土叠合板。预制预应力混凝土梁采用工厂预制的先张法预应力梁，主筋采用强度是普通钢筋四倍的钢绞线，梁端部预埋短槽钢，即可用作梁的安装连接件，又可作为新老混凝土结合面的抗剪件；梁端部采用"套管法"释放部分钢绞线的预应力，预应力梁可大量节约钢筋，并且抗弯刚度大、梁高度小、质量好，不带裂缝工作，耐久性好，见图 8.6～图 8.8。

楼盖采用 PK 预应力混凝土叠合板。PK 预应力混凝土叠合楼板系采用预制预应力混凝土带肋薄板为底板并在板肋预留孔中布置横向穿孔钢筋，再浇筑混凝土叠合层形成的整体叠合楼板，见图 8.9。

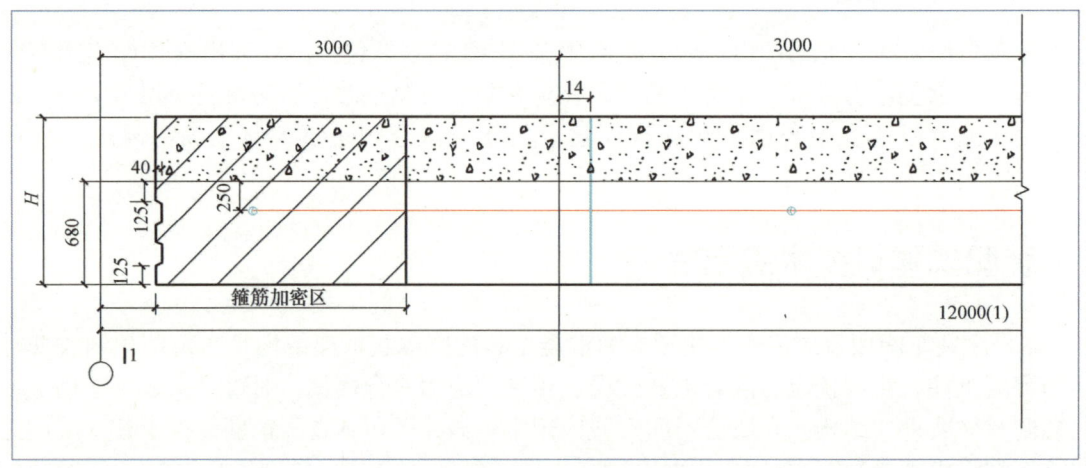

图 8.6 预制预应力混凝土梁模板图

图 8.7 框架梁

图 8.8 次梁

图 8.9 PK 预应力混凝土叠合板

PK 预应力混凝土叠合板具有以下特点：

1）自重轻。每平方米仅为 110kg 左右；

2）用钢量省。由于采用 1570 级高强预应力钢丝，抗拉强度为三级钢的 4.2 倍，比其他叠合板用钢量节省 60%；

3）承载力强。叠合前极限承载力每平方米可达 1.5 吨；

4）抗裂性能好。由于采用了预应力，极大提高了混凝土的抗裂性能；

5）新老混凝土结合好。由于采用了 T 型肋，现浇混凝土形成倒 T 形，新老混凝土互相咬合，新混凝土流到孔中又形成销栓作用；

6）可形成双向板。在侧孔中横穿钢筋后，避免了传统叠合板只能做单向板的弊病，且预埋管线方便；

7）PK 预应力混凝土板，间距 500mm 设置了一道高度为 105mm 的 T 形钢筋混凝土肋，预制板的刚度有很大的提高，现场施工中 PK 板均直接搁置在钢梁之上，并未设置脚手架及模板，减小了现场施工难度，加快施工速度，改善施工环境；

8）性价比高。

2.2　结构专业

本项目中结构的优化设计体现于预制预应力混凝土梁的应用。

预应力混凝土框架结构的优点在于：

（1）梁高小，跨度大

采用先张法预应力技术，可将梁截面减少 30％以上，高强度的钢绞线代替普通钢筋更可大幅提高梁的跨度。

（2）造价省

多用机械，少用人工的生产方式，用钢模代替木模批量生产，有效降低成本。

（3）抗震性能好

楼板采用预应力楼板，可减轻自重并减少钢筋与混凝土用量。采用预应力梁但梁柱节点为非预应力的结构体系，也实现了强柱，弱梁，强节点，轻楼板的抗震设计理念。

2.2.1　预制与现浇相结合的结构设计

本项目采用预制混凝土框架结构，层高 7.5m＋13m＋17m，面荷载取 10kN/m²。柱使用定型钢模板现浇，柱网为 12m×12m，跨度较大，符合装配式建造要求。柱截面取 700mm×700mm，规格单一，适合复制作业。预制预应力混凝土梁截面分别为框架梁 400mm×1200mm，次梁 250mm×770mm，梁截面重复率高，符合装配式生产制造要求，见图 8.10。在柱现浇，梁全部预制，楼板 70％预制的情况下，2 号涂装车间的预制率经估算为 55％。

2.2.2　抗震设计

因大跨度预应力梁高度小，抗弯刚度相对减小，另外由于施工阶段梁端上部不出现弯矩，框架梁梁端上部配筋较少，因此与传统大跨度钢筋混凝土结构相比，易实现强柱弱梁的设计，能控制塑性铰出现在梁端。另外梁柱节点混凝土采用纤维混凝土，可大大加强节点韧性，提高节点抗剪力度。

预制预应力混凝土梁结合荷载条件和相应设计参数进行了复核，包括张拉控制应力与施工验算预应力损失、施工阶段开裂弯矩、施工阶段正截面验算、施工阶段挠度验算、正常使用阶段开裂弯矩、正常使用阶段正截面验算、正常使用阶段挠度验算等工况和情况，计算结果均满足现有规范要求，见图 8.11、图 8.12。

2.2.3　节点设计

本项目由于柱采取钢模板现浇模式，柱与梁、梁与梁的连接节点同样采取现浇，施工

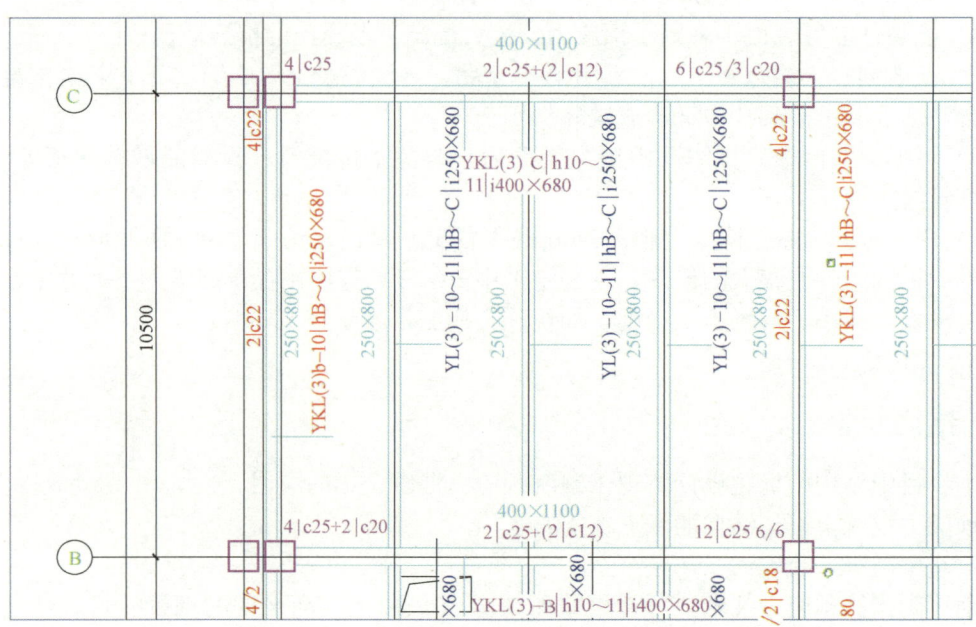

图 8.10　预制构件结构局部典型布置图

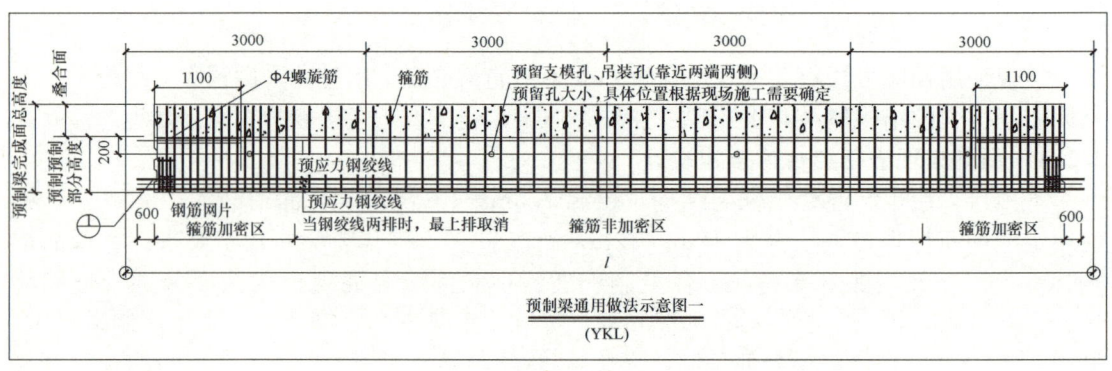

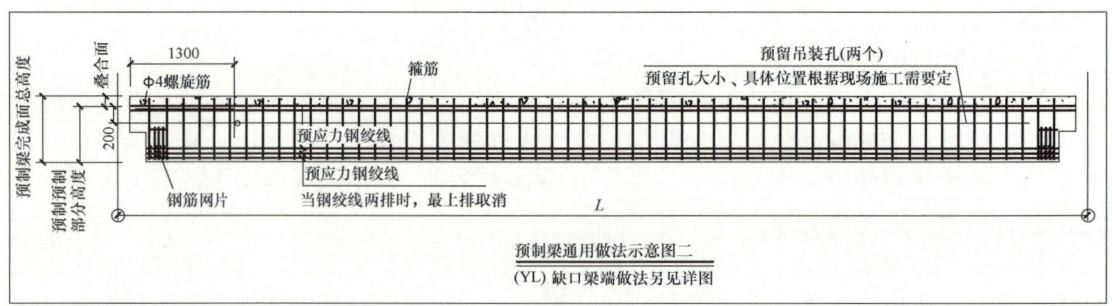

图 8.11　预制梁通常做法示意图

阶段梁作为简支梁受力，整浇后使用阶段梁作为连续梁受力。现浇节点对比干连接节点在结构整体性以及受力性能上都更有优势，见图 8.13～图 8.16。

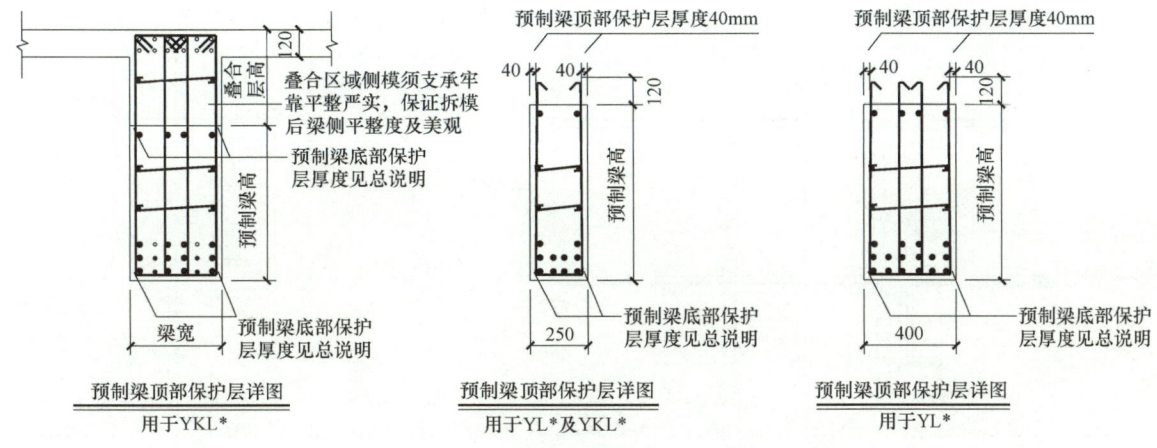

图 8.12　预制梁截面做法示意图

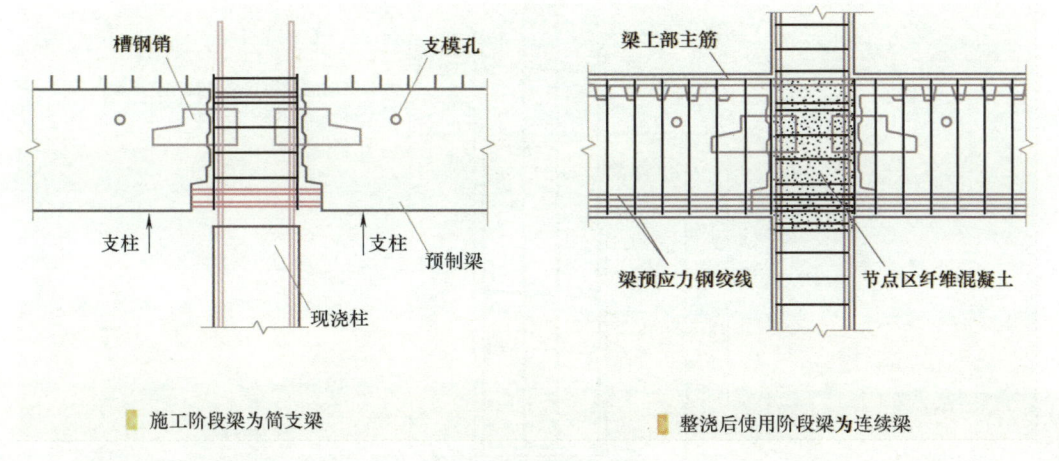

图 8.13　梁节点图

（1）梁水平缝的连接

大量的实验证明，具有加工厂加工粗糙叠合面的梁，其叠合面抗剪强度一般能满足水平抗剪强度要求，而对有连接箍筋的叠合面，不但抗剪强度完全能满足要求，且整体性等同全现浇梁，对荷载特别大、结合面特别差的梁可按规范进行，如强度不能满足时可设置角钢抗剪件，见图 8.17。

（2）梁端部竖向缝的连接

主梁端部结合缝有"槽钢销"相连。槽钢的抗剪强度能承担一般荷载下梁端部的剪力，因此叠合梁的梁端部正截面抗剪强度大于现浇梁。而次梁端部不但设有槽钢，而且还焊有抗剪板，另外端部还加腋增大抗剪截面，其正截面抗剪强度也大于普通现浇梁。钢筋锚固完全按现浇梁构造设置，整体性不会下降，见图 8.18。

（3）PK 预应力混凝土叠合板与梁的连接

PK 预应力叠合楼板为 T 型带肋楼板，T 型肋与后浇混凝土能形成有效的咬合作用，抗剪强度完全能满足要求，加上肋中的穿孔钢筋，形成有效的双向受力，且整体性等同全现浇板，抗震性能优于其他的预制混凝土叠合楼板，见图 8.19。

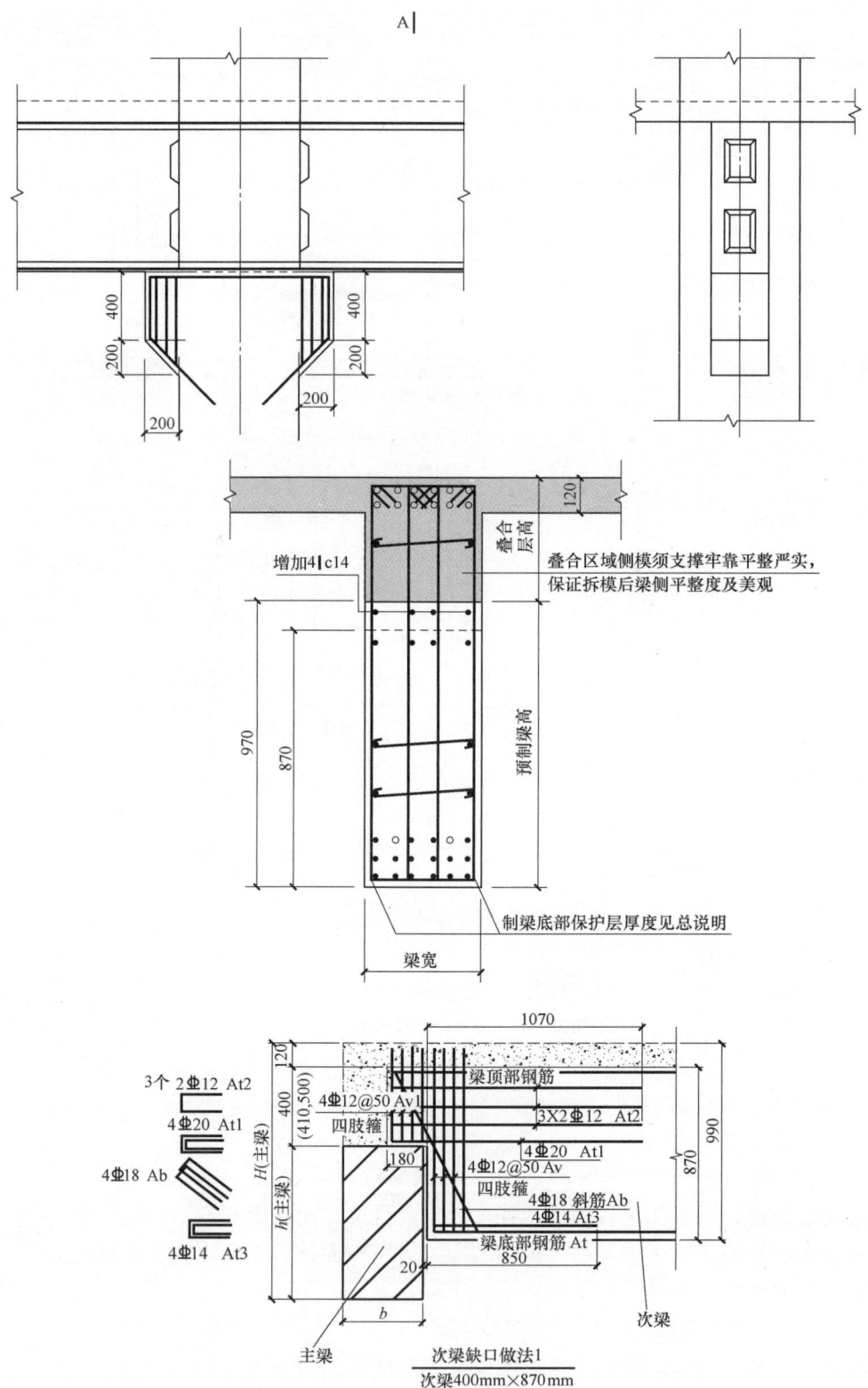

图 8.14 梁节点图

梁与柱节点

梁水平叠合缝

应力释放套管

槽钢销

钢绞线

梁与梁节点

图 8.15　梁柱节点图

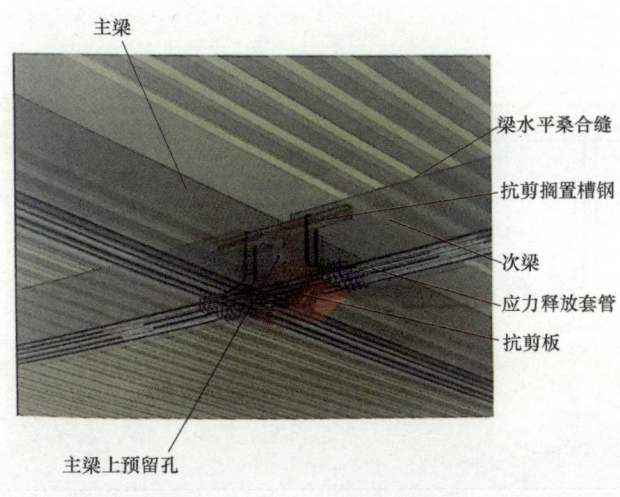

主梁

梁水平叠合缝

抗剪搁置槽钢

次梁

应力释放套管

抗剪板

主梁上预留孔

图 8.16　抗剪板

水平叠合缝

竖向结合缝

图 8.17　梁水平缝的连接

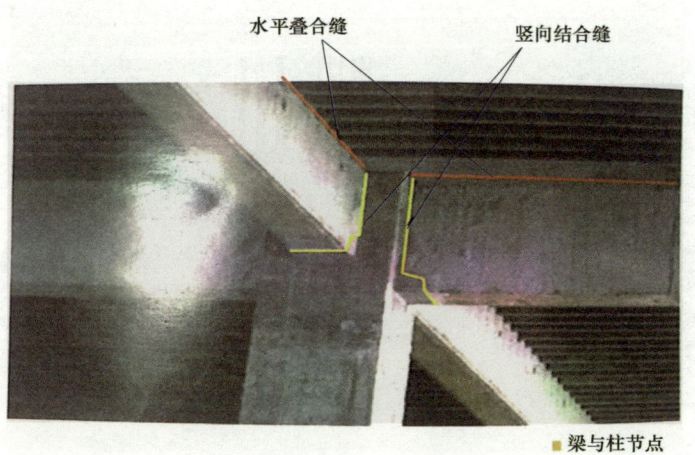

图 8.18　梁端部竖向缝的连接

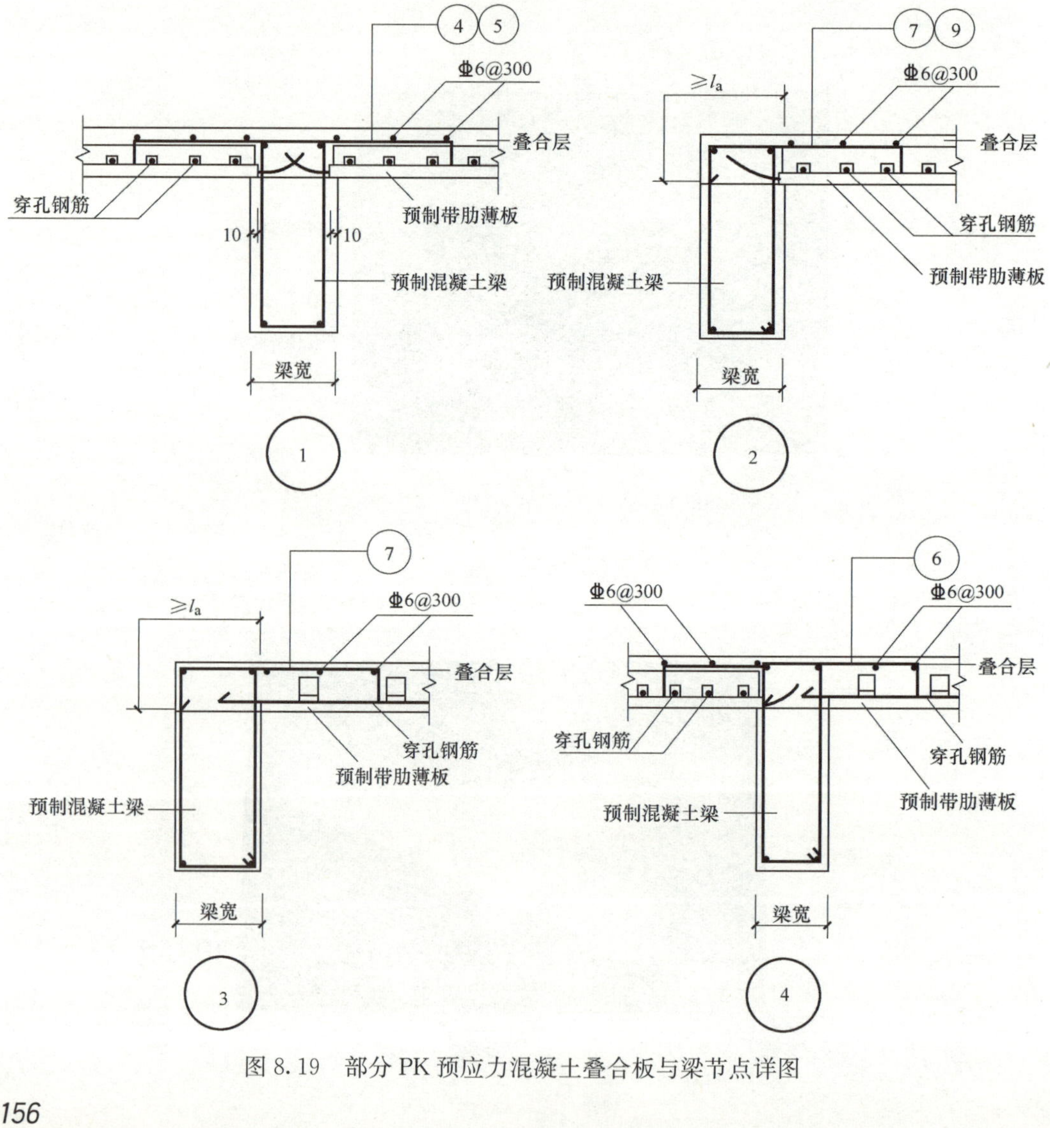

图 8.19　部分 PK 预应力混凝土叠合板与梁节点详图

3　构件生产、安装施工技术应用情况

（1）柱

柱采用定型模板的高强度混凝土的现浇柱，梁柱节点处采用纤维混凝土浇筑。

柱子周边设置混凝土牛腿，为预制梁的安装提供了支撑点，不用设置预制梁的支撑脚手架，实现了立体交叉施工。柱定型模板采用钢模板，钢模板精度高，安装方便，能循环利用，绿色环保。采用定性模板的柱子浇筑完成后外形美观，基本没有施工误差，见图 8.20。

柱定型钢模板　　　　　　　　　　　　　　　浇筑完成

图 8.20　现浇柱施工图

（2）梁

预制预应力混凝土梁的生产制造可采用固定预制厂制造、就近租赁土地建立临时预制厂制造或利用堆场设置张拉台座在工地制造三种不同的方式，本项目利用了项目周边堆场作为张拉台座在工地制造预制梁构件，见图 8.21、图 8.22。

（3）PK 预应力混凝土叠合板

PK 预应力混凝土叠合板采用长线台流水作业生产，完全在预制工厂生产，生产效率高，速度快，质量有保障，见图 8.23。

图 8.21　预制预应力混凝土梁生产（一）

图 8.21　预制预应力混凝土梁生产（二）

图 8.22　预制预应力混凝土梁的存放、吊装及安装

控制台　　　　　　　　　　　　　　　　　　搅拌站

图 8.23　PK 预应力混凝土叠合板的制作工艺流程（一）

布料　　　　　　　　　　　养护

起板　　　　　　　　　　　装车出库

图 8.23　PK 预应力混凝土叠合板的制作工艺流程（二）

（4）构件施工安装工法及特点

用类似于钢结构建筑的安装方式进行混凝土结构的施工，上层梁安装与下层楼板支撑模、扎筋、浇混凝土同步进行，大大加快施工进度。也可以多层同时吊装，进行平面和立体交叉流水作业，见图 8.24、图 8.25。

图 8.24　预应力混凝土装配整体式框架施工（一）

图 8.24　预应力混凝土装配整体式框架施工（二）

图 8.25　预制框架基本完成施工

4　效益分析

4.1　成本分析

　　装配整体式混凝土建筑项目具有良好的社会效益、经济效益、环境效益，综合效益突出。根据相应记录资料和经济分析报告初步得出，项目建造成本与同等条件下传统建造方式相比，成本基本持平。用高强材料代替普通材料，钢筋和混凝土节约 30％以上，人工费节约 45％以上，模板费用节约 60％以上，扣除安装费等费用的增加，结构造价降低 10％～30％。荷载越大、跨度越大，层高越高，造价优势越明显。

4.2　用工分析

　　相同条件下，与传统生产方式相比，装配式大量减少现场施工作业，可以使劳动效率大幅度提高 5～6 倍，人工按高峰期计算减少 65％～70％左右。

4.3 用时分析

由于建造过程总用工量大量减少，而且可以进行主体结构立体交叉作业，现场工序少，湿作业大量减少，本项目工期节约工期约 30％。施工过程安全、文明、整洁。

4.4 四节一环保分析

在资源节约与环保效果方面，通过制定并实施施工节能和用能方案，监测并记录施工能耗，对比传统施工方式本项目节能 70％，能耗指标节约明显；通过制定并实施施工节水和用水方案，监测并记录施工水耗，对比传统施工方式本项目现场施工节约用水指标达到了 80％；在环保方面，工厂制造与现场装配式作业，无粉尘、噪声、污水污染，模板、脚手架用量减 50％～70％。施工现场有整洁计划、检查记录和专人负责，施工现场有建筑垃圾控制计划和专人负责，施工垃圾减少 50％以上。由于大批量构件由工厂直接生产，现场模板等措施费得以节约，现场施工时模板使用量减少，抹灰等现场施工工程量都得以减少。

【专家点评】

南京汽车集团浦口生产基地厂房扩建项目——2 号涂装车间：建筑层数为三层，局部一层，建筑物总长 306.83m，总宽 57.71m，柱网为 12m×12m，总建筑面积为 42094m²。其结构体系为预制预应力混凝土装配整体式多层框架结构。该体系由预应力叠合框架梁、预应力叠合次梁、PK 预应力叠合楼板和定型钢模板的现浇柱组成。该体系最大优点是将预应力技术与装配式技术集成应用，适用于荷载大、跨度大、层高较高的多层工业厂房和仓库物流类建筑，具有施工速度快、成本降低、质量可靠、安全可靠的优点。

该项目特点：根据涂装车间的要求，厂房的层高分别为 7.5＋13＋17m，楼面荷载 10kg/m²，柱网为 12m×12m。按照装配式建筑"少规格、多组合"的设计原则，柱子截面统一为 700mm×700mm，使用定型钢模板，规格单一、重复使用率高。预制预应力现浇混凝土梁截面统一为：框架梁 400mm×1200mm、次梁 250mm×770mm，楼面采用预制 PK 预应力叠合板。因此预制构件品种规格单一，符合装配式生产制造要求。

预制预应力混凝土叠合梁采用工厂预制的先张法预应力技术，主筋采用高强度钢绞线，梁端部预埋短槽钢，作为梁端安装连接件，又可作混凝土叠合面抗剪件；梁端部采用"套管法"释放部分钢绞线的预应力，使预应力梁节省钢筋，并且能满足梁抗弯刚度大、高度小、不带裂缝工作、耐久性好的要求。梁与柱、梁与梁端连接节点采用现浇混凝土，梁与柱连接节点高强钢绞线和短槽钢深入柱中，槽钢的抗剪强度，承担了施工阶段荷载下梁端剪力，施工完成后叠合梁的梁端部正截面抗剪强度大于现浇梁。主梁与次梁的连接，次梁端部还加腋增大抗剪截面，其正截面抗剪强度也大于现浇梁端节点处的强度。因此，现浇节点比干式连接节点在结构整体及抗震性能上更有优势。

楼面采用 PK 预应力混凝土叠合板，叠合板的底板为 60mm 厚，间距 500 设置了一道高度为 105mm 的 T 型钢筋混凝土肋，提高了叠合板在施工安装的刚度，后浇混凝土形成倒 T 形，新老混凝土相互咬合形成整体叠合楼板。楼板采用 1570 级高强预应力钢丝，抗拉强度为三级钢的 4.2 倍。因此，PK 预应力混凝土叠合板抗裂性能较好，比非预应力的叠合板节省钢筋约 60%。山东万斯达研发的"新型装配整体式楼盖体系的关键技术及应用"获得国家科技进步二等奖，技术水平处于同行业领先地位。

　　该项目根据预制梁构件长度长、截面大、自重大、不便于运输等特点，利用项目的周边堆场作为张拉台座，在工地附近制造预制梁构件，节省大量运输费用，降低工程综合造价。PK 预应力叠合板利用可在工厂长线台上流水作业生产，完全实现了工厂化批量生产，生产效益高、速度快、质量可靠。该项目预制构件生产根据构件特点分别采用两种方式制造是值得借鉴和推广的。

（汪杰：南京长江都市建筑设计股份有限公司，董事长）

编写人

姓名：张波

单位名称：山东万斯达建筑科技股份有限公司

职务：董事长

第九章 技术体系之八：框架-剪力墙结构

【案例10】 海门市龙馨家园老年公寓项目

摘 要

龙信建设集团有限公司技术体系分两种，一是公建预制装配式技术：在100m以下公共建筑中采用装配整体式框架-现浇剪力墙结构体系，柱、梁、叠合板、楼梯、阳台预制装配，剪力墙现浇；二是住宅预制装配式技术：在100m以下住宅中采用的是装配整体式剪力墙结构体系，叠合板、楼梯、阳台预制，内外墙部分预制并采用套筒连接，暗柱部分采用预制外墙模（PCF），叠合层现浇；内隔墙采用预制成品拼装。

龙信老年公寓项目位于海门市新区龙馨家园小区，总建筑面积为21265.1m²，地上25层。本项目采用预制装配整体式框架-剪力墙结构，预制率为52%，总体装配率达到80%，全装修，项目整体取得了绿色二星证书。本工程是以现行设计规范和现有施工技术为基础，以合理控制成本、便于施工为原则，以绿色建筑、绿色建造为目标的预制装配整体式框架-剪力墙结构的创新工程。

项目技术创新之处主要表现在以下几个方面：

1) 在行业标准《预制预应力混凝土装配整体式框架结构技术规程》JGJ 224—2010的基础上，优化了梁柱连接节点，使节点的抗震性能更可靠；

2) 楼板采用非预应力叠合板，预制板端另增设小直径连接钢筋，在满足板底钢筋支座锚固要求的前提下，方便了叠合板的吊装就位；

3) 采用CSI住宅建筑体系。

1 典型工程案例简介

1.1 基本信息

1) 项目名称：海门市龙馨家园老年公寓项目；

2) 项目地点：位于海门市龙馨家园项目，毗邻南海路、嘉陵江路；

3) 开发单位：龙信集团江苏运杰置业有限公司；

4) 设计单位：南京长江都市建筑设计股份有限公司；

5) 深化设计单位：南京长江都市建筑设计股份有限公司；

6) 施工单位：江苏龙信建设有限公司；

7) 预制构件生产单位：龙信集团江苏建筑产业有限公司；

8）进展情况：已竣工验收投入使用。

1.2 项目概况

本工程主体结构体系是预制装配整体式框架-剪力墙结构。为一类居住建筑，设计使用年限为 50 年，抗震设防烈度为 6 度。总建筑面积为 21265.1m²，其中地上 25 层、面积 18605.6m²，地下 2 层、面积 2659.5m²，建筑高度 85.200m，预制率为 52%，总体装配率达到 80%，全装修，项目整体取得了绿色二星证书，建造时间为 2014 年，建设周期为 12 个月，见图 9.1、图 9.2。

图 9.1　鸟瞰图　　　　　　　　　　　图 9.2　外立面图

老年公寓项目获得以下成果：

1）十二五国家科技支撑计划课题示范工程；

2）江苏省首批建筑产业现代化示范项目；

3）国家 3A 住宅性能、广厦奖候选项目；

4）国内首批建筑高度达到 80m 以上的装配整体式混凝土建筑；

5）国内首批采用 CSI 体系建造技术的装配式建筑。老年人卫生间为整体式卫浴产品、厨房为整体式集成厨房；

6）国内首批绿色设计、绿色施工、绿色运营的装配式混凝土建筑。

1.3 工程承包模式

项目采用 EPC 工程总承包模式，由建设单位将施工图设计、材料设备采购和工程施工全部委托给龙信建设集团，龙信建设集团通过对设计、采购、施工的统一策划、统一组织、统一协调和全过程控制，实现了设计、采购、施工之间合理有序交叉搭界，通过局部服务整体、阶段服从全过程的指导思想优化设计、采购、施工，将采购纳入设计程序，对设计可实施性进行分析，提高了工程整体质量，有效控制了投资。

2 装配式建筑技术应用情况

2.1 建筑专业

2.1.1 标准化设计

龙信老年宾馆项目的建筑设计遵循装配式建筑"简洁、规整"的设计原则，平面布置简单、灵活，同时可根据实际功能使用要求进行平面布局调整。建筑平面柱网尺寸只有三种：8400mm×7100mm，8400mm×4900mm 及 8400mm×5400mm；由于柱网尺寸种类相对较少，柱梁截面种类减少，有利于建筑设计标准化，部品生产工厂化，现场施工装配化，土建装修一体化，过程管理信息化。十层以上原设计为单开间公寓房，后根据实际需求，大部分已调整为两开间公寓套房，经济效益明显，见图9.3。

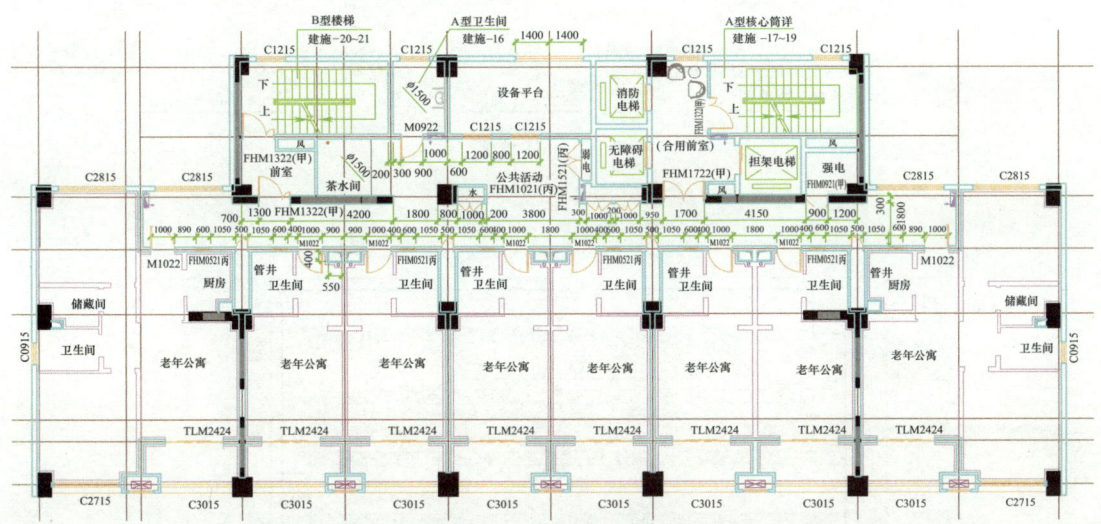

图 9.3 标准层平面布置图

立面在尊重原有建筑立面风格基础上，采用了清水混凝土，整个立面效果简洁、大方，充分体现了装配式建筑特点，别具一格，获得好评。

接缝构造处理到目前为止防水效果良好，用材也比较经济，取得良好经济效益，见图9.4。

2.1.2 主要预制构件及部品设计

主要预制构件有：预制柱、预制梁、叠合板、预制楼梯、预制阳台与空调隔板、预制外墙挂板等，各构件详情见图9.5～图9.9。

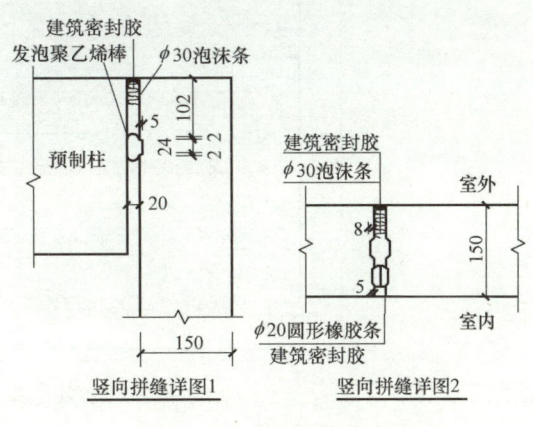

图 9.4 外挂墙板接缝大样

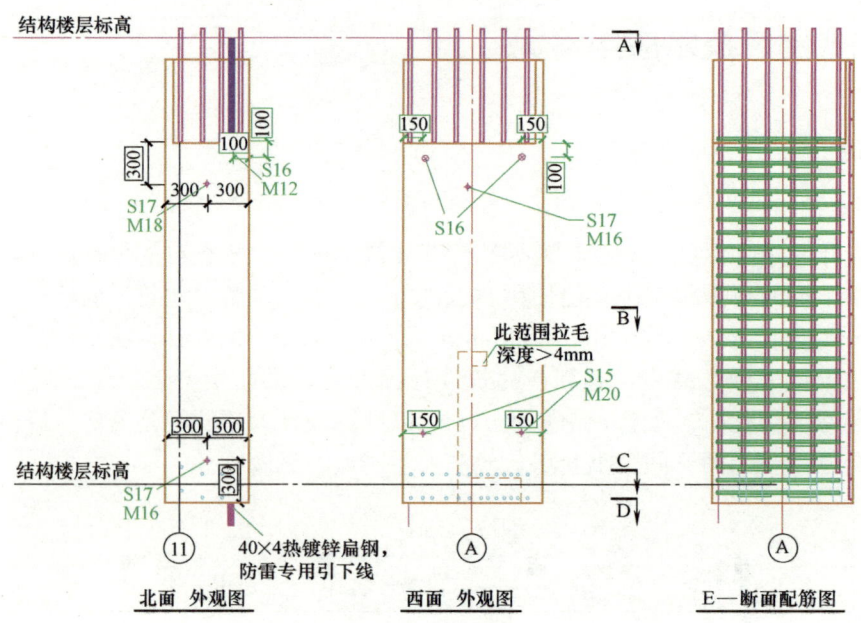

图 9.5　柱详图

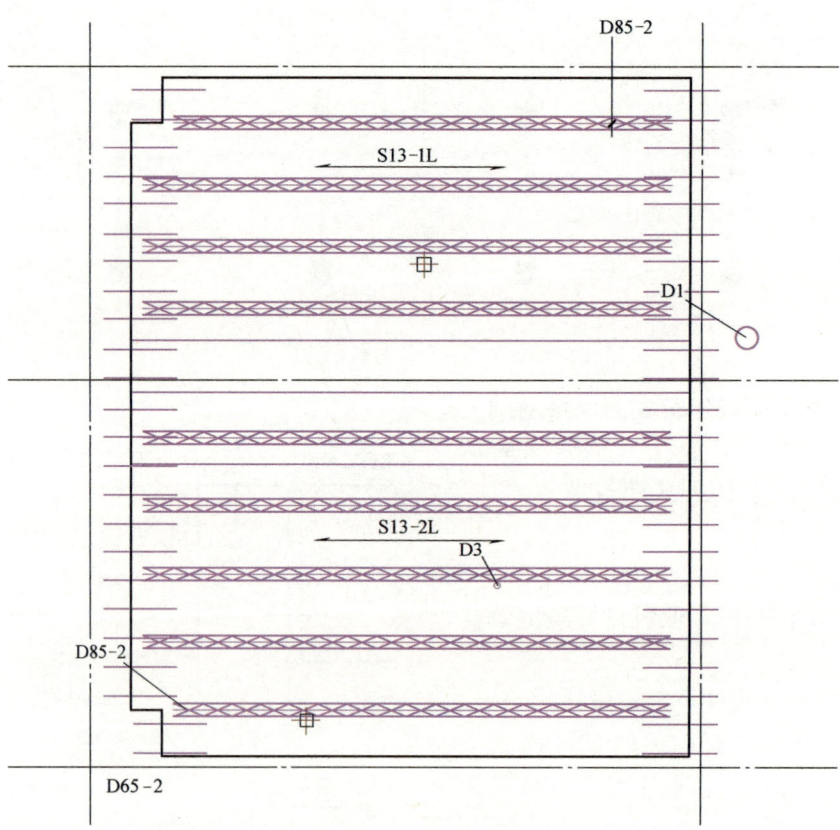

图 9.6　叠合板详图

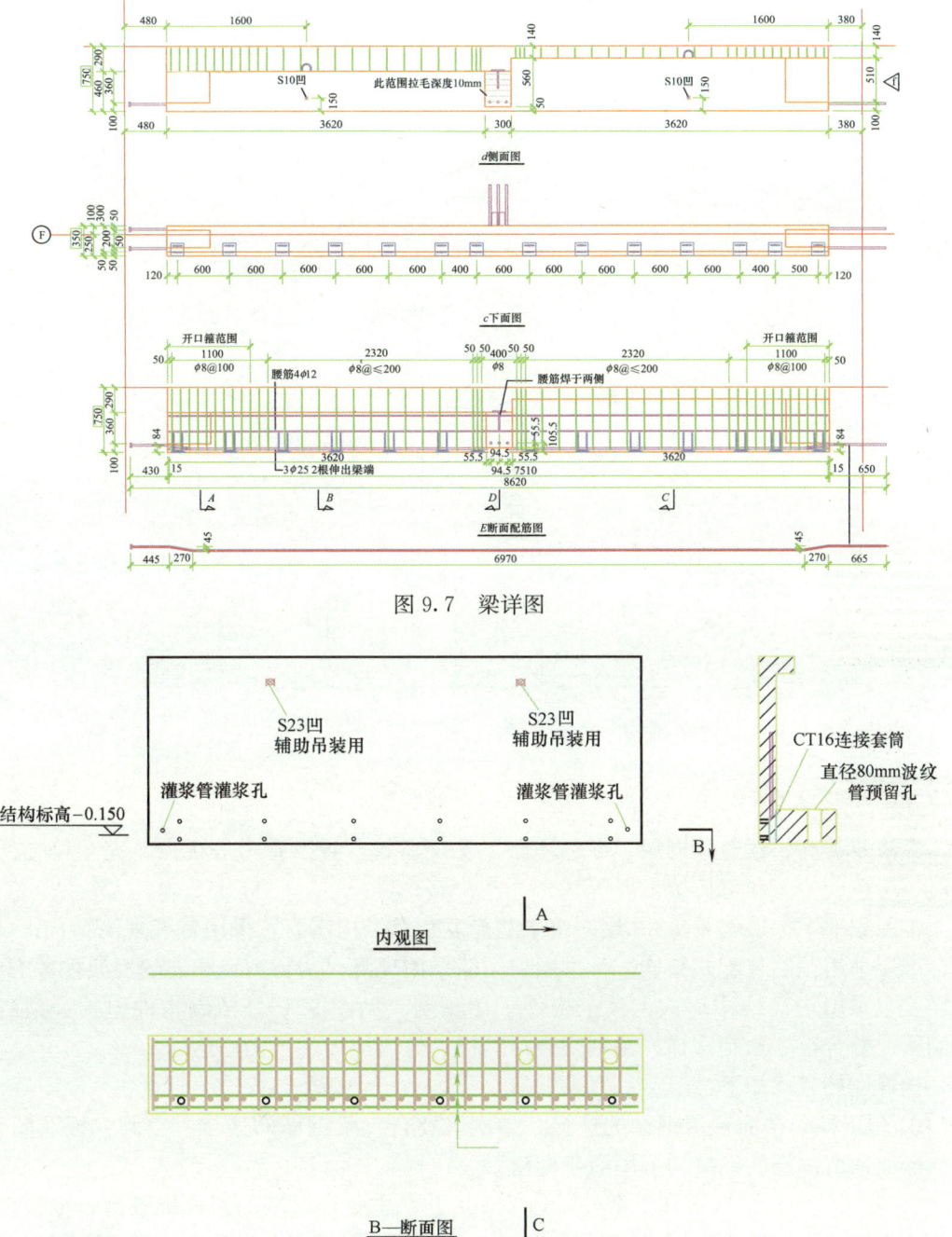

图 9.7 梁详图

图 9.8 阳台详图

2.2 结构专业

2.2.1 预制与现浇相结合的结构设计

主体结构设计：

龙信老年公寓项目为装配整体式框架-现浇剪力墙结构，结构技术体系具有能源消耗

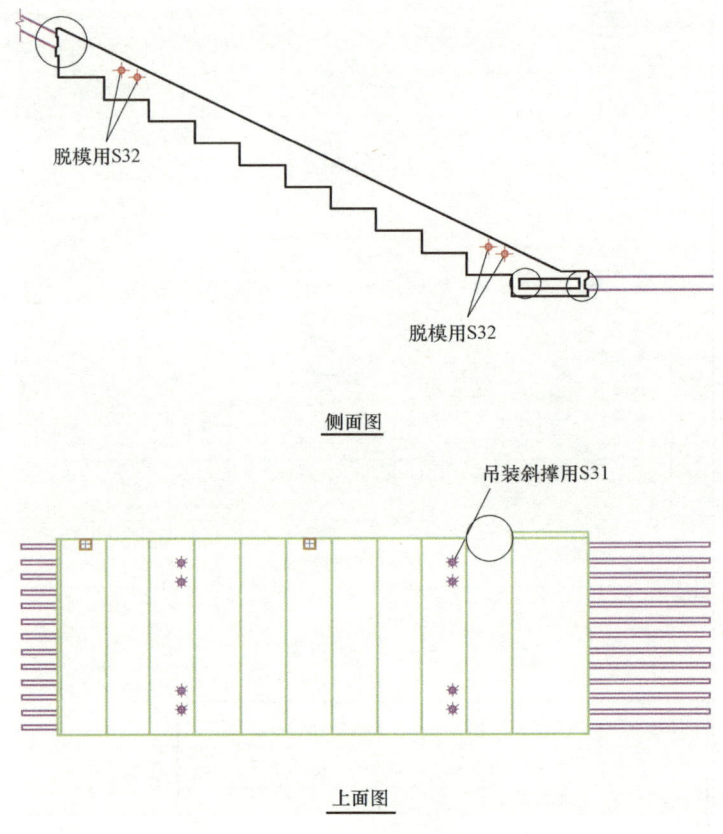

侧面图

吊装斜撑用S31

上面图

图 9.9　楼梯详图

少、经济效益高、建造工期短、绿色环保、安全高效、省人省力等优点，完全符合低碳、节能、绿色、生态和可持续发展等理念。

　　本工程地下二层以及 1~3 层，由于功能复杂及结构需要，采用传统现浇结构；4~24 层标准层采用预制装配式结构，标准层剪力墙采用现浇，与剪力墙相连的框架柱考虑到连接需要也采用现浇结构形式，其余构件采用预制。见图 9.10。预制构件包括：预制柱、预制梁、叠合板、预制楼梯、预制阳台与隔板、外墙挂板。预制率达 53.6%。

　　构件连接方式如下：

　　① 预制柱与楼面预留钢筋的连接、主次（叠合）梁钢筋的连接、空调立板及阳台栏板与楼面预留钢筋的连接均采用灌浆套筒；

　　② 主（叠合）梁搁置在框架柱子边 2cm，并在主叠合梁端部留设抗键槽，主（叠合）梁的主筋在柱头处连接采用梁底钢筋在柱内互锚加抗剪槽内附加 U 形钢筋的形式；

　　③ 主次（叠合）梁连接通常采用缺口梁方式，次梁端部采用缺口梁，截面抗剪、抗扭承载力均有所削弱，主（叠合）梁侧预留钢筋与次（叠合）梁现浇段钢筋采用灌浆直螺纹套筒连接；

　　④ 在构件安装完毕后，在叠合梁板上层钢筋绑扎，现浇叠合现浇层（C35），主次（叠合）梁节点位置、主（叠合）梁与柱子节点抗剪槽位置采用高标号 C60 膨胀混凝土浇筑，部分现浇剪力墙及框架柱采用 C35~C50 不等的混凝土浇筑，完成标准层的施工。

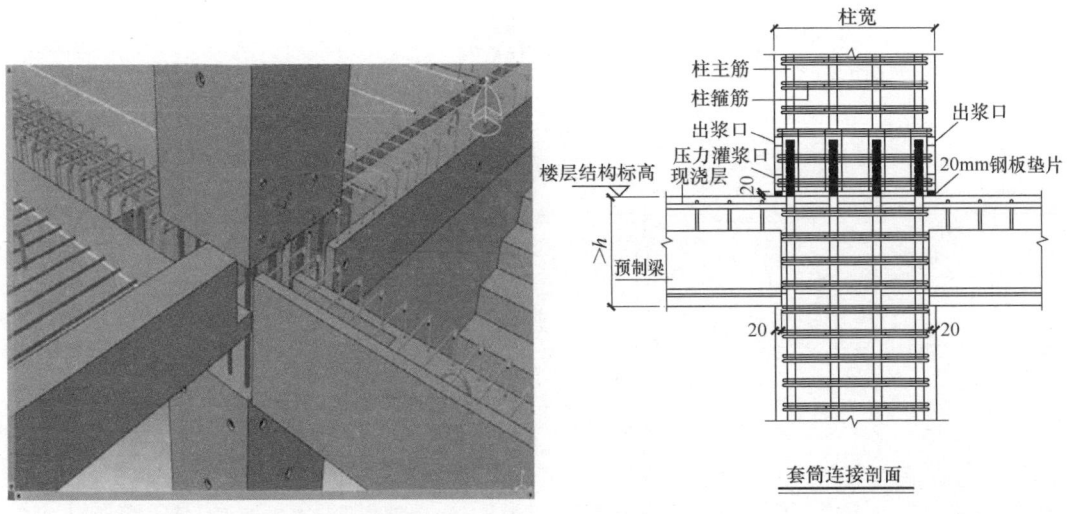

套筒连接剖面

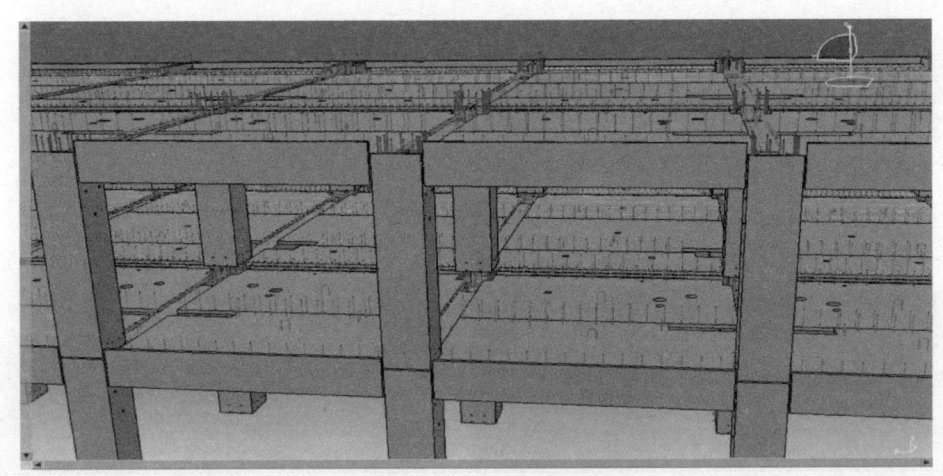

图 9.10　主体结构图

2.2.2　抗震设计

　　老年公寓抗震设防类别：标准设防类（丙类）。抗震设防烈度 6 度，设计基本地震加速度值为 0.05g，设计地震分组为第三组；建筑场地类别为Ⅲ类；特征周期 Tg＝0.63s，结构阻尼比 0.05；多遇地震水平地震系数最大值 0.04，罕遇地震水平地震系数最大值 0.28。抗震措施烈度 6 度，抗震构造措施烈度 6 度。结构计算采用 PKPM 软件、理正结构工具箱、CSI 系列（结构整体分析软件）。

　　老年公寓建筑平面、立面布置简洁、规则，结构质量中心与刚度中心相一致，剪力墙对称布置，控制结构竖向刚度的均匀性，见图 9.11。

　　设计过程中严格控制柱的轴压比，柱子采用对称配筋，适当增加柱纵向配筋率，提高柱子延性；同时加强节点构造措施，达到"强柱弱梁"、"强剪弱弯"和"强节点弱构件"。

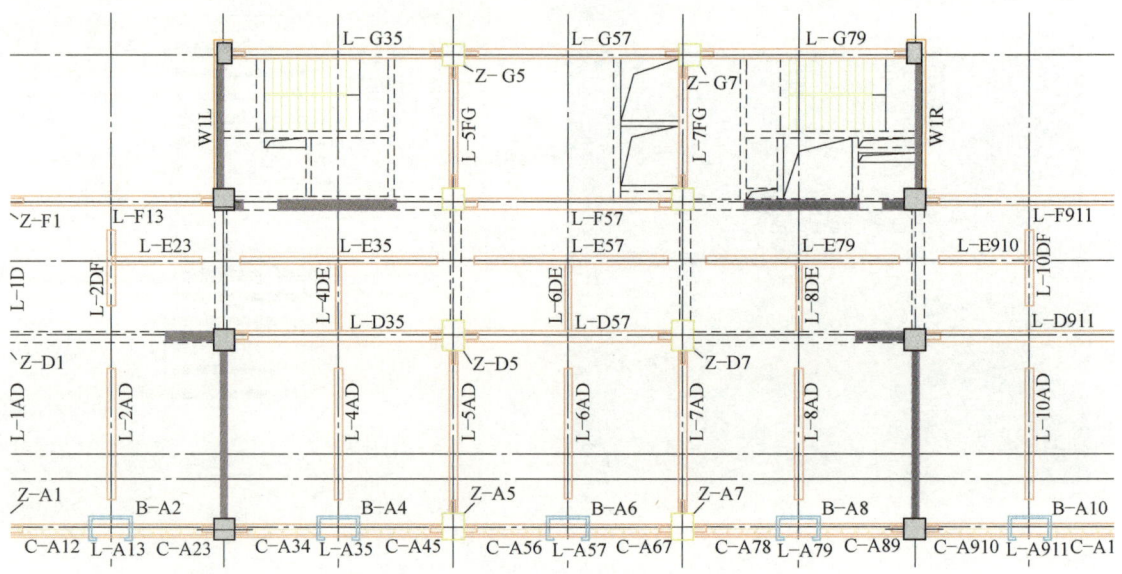

图 9.11　标准层结构平面布置图

2.2.3　节点设计

装配整体式框架结构梁柱节点采用湿式连接，即节点区主筋及构造加强筋全部连接，节点区采用后浇混凝土及灌浆材料将预制构件连为整体，才能实现与现浇节点性能的等同。预制构件柱采用高标号混凝土，强度及刚度大一些，而梁可采用低标号混凝土，强度及刚度适当弱一些，符合"强柱弱梁"的抗震设计要求。竖向构件预制柱之间采用套筒灌浆连接，框架梁接头与框架梁柱节点处水平钢筋宜采用机械连接或焊接。套筒灌浆连接具有连接简单，不影响钢筋，适用范围广，误差小，效率高，构件制作容易，现场施工方便等优点。采用套筒灌浆连接，能提高构件节点处的刚度，具有足够的抗震性能。

（1）梁、柱连接节点

梁、柱连接节点见图 9.12～图 9.15。

（2）叠合板接缝节点

预制钢筋混凝土叠合板底部接缝用填充材料填平，填充材料用掺纤维丝的混合砂浆，纤维丝的掺量为 5%、混合砂浆强度为 M5。下表面贴一层 20cm 宽的纤维网格布柔性材料（网格布选用：网眼尺寸 5mm×5mm，重量 120g/m）。填充前，接缝内应清理干净，见图 9.16。

（3）阳台板节点

阳台板节点见图 9.17。

2.3　水暖电专业

装配式混凝土预制构件中机电安装预埋是体现建筑工业化的一个重要组成部分，也是区别于传统安装方式的关键所在。

图 9.12　柱纵向钢筋的连接节点

图 9.13　预制梁与楼层中柱连接节点 　　　　　图 9.14　预制梁与楼层角柱连接节点

图 9.15 大跨次梁的连接-套筒连接现浇方式

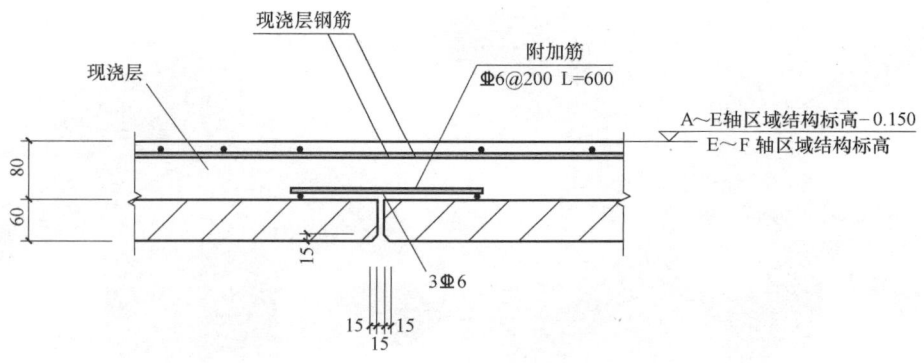

图 9.16 叠合板接缝图

装配式建筑工程中，如何实现土建、安装、装修一体化；如何使机电安装的预留预埋提高使用率；如何降低机电安装在构件加工、安装的难度和提高预制构件中安装预埋的质量；如何保证机电安装各专业管路在预制构件中的准确性；如何缩短机电安装工程在预制构件装配式工程预埋的时间，使整体工程项目的工期缩短；如何满足工程质量及规范要求等问题，是工程建造过程中需重点解决的问题。

（1）提高机电安装在混凝土预制构件中的预留预埋的准确率

要使机电专业与装配式结构有效的结合，前提条件必须要所有设计前置，不能进行"三边"工程，而且后面的装修设计也必须要前置，有效的结合结构、机电、装修三方面进行综合考虑。以卧室布局设计为例，传统的建筑只考虑机电点位布局的存在，而后等精装修的图纸下来后，再对机电原预埋图和精装修的必要点位进行移位或增加。而装配式结构必须提前考虑到精装修的床宽、床头柜的高度、床对面电视机布置的位置等进行各方位

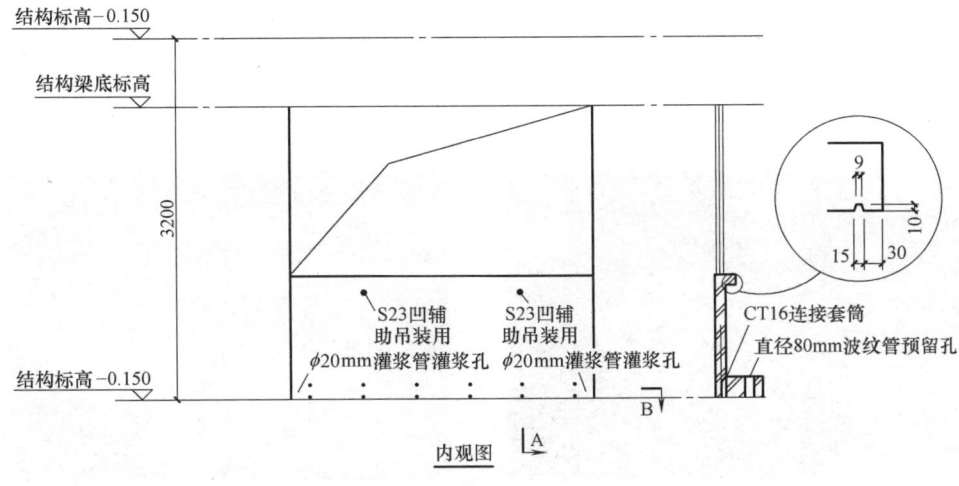

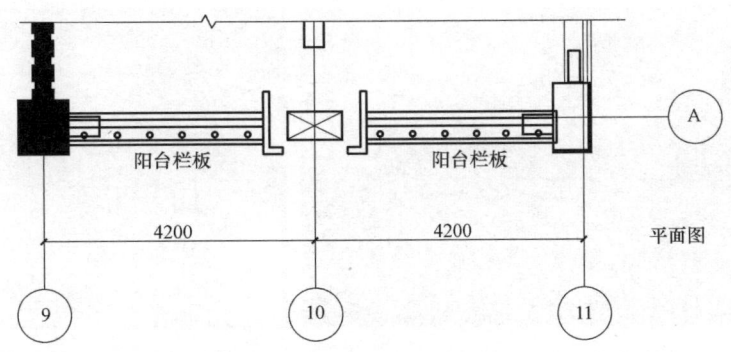

图 9.17　阳台板节点图

的定位，在预制构件上进行实体性的预埋。

主体装配结构的协调技术中借助了 BIM 技术，先用软件将土建的模型基本构架建立起来，再进行装修布局的建模，而后再考虑机电专业的原始蓝图及装修后需要优化的管路进行建模，达到零碰撞，而后进行构件设计。这样的本意是让项目在模型中进行预安装，再结合各专业人员进行会审，使其在工程出现的各种问题都有效地在模型中得以解决。

（2）降低装配式结构机电预埋的安装难度

传统式的各种预埋都需由现场监理做隐蔽验收，然而如何在装配式结构中提高机电专业的施工质量是一个极其关键的问题，可以请现场监理去工厂对预制构件中的预留预埋管线进行验收核实，也可以组织人员进行系统的预制构件机电研究，如组织 QC 小组、集团技术质量组等对装配机电安装进行研究，同时编制关于装配式结构的工法，确保机电安装在预制构件中的质量。简化预留套管在预制梁中的操作过程，传统的预留套管要进行焊接固定等，而在预制梁中采用了"装配式混凝土构件内机电管线预埋施工工法"，确保了其预留套管不要焊接也能固定，简化了施工工艺，同时也确保了质量。

（3）缩短装配式结构预埋预留的工艺时间

通过提高装配式预制梁内套管预留质量，可有效降低机电安装时间。采用集成卫浴、集成厨房，也可以有效降低装配工期。在预制板内，针对机电各类线盒的预埋，运用了红外线定位仪，把现有各类机电模型导入其装置，不需要人工一个个的定位，只要符合模型进行红外扫射定位，定位好后进行人工复核就可，大大降低了工厂人工的需求，见图 9.18。

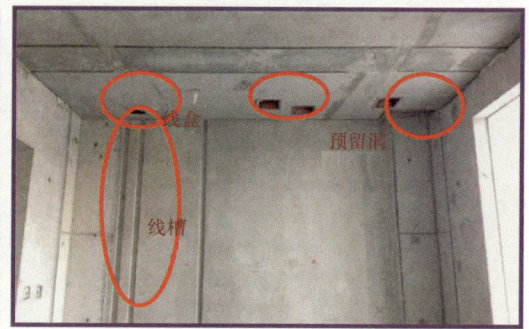

图 9.18　机电预留预埋

预制构件生产过程中，由安装专业技术、施工人员配合，将线盒、管线等进行精确定位并预埋，与构件一次性浇筑成型。

2.4　全装修技术应用

2.4.1　装配式装修设计思路

装配式装修成品交付，在前期建筑设计阶段就需要考虑相关装修设计内容，同时需要有后期的采购、施工相关环节的统一支持，是一个全产业链的协同工作。

龙馨家园老年公寓项目是装配整体式框架—剪力墙结构体系全装修成品交付项目，在前期与业主沟通确认装修标准定位及技术体系后，需同采购管理部沟通装修部品件的选择，并结合成本部确定装修造价控制范围内的装修方案设计，见图 9.19。

将业主确认的装修方案，提供给建筑设计单位，建筑设计单位结合装修方案是否可行反馈给装修设计单位，装修设计单位结合建筑反馈意见进行装修方案深化，装修部品件封样向业主方汇报装修设计最终方案，现场实施样板房确认装修效果，最终根据样板房批量装修施工。

龙馨家园老年公寓项目主要从以下几个方面进行全装修设计：

（1）确定装配式装修技术体系

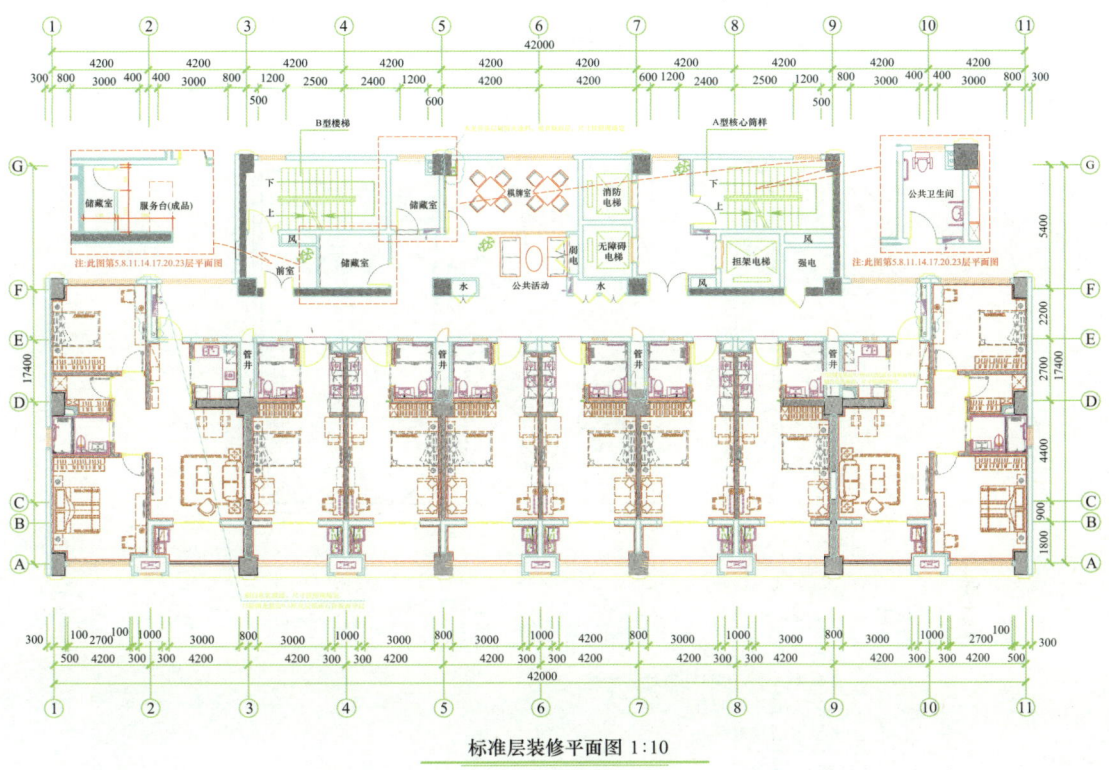

标准层装修平面图 1:10

图 9.19　标准层平面空间布置图

老年公寓项目主要客户群体为老年人，在设计时充分考虑老年人生活习惯及需求，满足无障碍使用需求，工厂化装修实施。

1）整体橱柜定制包括油烟机、灶具、洗菜池；

2）整体卫浴定制包括洁具及无障碍设施；

3）地板和门等部品的统一配置和装配化施工；

4）固定、活动家具工厂化定制；

5）预制构件图做好水电点位预留预埋的设计。

（2）装修材料部品件前置，标准部品与室内空间尺寸统一

所有装修材料部品件同采购部提前协调提供样品，在达到设计效果同时满足成本控制要求，部品件根据老年公寓室内房型空间尺寸合理定制。

（3）室内设计与建筑设计紧密互动一步到位

确认室内装修方案后与建筑设计单位及时沟通，一步到位避免二次改动，室内装修实施前，样板先行，根据样板房设计效果局部调整完善达到最终批量实施要求。

2.4.2　装饰装修部品件、重点装饰部位设计

在老年公寓项目装配式装修设计中，室内部品件及重点部位技术主要有以下几个方面：

（1）卫生间整体成品定制系统

卫生间整体成品见图 9.20～图 9.24。

A-L型号平面布置图

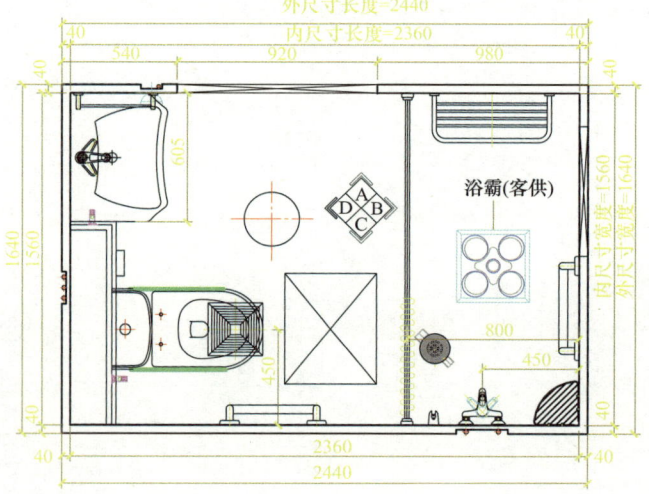

说明：

1.本图为A-L型号。
2.A-R型号与A-L型号为对称关系。
3.A-L型号为68套。
4.A-R型号为68套。

备注：●A型号共136套

● 墙体为40mm厚墙板，芯材为铝蜂窝

● 底盘为玻璃钢底盘

图 9.20 整体卫浴平面布置图

图 9.21 整体卫浴立面

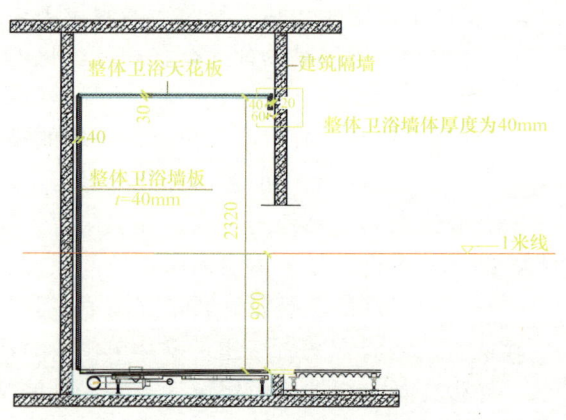

图 9.22 整体卫浴详图

（2）厨房整体收纳橱柜

（3）架空隔音地板系统

架空隔音地板系统见图 9.25。

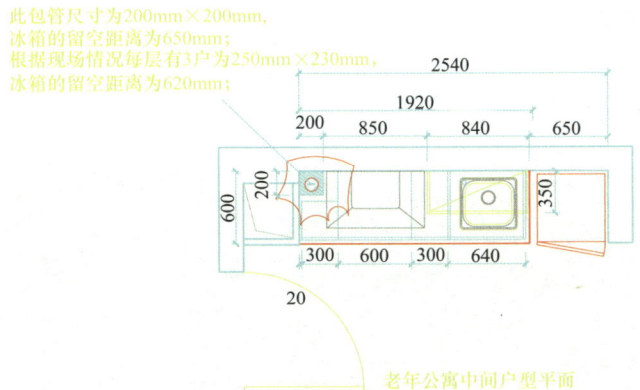

图 9.23　定制橱柜平面布置图

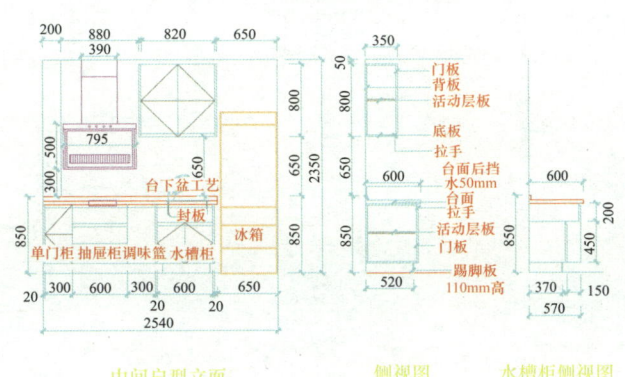

图 9.24　定制橱柜立面图

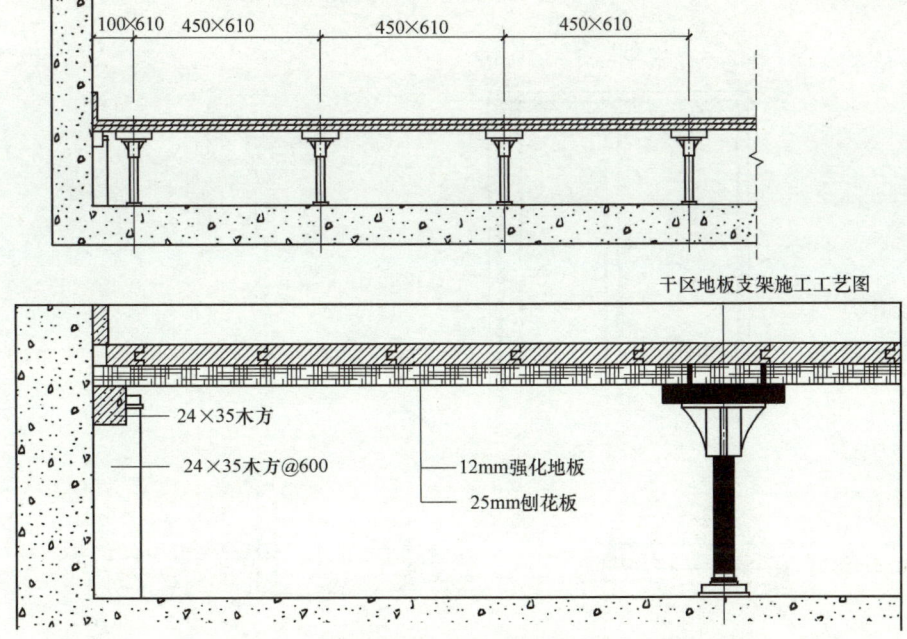

图 9.25　地板支架节点

（4）部品件模数化系统

部品件模数化见图 9.26～图 9.28。

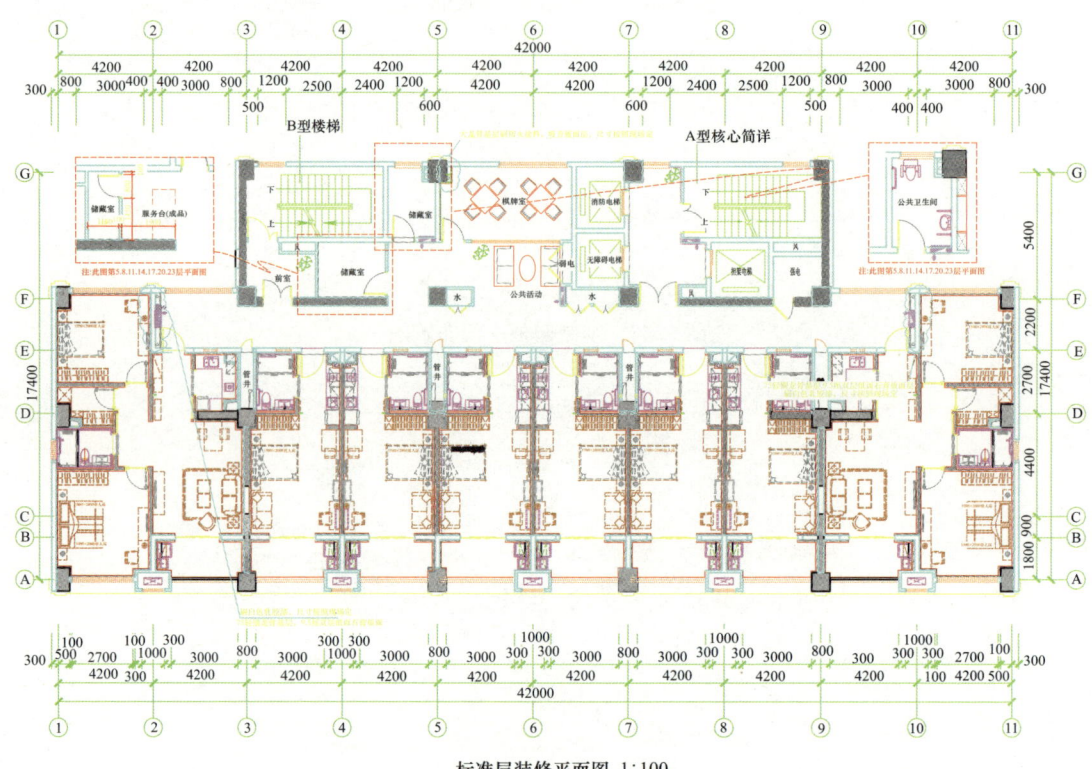

标准层装修平面图 1:100

图 9.26　部品定制根据室内尺寸规格模数化加工

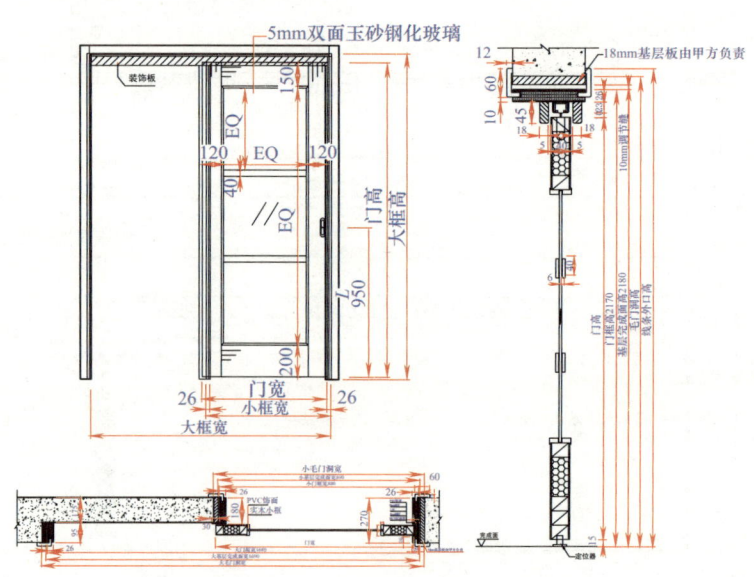

图 9.27　室内厨房移门模数化定制

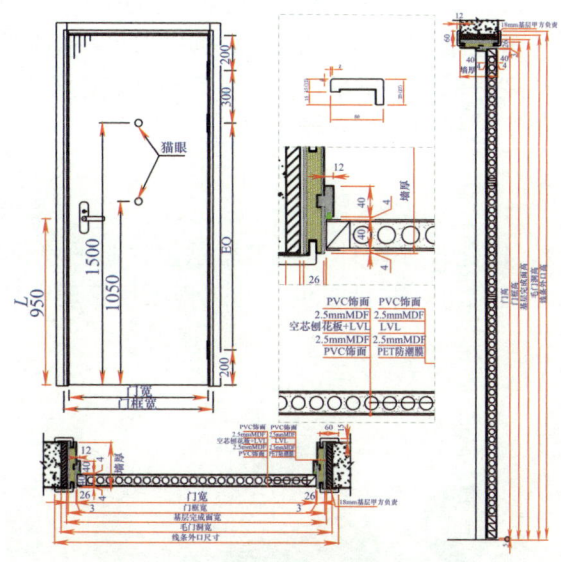

图 9.28 室内进户门模数化定制

（5）室内各部位收口节点做法

室内各部位收口节点做法见图 9.29～图 9.31。

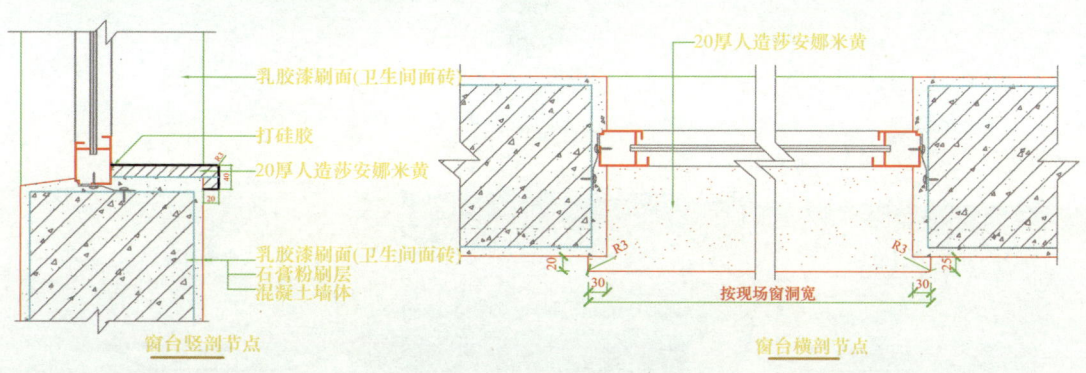

图 9.29 窗台板节点详图

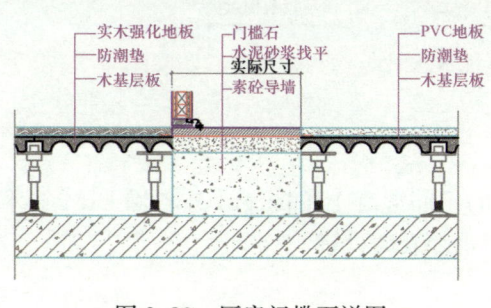

图 9.30 厨房门槛石详图

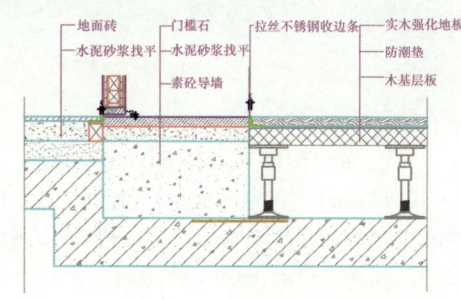

图 9.31 进户门槛石做法

2.4.3 总结

装配式全装修一体化设计把住宅装修设计与建筑设计同步实施，贯穿于整个建筑设计中，有利于实现住宅的生产、供给、销售和服务一体化的生产组织模式，节约设计成本，施工点位精确，减少了土建与装修、装修与部品之间的冲突和质量通病，设备配套精细化，提升了居住环境舒适度，保证了质量，节约了建造和装修成本，杜绝了二次浪费，节能环保，缩短工期，取得了较好的经济和社会效益。

2.5 信息化技术应用

通过建立 BIM 平台，使建设、设计、施工总承包、监理单位以及专业分包等都在BIM 平台上进行技术和管理共享，并且提供了与工程项目管理密切相关的基础数据支撑和技术支撑，见图 9.32。

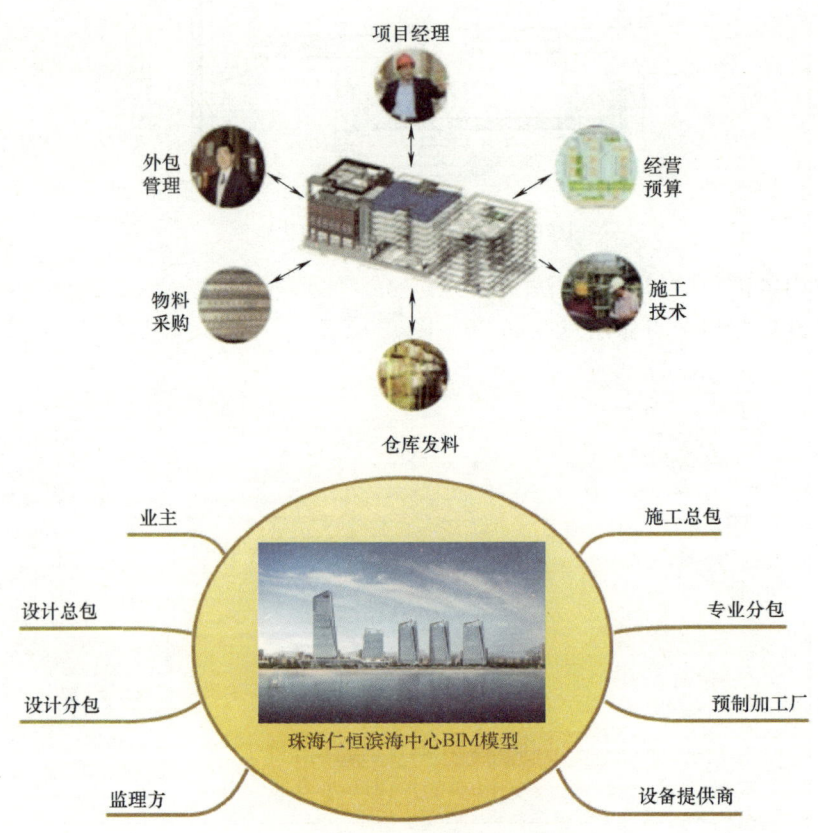

图 9.32 信息化系统示意图

（1）设计阶段

1）传统结构图设计阶段

本项目 4 层结构平面（三层顶）以下，传统的钢筋混凝土结构设计是利用 BIM 技术，第一时间创建了各个专业 BIM 模型，及时发现问题，及时处理。

2）标准层 PC 构件设计阶段

在 PC 构件设计过程中，采用三维 BIM 设计软件系统，每个节点、构件都提前模拟出来，进行智能碰撞检查，精确定位 PC 构件上每一个预留洞位置，虚拟综合排布机电管线，完成使用空间净空检查，确保了从设计源头消除因各个专业设计不协同引起的图纸问题，避免了施工过程中的不必要返工，节省了工期，保证了施工质量。

① 节点设计深化：利用 BIM 设计软件，深化完成各个节点的设计，把图纸问题消灭在设计阶段，见图 9.33。

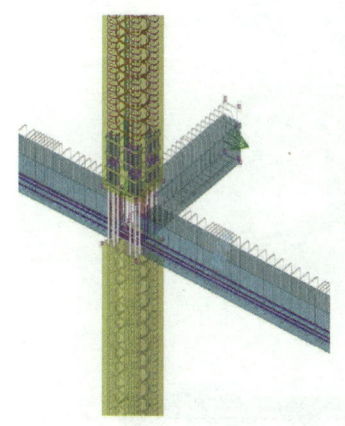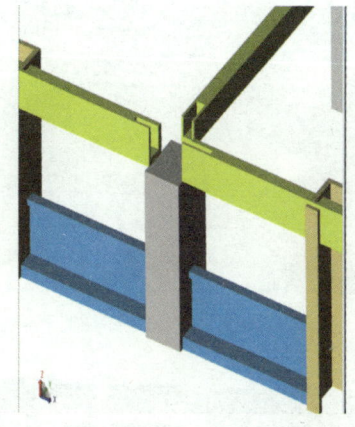

图 9.33　节点 BIM 深化设计

② 基于 PC 构件的机电管线综合：利用 BIM 软件，完成机电与 PC 构件的碰撞检查，结合碰撞点，深化完成机电各专业的管线综合排布，出具详细的基于 BIM 模型的施工图纸，见图 9.34。

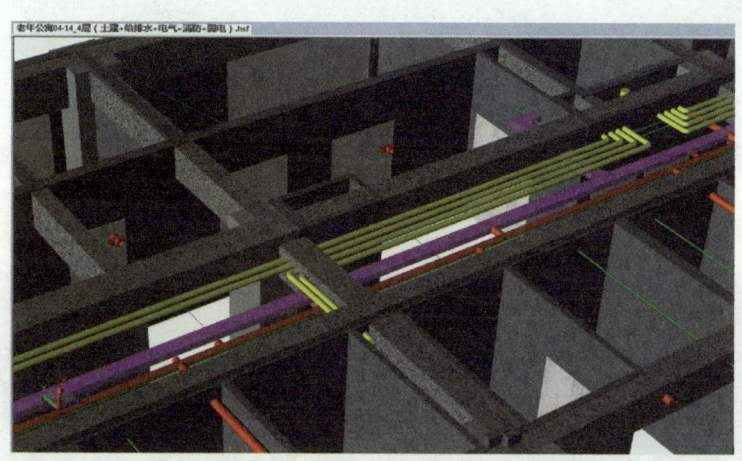

图 9.34　BIM 软件 PC 构件碰撞检查

③ PC 构件预留洞定位：结合做好的机电管线综合模型，可以准确定位 PC 构件上的各种预留洞口，防止 PC 构件的返厂，见图 9.35。

④ 空间净空检查：结构、机电深化设计完成后，应用 BIM 系统，测算使用空间是否满足要求，对智能定位不满足要求的部分，便于及时调整设计。

（2）施工准备阶段

1）综合场地布置模拟：施工前，利用 BIM 软件，模拟整个施工现场，将传统的二维综合场地布置通过三维可视化的模型，展现给所有施工技术人员，见图 9.36。

2）基坑阶段支撑体系模拟：模拟支撑围护体系，做技术方案的交底，由二维到三维，可视化效果好，技术交底更加深入，见图 9.37。

图 9.35　BIM 软件预留洞口定位

图 9.36　综合场地布置模拟

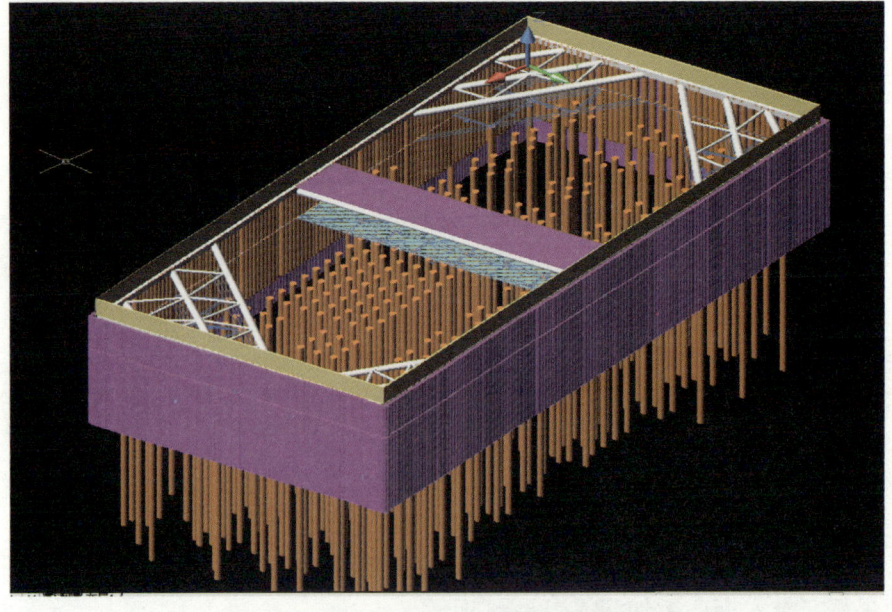

图 9.37　基坑阶段支撑体系模拟

（3）现场施工阶段

1）施工交底

通过 BIM 模型对施工人员进行交底，可以在建筑物内部漫游，现场安装人员可以提前进入到"施工"完毕后的建筑内部，身临其境查看相关管线、结构排布走向，见图9.38。生动形象的使其明白哪些要修改，将要在哪个部位进行加强，使现场栋号施工人员对所做工程的结构、布局有直观印象。

图 9.38　建筑物内部漫游图

2）质量安全多方协同管理

通过移动客户端，现场问题即时拍照与模型关联，让管理者对问题的位置及详情准确掌控，在办公室即可及时掌握质量安全风险因素，可以及时统计分析，在开项目例会时分析解决，见图9.39。

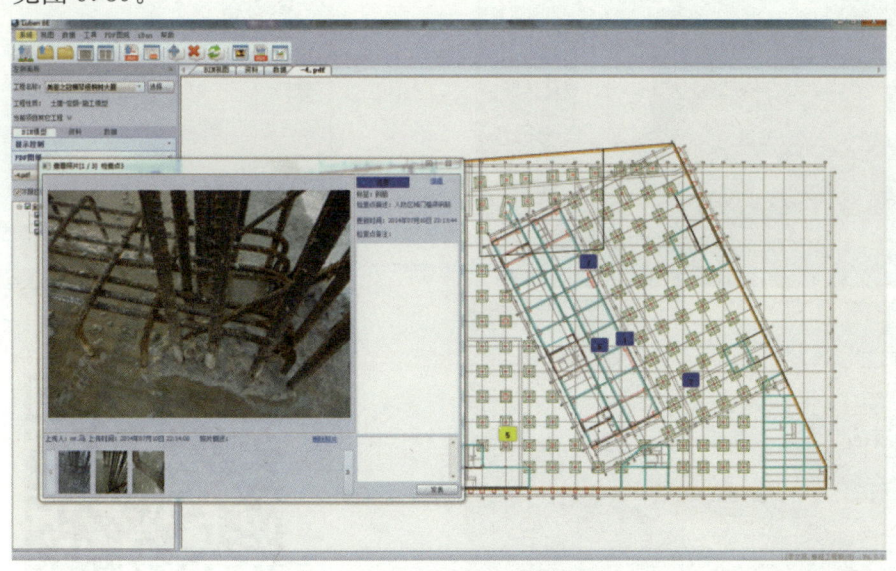

图 9.39　移动客户端界面图

3）PC 构件施工进度模拟

通过 BIM 模型，模拟 PC 构件所处状态，让业主方、监理方、施工管理人员每时每刻了解施工进度，见图 9.40。

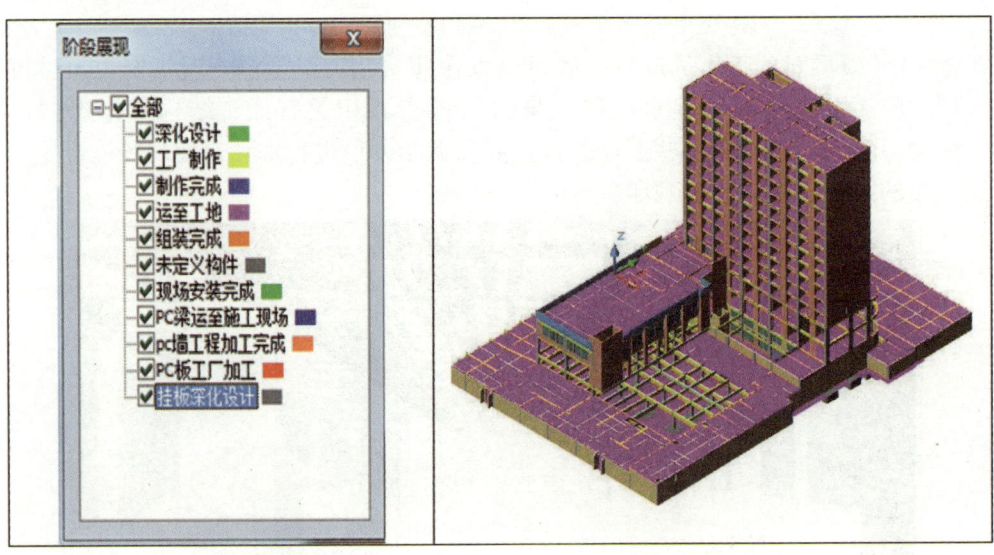

图 9.40　PC 构件施工进度模拟

4）PC 构件二维码管理

通过 BIM 模型，模拟 PC 构件所处状态，让业主方、监理方、施工管理人员每时每刻了解构件安装进度。

① 结合 PC 梁的构件图，预留孔、洞；

② 现场梁上孔洞，可通过现场二维码注明其作用，见图 9.41。

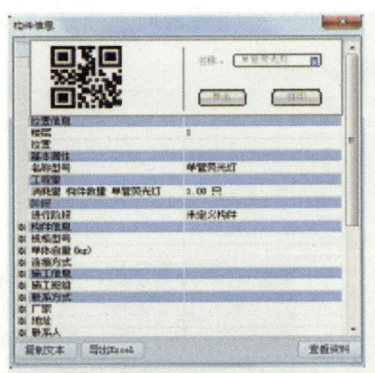

图 9.41　PC 构件二维码管理

5）现场监控管理

在 BIM 三维模型里面设置视频监控点，点击这个视频监控点，电脑画面就会切入施工现场的监控画面，非常人性化，全面提升了业主方和施工管理单位的管理效率，见图 9.42。

图 9.42　现场监控管理

（4）运维管理阶段

1）运维资料关联

可以将施工过程中产生的与物业运维有关的资料，与 BIM 模型关联，用于日后物业管理，见图 9.43。

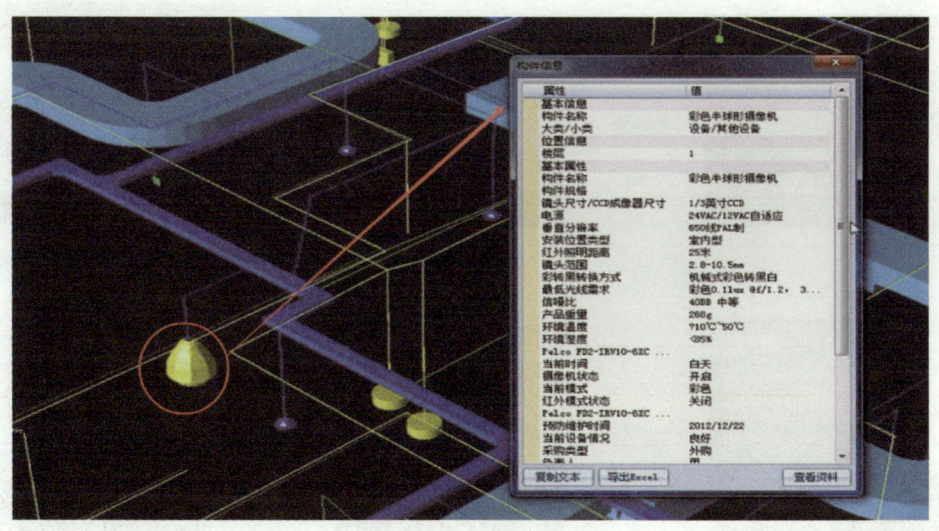

图 9.43　运维资料关联

2）上游设备、隐蔽设备查找

利用 BIM 模型之间的数据流关系，可以快速准确地查找到某个或某些上游设备，也可以通过互联网快速获取隐蔽在管道井、吊顶等位置中的构件设备，见图 9.44。

图 9.44 上游设备、隐蔽设备查找

3 构件生产、安装施工技术应用情况

3.1 构件生产阶段工艺

（1）定型化钢模板加工构件

预制构件生产采用定型化模具，采用钢模，有利于保证构件表面光滑平整，且可周转使用的次数远远高于木模板，使用价值更高，见图 9.45。

| 模具清理 | 涂刷脱模剂 | 孔洞预留 |
| 钢筋绑扎 | 水电管线预埋 | 混凝土浇筑、养护 |

图 9.45 叠合板生产流程

（2）外墙保温一体化施工技术

1）绑扎外墙外叶钢筋；

2）将保温板通过固定件固定于台模上；

3）绑扎墙体钢筋；

4）浇筑混凝土，保温板与构件一次成型，见图 9.46。

外叶钢筋绑扎　　　　　　　　　　　　　　保温板埋设固定

PC外墙板

图 9.46　外墙保温一体化施工

（3）门窗洞口一次成型

为更好地解决铝合金窗框的渗漏问题，结合公司多年的实践经验，对窗框做法进行改进升级：PC 构件生产加工时，预留门窗施工洞口，并预埋固定件凹槽，见图 9.47。

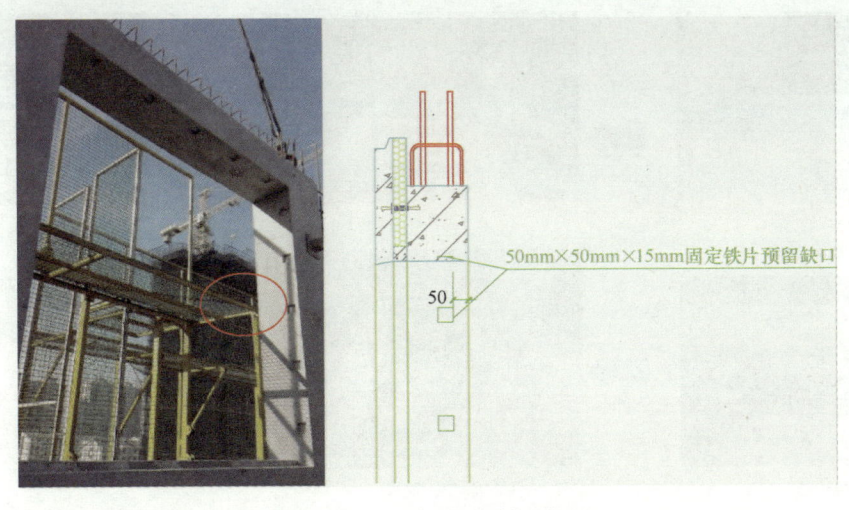

50mm×50mm×15mm固定铁片预留缺口

50

图 9.47　门窗洞口预留预埋

3.2　构件施工安装工法及特点

3.2.1　吊装施工流程

（1）外挂架提升施工工艺流程

外挂架提升施工工艺流程见图 9.48。

拆除连接杆件　　　　　吊点安装　　　　　卸除挂钩螺栓

架体平衡起吊　　　　架体挂住挂钩螺拴　　　紧固挂钩栓螺母

图 9.48　外挂架提升施工工艺流程图

（2）楼梯吊装施工流程

楼梯吊装施工流程见图 9.49。

吊点安装　　　　　起吊调平　　　　　塔吊吊运

钢垫片垫标高　　　　稳住楼梯降落　　　　调节手动葫芦

对准预留钢筋　　　　就位、摘钩

图 9.49　楼梯吊装施工流程图

（3）PC 墙板吊装施工流程

PC 楼板吊装施工流程见图 9.50。

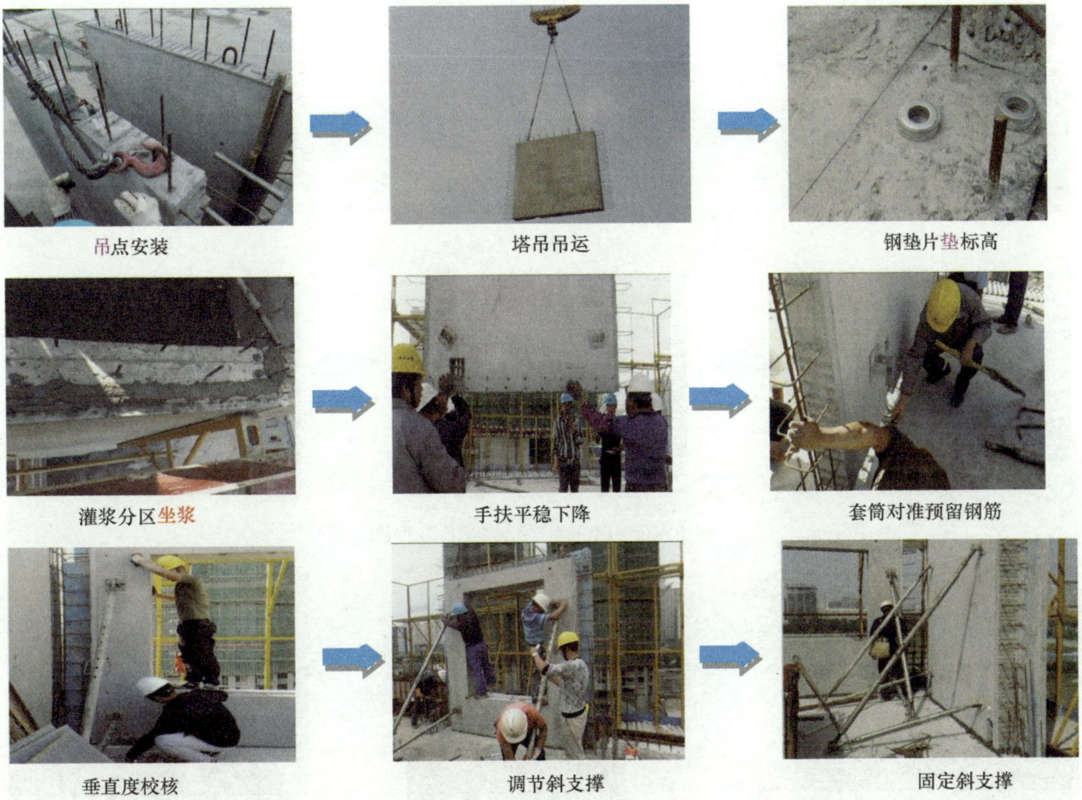

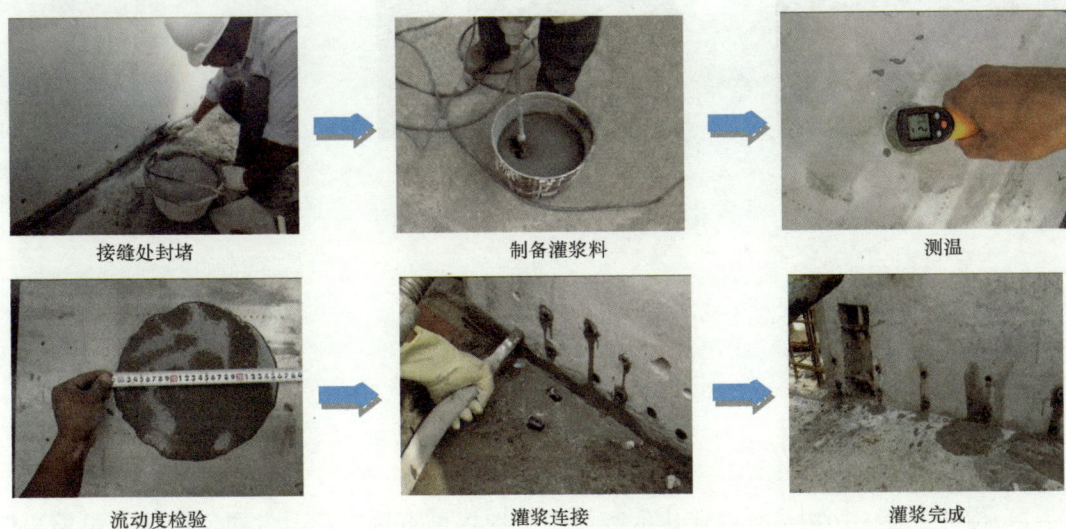

吊点安装　　　　　　　　塔吊吊运　　　　　　　钢垫片垫标高

灌浆分区坐浆　　　　　　手扶平稳下降　　　　　套筒对准预留钢筋

垂直度校核　　　　　　　调节斜支撑　　　　　　固定斜支撑

图 9.50　PC 墙板吊装施工流程图

（4）灌浆连接施工流程

灌浆连接施工流程见图 9.51。

接缝处封堵　　　　　　　制备灌浆料　　　　　　　测温

流动度检验　　　　　　　灌浆连接　　　　　　　灌浆完成

图 9.51　灌浆连接施工流程图

（5）PCF 板吊装施工流程

PCF 板吊装施工流程见图 9.52。

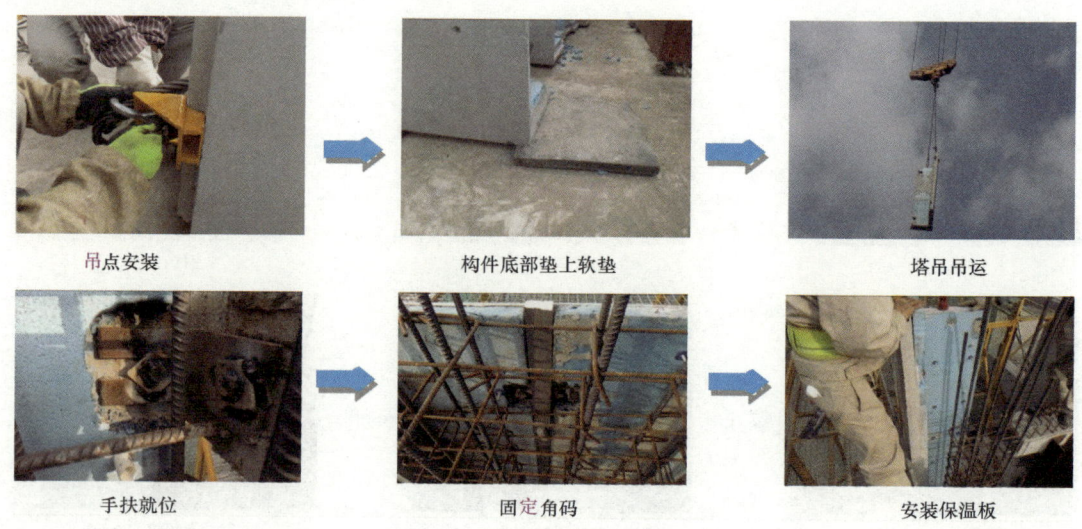

图 9.52　PCF 板吊装施工流程图

（6）PC 梁吊装施工流程

PC 梁吊装施工流程见图 9.53。

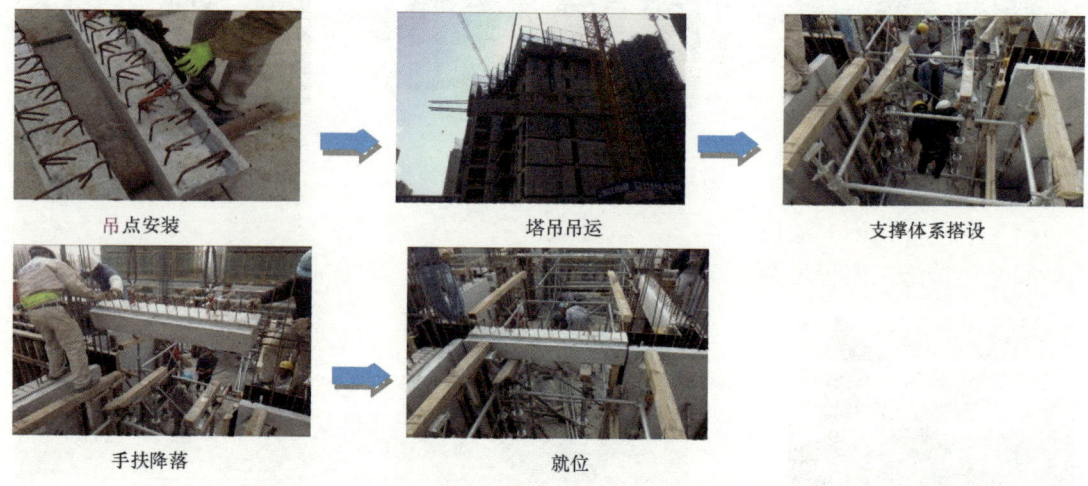

图 9.53　PC 梁吊装施工流程图

（7）叠合板吊装施工流程

叠合板吊装施工流程见图 9.54。

（8）阳台、空调板吊装施工流程

阳台、空调板吊装施工流程见图 9.55。

3.2.2　施工特点

（1）优越性

1）构件可在工厂内进行产业化生产，施工现场可直接安装，方便又快捷，可缩短施工工期；

图 9.54　叠合板吊装施工流程图

图 9.55　阳台、空调板吊装施工流程图

2）构件在工厂采用机械化生产，产品质量更易得到有效控制；

3）周转料具投入量减少，料具租赁费用降低；

4）减少施工现场湿作业量，有利于环保；

5）因施工现场作业量减少，可在一定程度上降低材料浪费；

6）构件机械化程度高，可大大减少现场施工人员配备。

（2）局限性

1）因目前国内相关设计、验收规范等滞后于施工技术的发展，装配式建筑在建筑物总高度及层高上均有较大的限制；

2）建筑物内预埋件、螺栓等使用量有较大增加；

3）构件因模具限制及运输（水平垂直）限制，构件尺寸不能过大；

4）对现场垂直运输机械要求较高，需使用较大型的吊装机械；

5）构件采用工厂预制，预制厂距离施工现场不能过远。

4 效益分析

4.1 成本分析

以老年公寓为例：总工期 12 个月，总投资 1.6 个亿，1.86 万 m²，节约财务成本 960 万，施工成本每平方米增加 400 元，加上前期研发费用，总成本增加 1000 万，资金成本和传统建造方式基本持平。

4.2 用工分析

以老年公寓为例：传统结构施工人员约为 32 人，施工阶段的装配式混凝土结构施工人员约为 20 人，PC 结构施工人员需求数量较传统结构减少 35%。

4.3 用时分析

以老年公寓为例：传统结构工期 720 天，装配式混凝土结构工期 360 天，装配式混凝土结构较传统结构工期缩短一半。

4.4 四节一环保分析

老年公寓四节一环保对比分析见表 9.1。

老年公寓四节一环保对比分析表   表 9.1

项目	装配式混凝土结构	传统结构	优　点
节能	可降低能耗 70%	30%	降低综合能耗
节地	可节约用地 70%	40%	提高土地利用率
节水	2.3 万 m³	3.4 万 m³	节约建造用水量 30%
节材	钢材 2941 吨	3000 吨	节约钢材 59 吨
	钢管 468 吨	1582 吨	节省 1114 吨
	木材 320m³	990m³	节省 670m³
环境保护	减少施工扬尘、混凝土垃圾、温室气体排放量，降低建筑施工噪声,增加建筑垃圾回收利用率		

【专家点评】

海门龙馨家园老年公寓项目地上 25 层，1～3 层为老年公寓的辅助用房（老年活动、健身、医疗用房及餐厅），4～25 层为老年公寓，结构总高度为 82.6m，为装配整体式框架-现浇剪力墙结构体系。从第 4 层（标准层）起采用装配式技术。该工程的预制率为 52%，装配率为 80% 以上。土建与装修一体化，老年公寓采用 SI 装修建造技术和装配式部品构件，实现全装修。该项目列为 2015 年江苏省建筑产业现代化示范项目和 2015 年住建部科技示范项目。目前该项目已竣工投入使用，在全国装配式建筑领域起到良好示范作用。

该工程特点：

（1）标准化设计

该项目从技术策划入手，按照装配式建筑设计"少规格、多组合"的原则，从平面柱网尺寸到立面形式，在满足建筑功能前提下，做到了平面规整、立面简洁，充分体现了装配式建筑的特色。

（2）框架结构与围护结构构件基本全部预制

该项目工程设计是在《装配式混凝土结构技术规程》JGJ 1—2014 国家行业标准实施前，经过装配式结构专家和结构超限抗震审查专家论证，剪力墙与带框剪力墙要求全现浇，其余框架可采用预制构件。因此，该工程从四层的预制构件为：预制柱、预制叠合梁（包括主、次梁）、预制钢筋桁架叠合楼板、预制楼梯、预制阳台栏板和现浇外框剪柱和剪力墙的 PCF，柱与柱的连接和主次梁的连接均采用钢筋套筒灌浆连接。围护结构体系：外围护采用预制混凝土外挂墙板，连接方式为线连接，内隔墙采用 NALC 加气混凝土板材，因此，该工程是全国首批结构高度达到 80m 以上、预制率达到了 52% 的预制装配式框架—现浇剪力墙结构建筑。

（3）全装修技术与 SI 建造技术的应用

1~3 层为老年服务区域，设置了活动室、健身房、医疗室及老人餐厅。充分考虑老年人生活习性，满足无障碍使用要求，装修设计与土建设计、装配式设计一体化、装修施工与土建施工安装一体化。在 4 层以上老年公寓中采用 SI 建造技术、老年卫生间采用满足老人需求的整体式卫生间，并实现同层排水。厨房根据老人使用习惯采用集成式厨房设施。楼面采用架空隔音地板系统；墙面采用 NALC 加气混凝土板材＋轻钢龙骨石膏板保温隔音系统。该项目实现主体装配式技术与装配式内装技术集成应用，成为名副其实的"装配式建筑"。

（4）信息化技术全过程的应用

该工程从设计到构件生产再到施工安装全过程采用 BIM 为代表信息化技术，并贯穿于项目建设的全过程。在设计阶段采用 BIM 技术实现构件可视化，解决了构件与管线之间的碰撞和钢筋之间的碰撞问题。通过信息化三维技术提高了设计精度，减少了错漏碰缺等常规问题，避免了施工过程中无必要的返工。在构件生产阶段采用二维码管理，将每个构件全阶段生产状况信息采集录入到二维码中，在施工安装阶段，从基坑围护、桩基施工、预制构件吊装及每个施工工序进行信息化施工模拟，节约工期，解决施工过程中差错与返工，提高施工工效，实现了以信息化管理为特征的装配式建造方式。

该工程是龙信集团首个装配整体式混凝土框架-剪力墙结构，是从构件生产到施工安装、全装修一体化的施工总包工程项目。通过预制装配式建筑技术、SI 建造技术、绿色施工技术与信息化技术集成应用，初步建立了具有龙信集团特色的通用装配式混凝土绿色建造体系。该体系涵盖了构件生产、施工安装、装配式内装及 BIM 信息化管理的建造全过程。同时，通过项目实践掌握了装配式混凝土结构从构件生产到施工安装的工艺和工法，并培养了一支具有专业技能的施工与技术管理团队。

（汪杰：南京长江都市建筑设计股份有限公司，董事长）

编写人

姓名：龚咏晖

单位名称：龙信集团江苏建筑产业有限公司

职务：总经理

【案例 11】 浦江基地经济适用房项目

摘　要

本案例是上海市首个采用装配式混凝土结构技术的保障房项目，项目总建筑面积 5.15 万 m²，项目的建筑单体层高分别为 14 层和 18 层，其中 25 号～28 号楼为 18 层、29 号楼为 14 层，均采用装配整体式框架＋现浇剪力墙结构体系，预制率分别为 50%～70%。本案例以预制率为 70% 的 29 号楼为例，采用的预制混凝土构件包括预制框架柱、框架梁和叠合梁、叠合楼板、叠合阳台板、预制混凝土外墙板和楼梯等。

项目的主要技术要点包括：

1）预制框架柱竖向钢筋连接采用套筒灌浆连接技术；

2）预制框架柱与预制叠合框架梁采用节点区域后浇混凝土进行连接，框架梁端设置键槽；

3）预制外挂墙板与主体结构采用柔性节点连接，上下采用铰接，自重由上部连接悬挂承重，外墙板底在墙平面内可水平滑动；

4）预制混凝土外挂墙板，采用窗框预埋技术，预制外墙板接缝采用两道材料防水结合一道构造防水的形式；

5）施工采用外围免脚手架方式；预制叠合梁、叠合楼板施工支撑采用机械化支撑架；

6）预制构件生产、安装等采用了 RFID 芯片技术进行建设全过程管理。

1　典型工程案例简介

1.1　基本信息

1）项目名称：大型居住社区浦江基地四期 A 块、五期经济适用房项目 2 标（05-02 地块）；

2）项目地点：上海市闵行区浦江镇浦星公路近鲁南路口；

3）开发单位：上海城建置业发展有限公司；

4）设计单位：上海市地下空间设计研究总院有限公司；

5）深化设计单位：上海市城市建设设计研究院总院；

6）施工单位：上海城建市政工程（集团）有限公司；

7）预制构件生产单位：上海城建物资有限公司；

8）进展情况：2015 年 12 月 21 日通过竣工验收。

1.2　项目概况

本工程位于上海市闵行区浦江镇保障房基地，范围东至先进河、南至规划五路、西至规划二路、北至规划一路。本项目实施预制装配式混凝土结构的地块为 05-02 地块工程。

项目于2011年底正式开工，土建结构封顶时间为2013年6月，2015年12月21日通过竣工验收。该地块项目用地面积 20564m²，总建筑面积 51459.82m²（地上部分 44959.79m²，地下部分 6500.03m²），容积率为 2.1。本工程建筑规划限高 60m，其中 25 号～28 号楼为 18F，29 号楼为 14F。5 栋楼每单元户型和标准层平面均采用标准化设计，均采用预制装配整体式框架＋现浇剪力墙结构体系，单体概况详见表9.2。图9.56～图9.58 分别为本项目的总平面图、鸟瞰图和建成后实景照片。本文以 29 号楼为例，对项目的装配式建筑技术进行介绍。

| 单体概况表 | | | | | | 表 9.2 |

单体	房型	层数	层高（m）	建筑高度（m）	建筑轮廓 长×宽(m)	标准层预制率
25 号～28 号楼	两单元双拼	地下：1 层 地上：18 层	2.8	50.85	49.6×12.8	50％
29 号楼	独立单元	地下：1 层 地上：14 层	2.8	39.65	24.4×12.8	70％

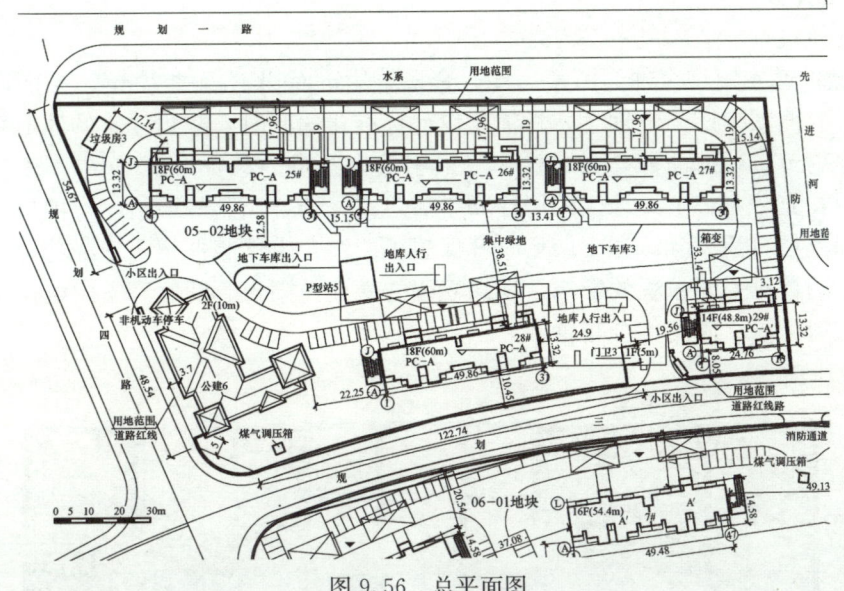

图 9.56　总平面图

图 9.57　鸟瞰图　　　　　　　　　图 9.58　项目实景

1.3　工程承包模式

上海隧道工程股份有限公司（原上海城建（集团）公司）拥有从房地产开发与投融资、建筑与结构设计、构件研发制造到安装施工和物业管理等建造环节为一体的完整的装配式建筑产业链条，并在建设行业中拥有丰富的工程总承包工程业绩。本项目采用国际通行的工程总承包（EPC）方式实施，工程总承包单位上海城建市政工程（集团）有限公司对工程项目的设计、采购、施工等实行全过程的承包，并对工程的质量、安全、工期和造价等全面负责。

2　装配式建筑技术应用情况

2.1　建筑专业

2.1.1　标准化设计

（1）建筑设计

29 号楼的基本户型全部为两室一厅，套型总建筑面积不超过 $70m^2$，平面设计遵守中轴对称、外立面减少凹凸的理念，在体现设计标准化的同时，减少建筑的体形系数，增加节能效果。为节省公摊面积，交通核部分采用最为经济的布置形式见图 9.59。每户均采用明厨明卫，充分考虑上海地区的居住和生活习惯。结合预制外墙板，本项目采用内保温的形式，保温材料为 35mm 厚 B1 级 EPS 保温板。结合由预制框架＋现浇剪力墙的结构形式，为减少凸柱对平面布置的影响，南向立面的立柱与阳台、凹廊和室内电视柜，中间和北向立柱与剪力墙、墙角整合布置。

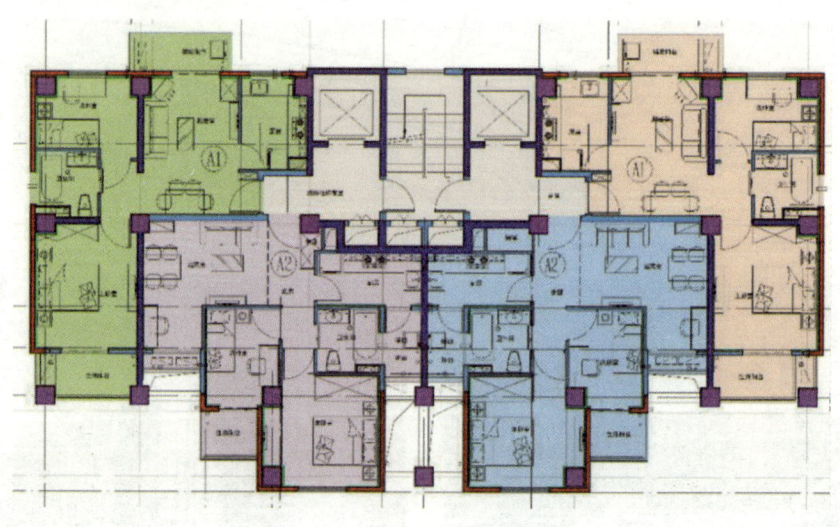

图 9.59　29 号楼标准层平面图

（2）标准化模块和基本户型组合

中等居住建筑的基本户型采用 6600mm 跨距，辅助采用 3300mm 跨距，外形方正，无自遮挡，采光和日照条件较好；墙板采用内缩式构造，外凸梁柱可以设置空调机室外隔板和设置东西面垂直外遮阳；同时南向天然外遮阳对建筑物整体节能有利。图 9.60 为基于标准化设计的基本户型平面布置图。

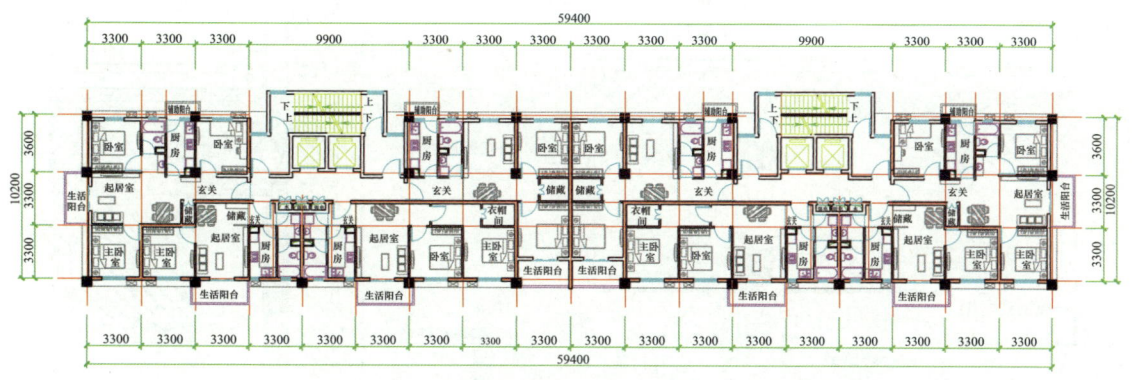

图 9.60　基于标准化设计的基本户型平面布置图

（3）预制构件设计原则

预制框架结构体系的预制构件一般包括：预制框架柱、框架梁和叠合梁，叠合楼板；叠合阳台板、预制混凝土外墙板和楼梯等。图 9.61 为基于标准化设计的构件设计示意图。

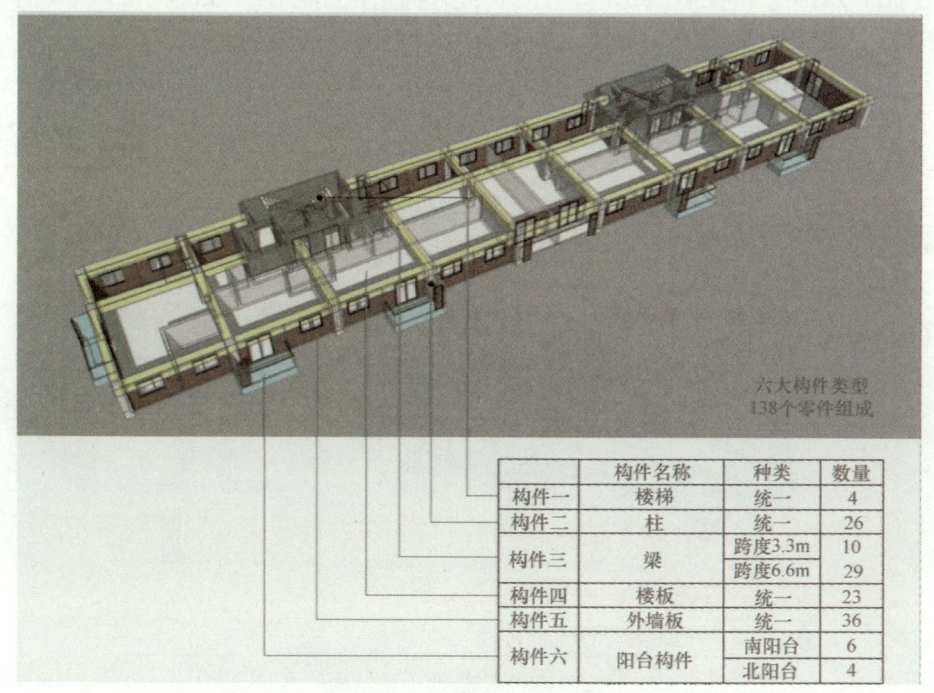

六大构件类型
138个零件组成

	构件名称	种类	数量
构件一	楼梯	统一	4
构件二	柱	统一	26
构件三	梁	跨度3.3m	10
		跨度6.6m	29
构件四	楼板	统一	23
构件五	外墙板	统一	36
构件六	阳台构件	南阳台	6
		北阳台	4

图 9.61　标准化构件设计

（4）预制混凝土外挂墙板

本项目从一层开始就采用预制混凝土外墙挂板，板厚为 150mm。外窗采用铝合金双层中空玻璃窗，窗框部分预埋在预制外墙板内，以增强外窗框处防水效果。预制外墙板接缝采用两道材料防水结合一道构造防水的形式，以增强外墙接缝处防水效果，见图 9.62。

水平缝采用高低缝，垂直缝采用直槽缝形式，板缝宽度为20mm，外侧防水材料嵌入的深度不小于20mm，外墙板十字缝部位每隔2～3层在垂直缝部位设置排水管引水处理。

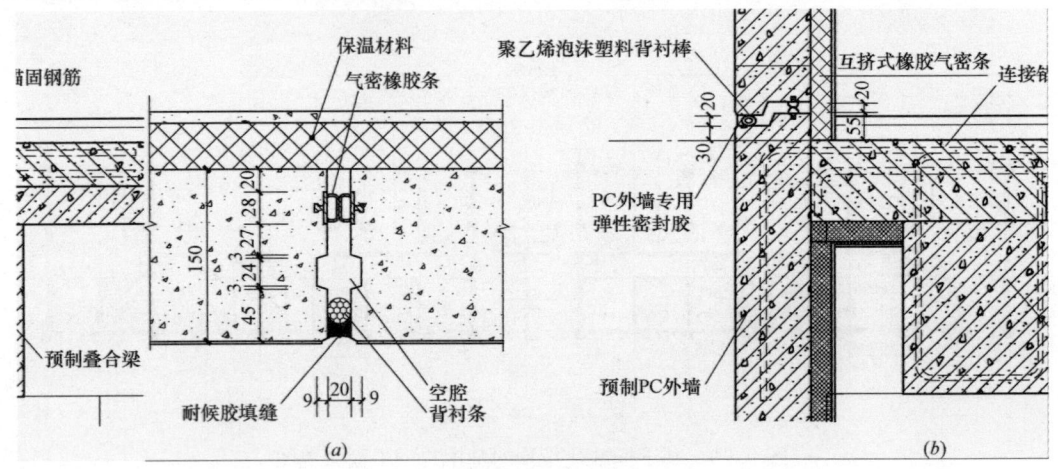

图 9.62　预制外墙板缝两道防水构造
（a）垂直缝；（b）水平缝

2.1.2　主要预制构件及部品设计

为了充分发挥框架结构平面布置灵活和剪力墙结构侧向刚度大的优势，本技术体系采用以框架为主的框架-剪力墙结构体系，布置一定数量的剪力墙。框架中的板、梁、柱等采用工厂化预制，在现场进行装配，并将框架结构中的叠合部分与剪力墙在现场浇筑形成整体，实现连接节点构造性能的"等同现浇"。外围护结构中墙体不承重，仅作为围护作用。图9.63为框架结构体系示意，图9.64主要预制构件照片。

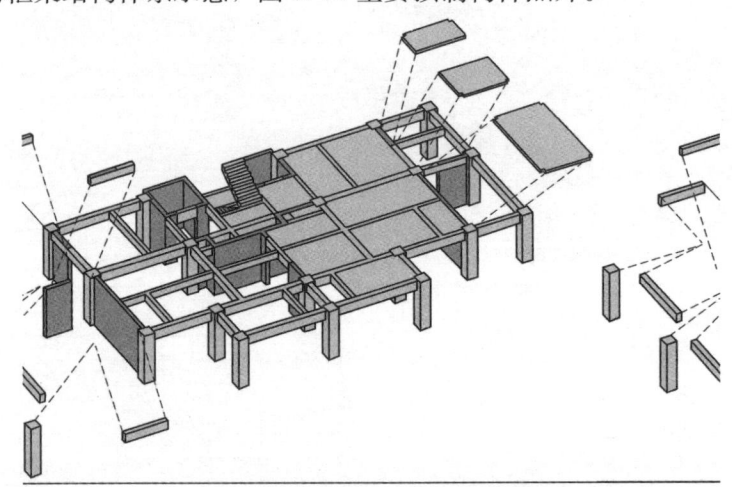

图 9.63　装配整体式框架-剪力墙结构体系示意图

2.2　结构专业

2.2.1　预制与现浇相结合的结构设计

标准层预制率计算见表9.3。如表所示，29号楼标准层预制率约为70%（含采用装配化的内隔墙部分）以上。

图 9.64 装配整体式框架-剪力墙结构体系主要预制构件

（a）叠合梁；（b）预制柱；（c）叠合楼板；（d）预制外挂墙板；（e）叠合阳台板；（f）预制楼梯

标准层预制率计算　　　　　　　　　　　　　　　　　　　　　　　表 9.3

构件	29 号楼	
	混凝土总量（m³）	预制混凝土量（m³）
柱	25	25
叠合阳台	5.4	3.8
叠合楼板	38.7	19.4
预制楼梯	4	4
预制混凝土外墙	26.5	26.5
现浇剪力墙	21.5	0
叠合梁	23.2	15.5
预制内隔墙注	34	34
总　计	178.3	128.2
预制率	—	71.90

注：若预制内隔墙不参与预制率的计算，则预制率为 65.2%。

2.2.2　抗震设计

本工程的设计基准期 50 年，设计使用年限 50 年，建筑结构的安全等级为二级，住宅抗震设防类别为丙类，抗震设防烈度为 7 度，设计基本地震加速度为 0.10g，设计地震分组第一组，建筑场地类别按Ⅳ类，基本风压为 0.55kN/m²（50 年重现期 60m 以下），地面粗糙度 B 类。

29 号楼采用装配整体式框架-现浇剪力墙结构，控制在规定的水平力作用下，底层框架部分所承受的地震倾覆力矩小于结构总地震倾覆力矩的 50%。框架抗震等级为三级，剪力墙抗震等级为二级。结构嵌固部位为地下室顶板。结构设计按等同现浇的原则进行设计，现浇剪力墙集中布置在楼电梯间和端开间的第二跨，主要承担水平力，框架梁柱布置在结构的外围，主要承担竖向力，预制构件通过梁柱节点区后浇混凝土、梁板后浇叠合层混凝土实现整体式连接。为实现等同现浇的目标，设计中除采取了预制构件与后浇混凝土交界面为粗糙面、梁端采用抗剪键槽等构造措施外，还补充进行了框架梁端竖缝结合面抗剪计算、叠合梁斜截面抗剪计算、梁板水平缝抗剪计算、框架梁柱节点抗剪计算、叠合梁挠度及裂缝验算等。

2.2.3 节点设计

（1）预制框架柱连接

预制柱间纵向钢筋采用套筒灌浆连接。因框架梁纵向钢筋需穿过或弯折锚固于梁柱节点区，导致节点连接区域钢筋较多，影响梁、柱精确就位，因此，柱纵向钢筋采用集中四角布置，为满足纵筋间距的规范要求，采用附加不伸入节点区的构造钢筋。套筒连接区域柱截面刚度及承载力较大，柱的塑性铰区可能会上移到套筒区域以上，因此至少应将套筒连接区域以上 500mm 高度区域内将立柱箍筋加密，见图 9.65。

图 9.65　预制框架柱的连接

（2）预制框架柱与梁、外挂墙板的连接

预制框架柱与预制叠合框架梁采用节点区域后浇混凝土进行连接，框架梁端设置键槽，并对框架梁端的竖向接缝的结合面进行结构抗剪验算，以满足等同现浇的设计原则。预制外挂墙板与结构采用柔性节点连接，上下铰接，自重由上部连接悬挂承重，外墙板底在墙平面内可水平滑动，结构计算中不考虑外墙板支撑梁刚度，见图 9.66、图 9.67。

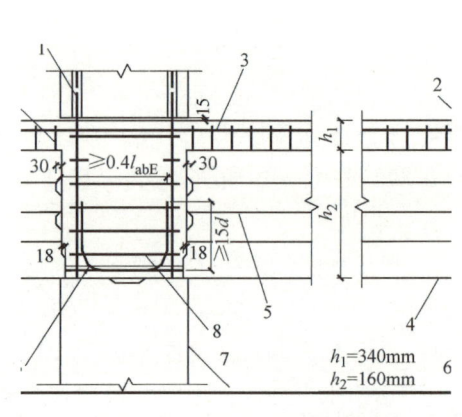

图 9.66　预制梁与中柱连接

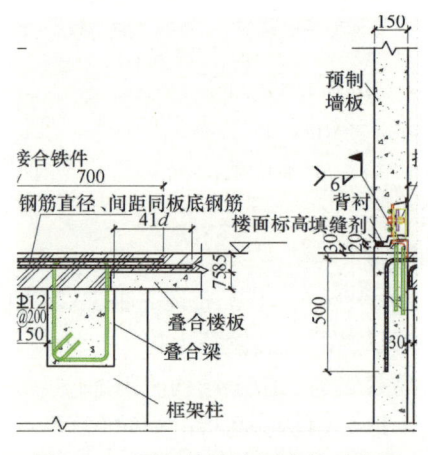

图 9.67　预制外挂墙板连接示意图

（3）预制叠合楼板连接构造

楼板采用桁架钢筋预制叠合楼板，对于楼板接缝采用了附加加强钢筋的方式，并补充了现浇部分楼板承载力验算，见图 9.68～图 9.70。

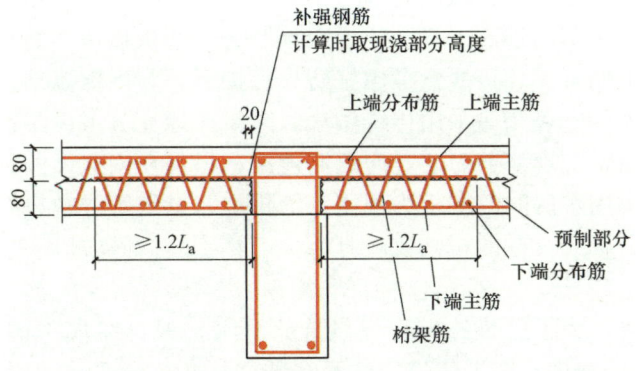

图 9.68　叠合梁板（中支座）

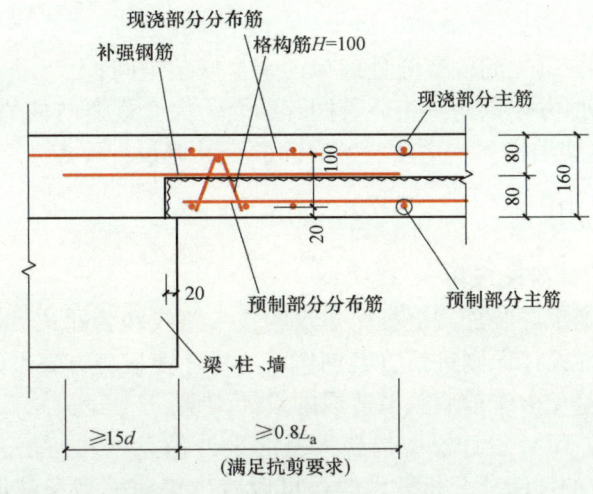

图 9.69　叠合梁板（边支座）

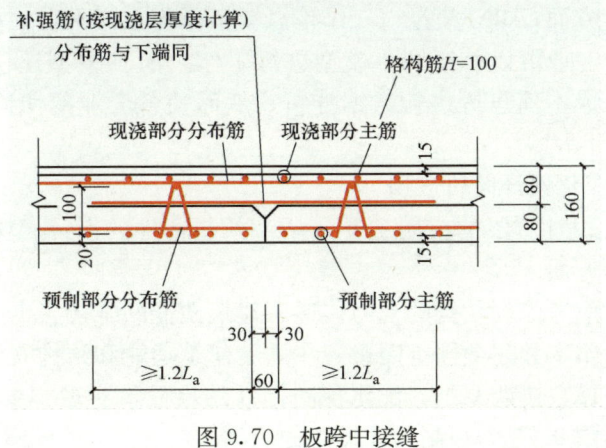

图 9.70　板跨中接缝

201

2.3 水暖电专业

本项目性质为保障房，交房标准为毛坯房。主要居室房间空调系统采用分体空调，本项目预留空调室外机隔板，并在预制外墙上预留室外机管线开孔，室内预留室内机安装条件。为方便构件预制，室内顶部电气管线不在预制叠合楼板预留，而是在现浇叠合层内现场敷设；预制外墙上的管线和接线盒考虑好防火保护后，与内保温结合设置。其余非预制墙体和内隔墙上设置的电表箱等采用传统做法。防雷接地充分考虑了预制柱竖向钢筋不接触的特点，屋顶避雷带与现浇剪力墙竖向钢筋连接，另外在南立面凹廊隐蔽处设置防雷接地外部下引线。主要用水房间的楼板为现浇，给排水、燃气管线敷设与传统做法相同。

2.4 全装修技术应用

本项目毛坯交房，为了给最终用户提供装修参考，设计阶段考虑了全装修一体化设计，并在 29 号楼项目现场有两套住宅实施了精装修样板房。考虑到结构凸梁凸柱给室内空间和使用带来的不利影响，装修设计上主要采取了以下技术措施：

1）室内靠外墙凸梁处采用局部吊顶和顶棚间接照明，将凸梁隐藏于无形，增加室内空间表现力；

2）预制外墙与叠合梁之间的空隙处理为窗帘盒安装空间；

3）室内有凸柱的地方，则与壁柜、衣橱等结合，完全规避凸柱的视觉影响。

图 9.71 给出了框架结构住宅主要居室房间的全装修设计要点。

2.5 信息化技术应用

2.5.1 BIM 技术在设计阶段应用

在前期策划阶段确定好装配式混凝土建筑的技术路线和装配式目标，在方案设计阶段根据既定目标依据构件设计原则进行方案创作，这样才能避免方案性的不合理导致后期技术经济性的不合理，避免由于前后脱节造成的设计失误。

在性能优化方面，BIM 设计模型包含大量的设计信息（几何信息、材料性能、构件属性等），在导入专业的性能化分析软件时，可以减少搭建模型和数据输入的工作量。分析模拟的结果，帮助设计师调整设计策略，实现性能目标，提高建筑性能。

在三维协同设计方面，BIM 模型以三维信息模型作为集成平台，在技术层面上适合各专业的协同工作，各专业可以基于同一模型进行工作。BIM 模型还包含了建筑的材料信息、工艺设备信息、成本信息等进行数据分析，从而使各专业的协同达到更高层次。图 9.72 为 BIM 协同设计示意。

2.5.2 BIM 技术在深化设计阶段应用

BIM 技术在深化设计阶段的应用主要包括：预制构件的设计、构件及钢筋碰撞检查和工程量统计等三个方面。

预制构件设计时应考虑到结构的受力传递、建筑性能的维持、生产制造和运输的合理性、节能保温、防风防水和耐久性等因素。在满足建筑功能和结构安全性能的前提下，预制构件的设计应符合模数协调原则，优化预制构件的尺寸，实现"少规格、多组合"，减少预制构件的种类。图 9.73 为预制构件设计的示例。

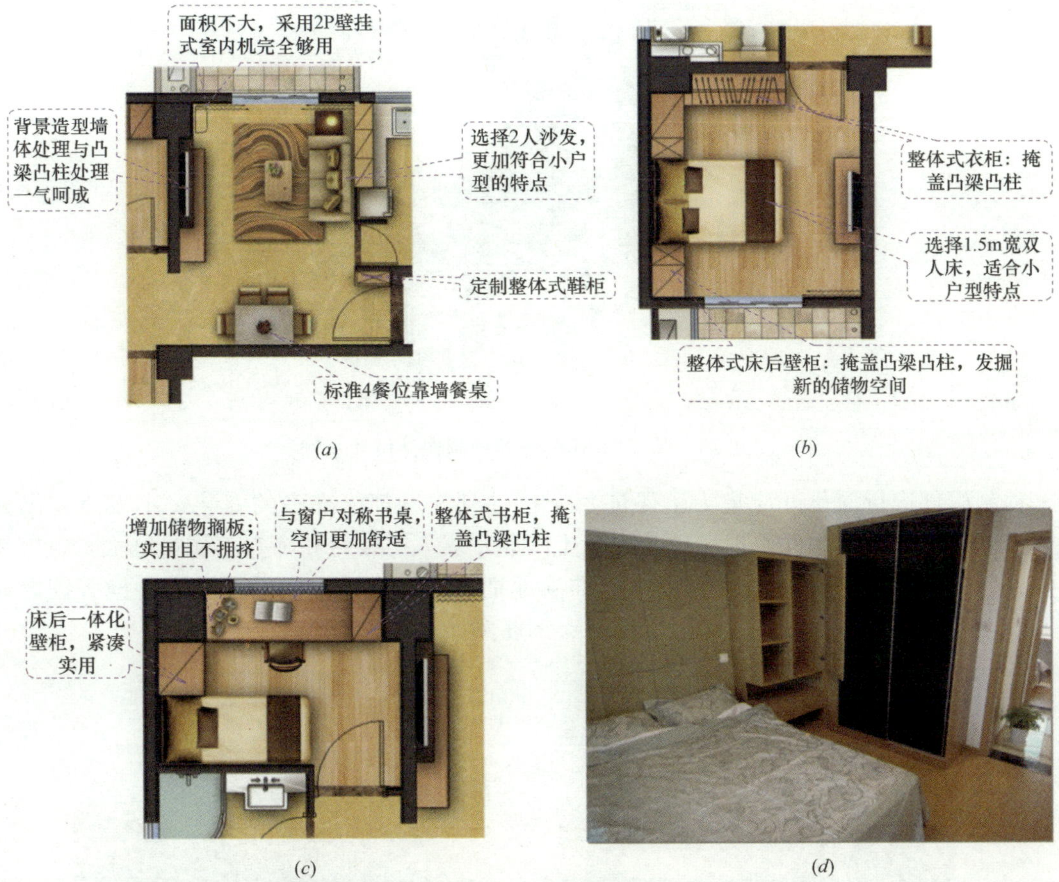

面积不大，采用2P壁挂式室内机完全够用

背景造型墙体处理与凸梁凸柱处理一气呵成

选择2人沙发，更加符合小户型的特点

定制整体式鞋柜

标准4餐位靠墙餐桌

(a)

整体式衣柜：掩盖凸梁凸柱

选择1.5m宽双人床，适合小户型特点

整体式床后壁柜：掩盖凸梁凸柱，发掘新的储物空间

(b)

增加储物搁板；实用且不拥挤

与窗户对称书桌，空间更加舒适

整体式书柜，掩盖凸梁凸柱

床后一体化壁柜，紧凑实用

(c)

(d)

图 9.71　全装修设计要点

(*a*) 起居室；(*b*) 主卧室；(*c*) 次卧室；(*d*) 装修后主卧效果

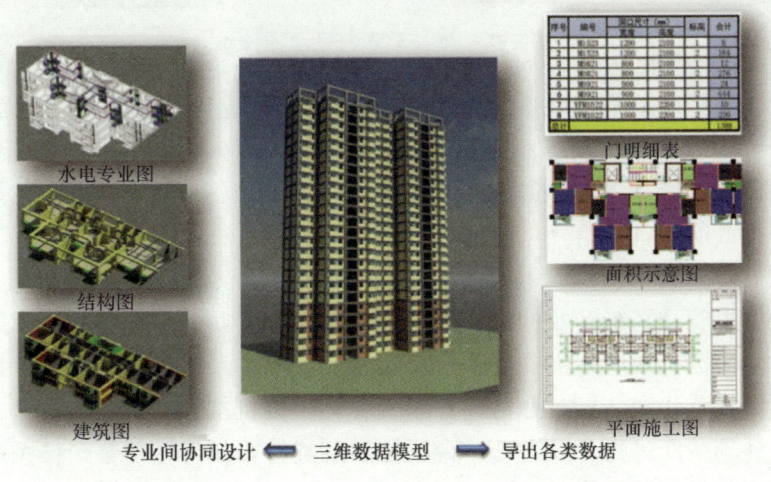

水电专业图

结构图

建筑图

专业间协同设计　⇦　三维数据模型　⇨　导出各类数据

门明细表

面积示意图

平面施工图

图 9.72　BIM 协同设计示意图

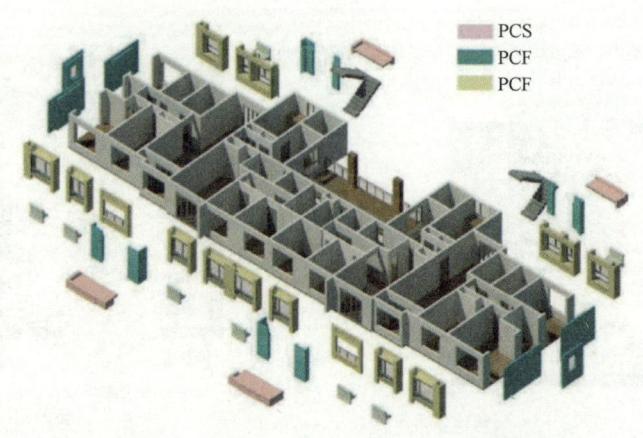

图 9.73　基于 BIM 模型的预制构件设计示例

预制构件进行深化设计是为了保证每个构件到现场都能准确的安装，不发生错漏碰缺。要确保每个预制构件在现场拼装不发生问题，靠人工校对和筛查工作量巨大，且容易产生人为失误，利用 BIM 技术可以快速准确地把可能发生在现场的冲突与碰撞等问题通过 BIM 模型事先发现。图 9.74 为梁柱节点钢筋碰撞自动检查的示例。

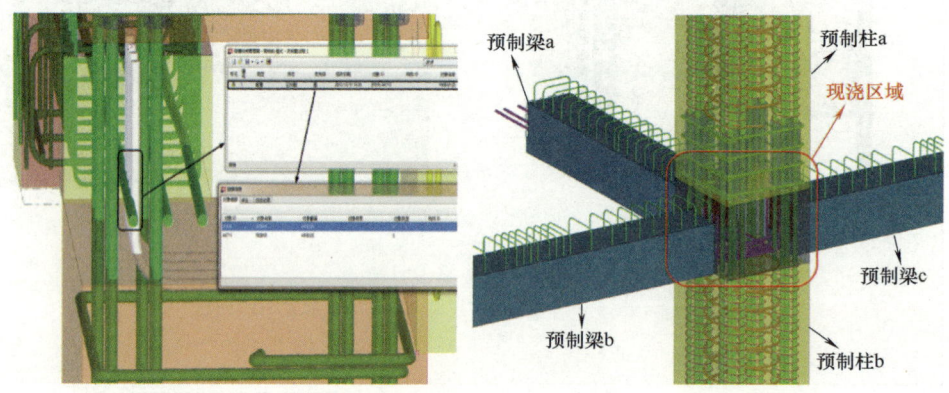

图 9.74　梁柱节点自动碰撞检查

在生成加工图纸后对钢筋及混凝土等的工程量进行统计。基于整体配筋模型，利用 BIM 专业软件对工程量进行快速统计分析，减少人工操作和潜在错误，并根据实际需要定制输出各种形式的统计报表，如构件的截面尺寸、编号、材质、混凝土的用量，钢筋的编号及数量，钢筋的用量等信息。

2.5.3　BIM 技术在构件制作阶段应用

构件生产信息管理系统涉及构件生产过程信息的采集，并根据实际需求开发相应的读写器系统，以便快捷有效地采集构件的信息及其交互。本系统是基于 RFID 技术，使整个预制构件的生产规范化和信息对称传递。系统分为手持机端和 PC 机端两个工作端，其功能包括预制构件的生产过程，通过与后台服务器的连接，初步构建整个体系的框架，为项目的信息化管理打下了基础。

在组织生产前从 PC 端的链接系统服务器中下载构件生产计划表，然后手持机连接

PC 机下载生产计划，生产过程中通过手持机对 RFID 芯片进行读写操作并作记录，并将构件生产信息储存到 PC 机中，再通过网络上传到服务器中。通过手持机系统检验构件的生产工序并对生产过程进行记录，保证生产流程的规范化。手持机工作流程的系统设计根据预制构件的详细生产流程进行设计。在实际操作中，工作人员首先应对手持机进行初始化工作，包括生产计划的更新、手持机的数据同步和质检员身份确认等过程。图 9.75 为构件身材系统组织流程及工程场景示例。

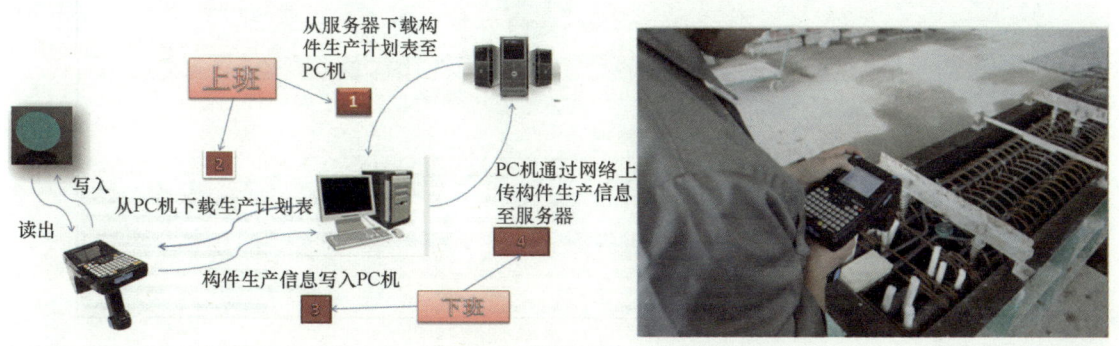

图 9.75 系统组织流程及工作场景示例

2.5.4 BIM 技术在施工阶段应用

BIM 技术在施工阶段应用主要包括施工仿真筹划、构件吊装动态干涉仿真、构件现场吊装管理等三个方面。

（1）现场施工仿真筹划

建筑施工是复杂的动态控制过程，它包括多道工序的有效衔接，其施工方法和组织程序存在多样性和多变性的特点，如何有效地表达施工过程中各种复杂关系，合理安排施工计划，实现施工过程的信息化、智能化、可视化管理，一直是待解决的关键问题。4D 施工仿真为解决上述问题提供了一种有效的途径。此外，还可以根据施工方案和 BIM 模型，采用专用软件对项目进行动态的施工仿真模拟，并赋予预制构件装配时间和装配路径，建立流程、人和设备资源之间的关联，实现 PC 建筑虚拟建造和施工进度的可视化模拟，并针对不同吊装方案进行模拟比较，实现未建先造，得到最佳的施工方案。图 9.76 为 BIM 模型与施工计划 4D 应用示例。

（2）构件吊装动态干涉仿真

PC 建筑相比传统的现浇建筑，施工工序相对较复杂，每个构件吊装的过程是一个复杂的运动过程，通过在 BIM 模型中进行施工模拟，查找可能存在的构件运动中的干涉碰撞问题，提前发现并解决，避免可能导致的延误和停工，见图 9.77。通过生成施工仿真模拟视频，实现全新的培训模式，项目施工前可直观了解任何一个施工细节，减少人为失误，提高施工效率和质量。

（3）构件现场吊装管理

施工方案确定后，将储存构件吊装位置及施工时序等信息的 BIM 模型导入手持机或其他终端设备中，基于三维模型检验施工计划，实现施工吊装的无纸化和可视化辅助。在构件吊装前应进行检验确认，手持机更新当日施工计划后对工地堆场的构件进

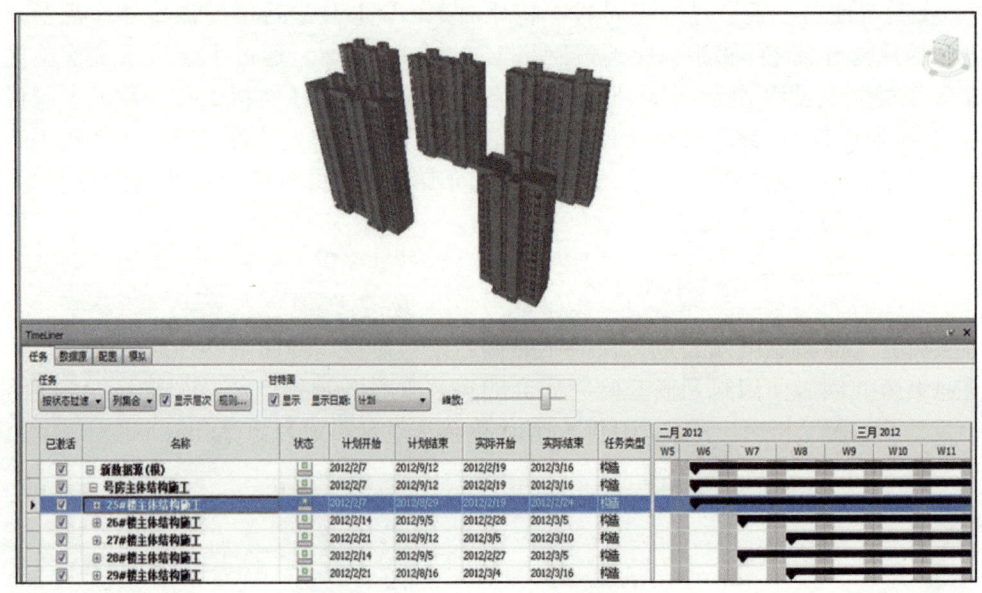

图 9.76　BIM 模型与施工计划 4D 应用示例

图 9.77　基于 BIM 技术的施工动态干涉仿真

行扫描，在正确识别构件信息后进行吊装，并记录构件施工时间。构件安装就位后，检查员负责校核吊装构件的位置及其他施工细节，检查合格后，通过现场手持机扫描构件芯片，确认该构件施工完成，同时记录构件完工时间。所有构件的组装过程、实际安装的位置和施工时间都记录在系统中，以便检查。这种方式减少了错误的发生，提高了施工管理的效率。

2.5.5　BIM 技术在使用阶段应用

建筑物使用期间，其结构（如墙、楼板、屋顶等）和设备设施都需不断得到维护。而

BIM 模型结合运营维护管理系统，可充分发挥空间定位和历史数据记录的优势，对于设施、设备的适用状态提前进行判断，从而合理制定维护计划，分配专人专项维护工作，以降低建筑物使用中出现突发状况的概率。

3 构件生产、安装施工技术应用情况

3.1 施工组织设计

（1）施工组织设计

在吊装施工实施前编制了施工组织设计大纲，制定施工质量管理总体目标，施工组织设计大纲是编制装配式混凝土结构施工实施方案的纲领性文件，并应符合国家和地方等相关施工质量验收标准和规范的要求。大纲中包括：工程概况、施工管理体制、施工工期筹划、临时设施布置计划、预制构件生产计划、预制构件现场存放计划、预制构件吊装计划、质量管理计划、安全文明管理计划等内容。基于施工组织设计大纲，施工单位根据不同建筑结构体系中预制构件吊装施工工艺和流程的基本要求编制施工实施方案并组织实施。

（2）施工总体流程

预制构件吊装施工工期与预制构件生产计划进度是相互制约。两者之间只有密切配合、互相协调才能有效缩短工期，减少施工现场预制构件的堆放场地。与此同时，在施工工期筹划时应事先明确预制构件的制作与运输以及预制构件吊装施工等关键工序的工艺流程，以及各道施工工序所必需的时间，并在此基础上进行施工工期的筹划。图 9.78 为预制装配式混凝土结构构件生产和施工的总体工艺流程。图 9.79 为深化设计和构件制作与吊装施工的实施关系。

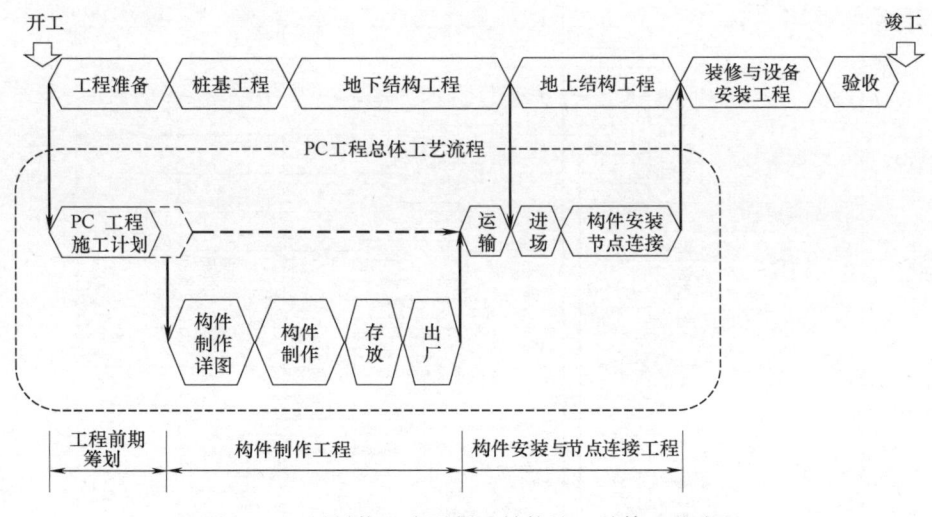

图 9.78　预制装配式混凝土结构施工总体工艺流程

3.2 构件生产

在制定预制构件的生产计划时应充分考虑构件厂的生产方式、生产能力和场地存放规

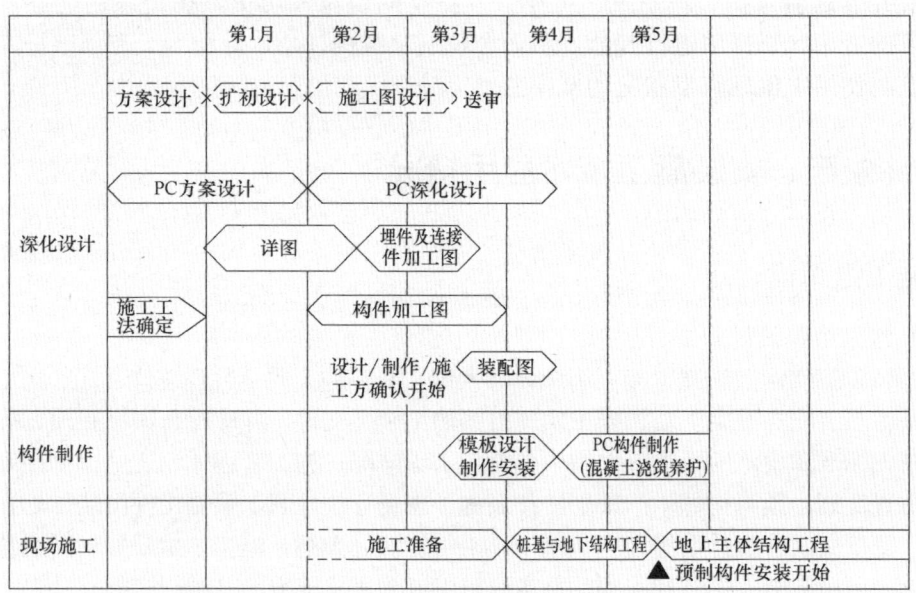

图 9.79 深化设计和构件制作与吊装施工的实施关系

模以及施工现场临时堆放场地的大小和预制构件吊装施工进度等因素,科学合理地进行规划。预制构件的生产制作工期的规划一般以 1 天为一个循环周期。固定台座生产线法一个循环周期一般只能制作一批构件,考虑到受生产条件与施工工期等因素的制约,有时也采用 2 天作为一个循环周期。图 9.80 为本项目采用固定台座生产线法单个循环周期的预制构件标准生产工艺流程图。图 9.81 为构件主要环节制作过程场景(固定台座法)。

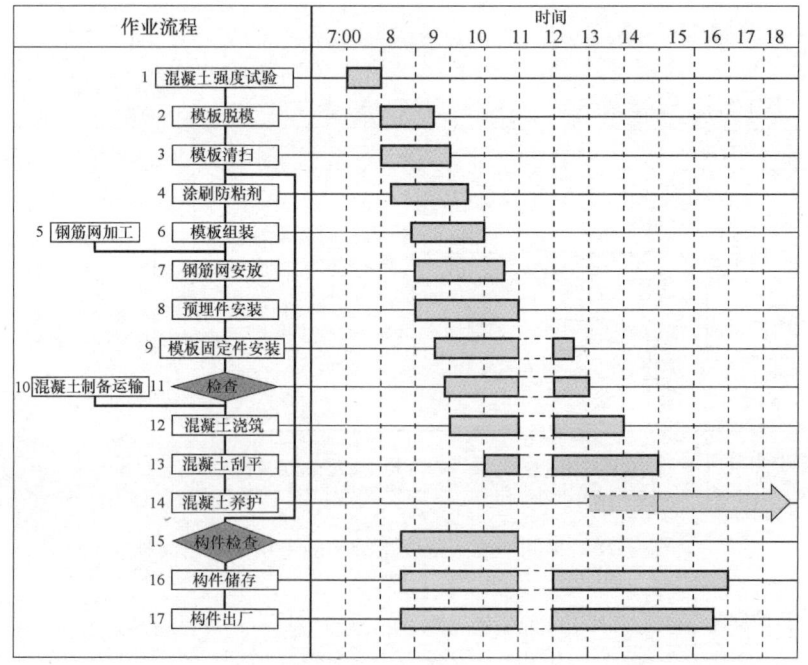

图 9.80 单个循环周期主要工艺流程及耗时(固定台座法)

图 9.81 构件主要环节制作过程场景（固定台座法）
（a）模具组立；（b）窗框安装；（c）混凝土浇筑

3.3 吊装施工

（1）吊装施工工期筹划

预制构件吊装施工工期应基于标准层楼面的吊装施工工期进行筹划。图 9.82 为预制装配式框架结构体系标准层吊装施工的流程示例。值得注意的是预制构件在吊装前、吊装就位后以及预制构件节点灌浆连接均需要对该环节的施工完成情况进行重点检查，在验收合格后方可进行下一个工序施工。

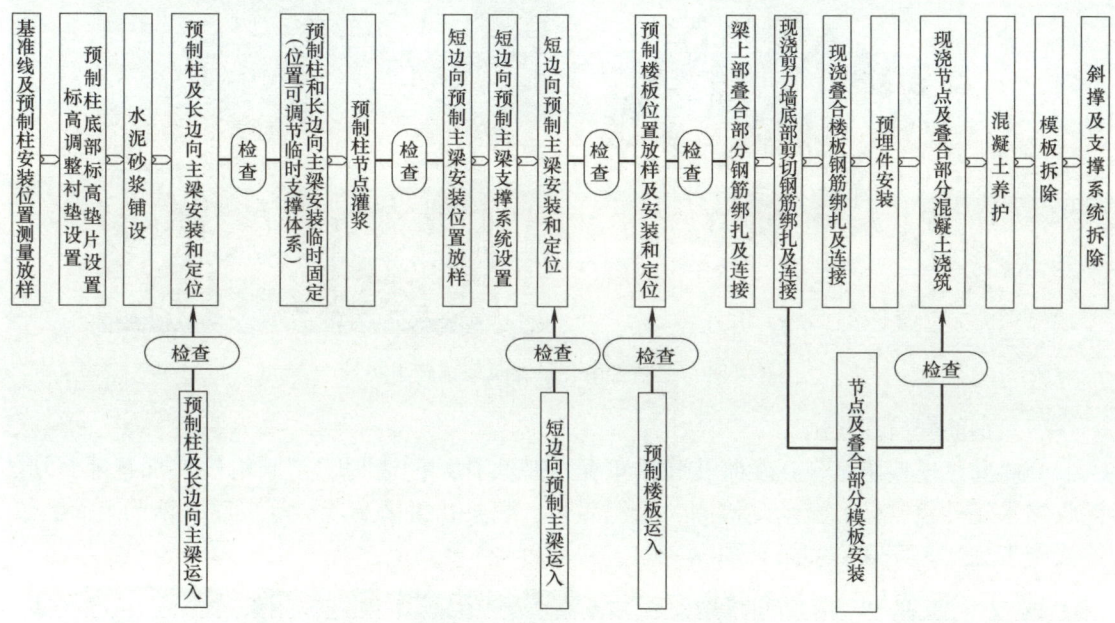

图 9.82 框架混凝土结构体系结构标准层施工流程示例

标准层施工的时间一般为 7 天，但通过增加劳动力和施工机械设备的投入以及合理的组织，也能实现 5 天施工一层楼面的能力。各楼层施工工期的筹划尽可能做到均衡化，以提高现场工作人员和起重设备等的使用效率、降低施工成本、加快施工工期。

（2）预制柱的吊装

首先预制立柱吊装前应做好外观质量，钢筋垂直度，注浆孔清理等准备工作；准备就绪后，应对立柱吊装位置进行标高复核与调整；然后进行预制立柱吊装和精度调整；最后锁定斜撑位置，并解除吊车的吊钩进入下一道工序的吊装施工。图 9.83 为预制柱安装过程部分施工场景。

图 9.83　预制柱安装过程施工场景

（3）预制梁吊装

预制梁又可分预制主梁和次梁，预制梁的吊装应在预制柱吊装完成后进行。预制梁的吊装标准顺序为先安装底部预留主筋处于下部的 X 方向（长边方向）的主梁，再安装底部主筋位于上部的 Y 方向（短边方向）的主梁，最后安装次梁。现场吊装施工场景及示意如图 9.84 所示。

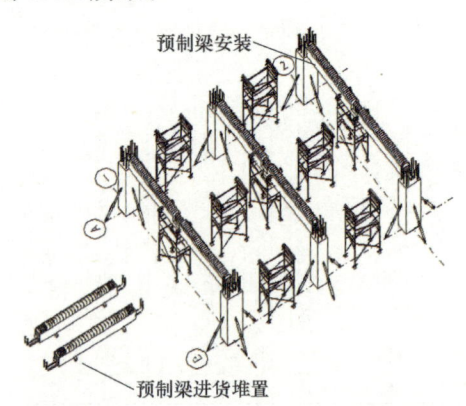

图 9.84　预制梁吊装示意及现场施工场景

（4）钢筋套筒灌浆施工

套筒灌浆连接施工包括注浆孔和排浆孔（观察孔）的清理、预制构件底部缝隙封堵、无收缩水泥砂浆制备、流动度检测、水泥灌浆、灌浆孔封堵及清洁等工序。钢筋套筒灌浆连接施工主要工序现场实景见图 9.85。

图 9.85　钢筋套筒连接施工主要工序实景

（5）接缝嵌缝施工

外墙板接缝防水工程应由经培训合格后的专业人员进行施工。接缝施工前应做好表面清洁处理，接缝和预制构件拐角处缺损情况的检查。经检查合格后进行底层基层处理和背衬材料施工。密封胶的施工应采用专用的施工工具自下而上匀速推进，未能一次施打的连接接缝，应对先后施工的接缝处进行有效的衔接，完成施打后需对密封胶的表面进行整平施工。图 9.86 为外墙板接缝施作完成后的外观实景。

图 9.86　预制外墙板接缝施工的外观实景

4　效益分析

4.1　成本分析

成本分析是基于隧道股份于 2012 年实施的实际项目案例为基础。结构体系为预制装配式框架结构，局部辅以现浇剪力墙。以 29 号楼为例进行综合成本分析，预制率达到 70%，建筑面积 4133m²，主要预制构件包括预制柱、叠合梁、叠合板、预制外挂墙板、阳台板和空调板等。

与相邻近地块的现浇结构做法标准楼层的主要指标对比见表 9.4。如表所示，项目采用预制率 70% 的框架结构体系的住宅，其建安成本增加 622 元/m²。同一地区采用现浇建造方式公允的建安成本约为 2500 元/m²，增比约为 25%。采用预制装配式结构其成本增加的主要原因为用钢及混凝土用量增加、构件混凝土单价偏高（含增值税）、支撑体系摊销费以及专用塔吊台班费等因素导致。

值得一提的是，由于当时尚无装配式结构住宅相关定额标准，构件制作及安装等相关成本测算参考了同类工程的构件制作和安装工程单价，且未考虑因采用预制装配工艺带来脚手架费用节省，后期使用维护成本降低等造价降低因素。

4.2　用工分析

不同的预制构件其用工数量不尽相同，表 9.5 给出了框架结构体系中三大预制构件折算到每立方米混凝土的用工数量与同类结构传统建筑方式的对比分析结果。如表所示，与传统现浇方式相比，采用预制装配式方式的用工量分别为，预制外挂墙板为 4%，预制立柱为 11%，预制梁为 19%，呈现出预制率越高用工量越少的趋势。预制立柱及预制梁的用工数量相对偏高的原因分别是前者为钢筋套筒连接灌浆接头工艺复杂，而后者则为叠合结构所致。三大预制构件的平均用工数量仅为现浇建造方式的 17%，相对于现浇建造方式用工量降幅显著。值得注意的是，虽然采用预制方式的用工量节省了 83%，但其建安成本尚高于传统建造方式，反映出我国目前的劳动力成本尚处于低位水平。

与传统建造方式标准楼层的增量成本对比（单位建筑面积）　　　　表 9.4

序号	构件名称	施工方式		增量成本（元/m²）	备注
		传统	预制		
1	外墙	砌块	预制＋安装	160	预制外挂墙板
2	阳台板			22	预制叠合
3	楼梯			16	全部预制
4	梁（挂墙板）	全现浇	预制＋安装	41	预制叠合
5	梁（内部）			62	预制叠合
6	楼板			67	预制叠合
7	柱			174	全部预制
9	小计	—	—	542	—
10	其他	—	—	80	—
11	合计	—	—	622	—

用工对比分析（折算到每立方米混凝土）　　　　表 9.5

名称	单位	预制立柱			预制梁（部分叠合）			预制外挂墙板		
		现浇①	PC②	②/①	现浇①	PC②	②/①	现浇①	PC②	②/①
起重工	工日	—	0.622	—	—	1.008	—	—	0.714	—
钢筋工	工日	0.79	—	—	0.65	—	—	0.52	—	—
混凝土工	工日	0.95	—	—	0.45	—	—	0.56	—	—
木工	工日	3.05	—	—	2.94	—	—	2.18	0.071	—
其他工	工日	1.58	0.104	—	1.89	0.126	—	1.69	0.071	—
小计	工日	6.37	0.73	11%	5.93	1.13	19%	4.95	0.86	14%

4.3　用时分析

一般而言，较传统的建造技术而言，装配式建筑具有制造工厂化，可以使得建筑构配件统一工厂化生产；施工装配化，可以大大减少劳动力，减少材料浪费等特点。就本案例而言，采用装配式建造的方式其标准层的施工速度平均为 7 天，与同类结构采用传统现浇方式建造基本相同。但随着标准化与信息化技术和管理水平以及产业工人构件安装等熟练程度的提高，其预制装配式结构施工的速度将得到有效提升。

4.4　四节一环保分析

表 9.6 给出了装配式建筑采用工业化建造方式在"四节一环保"方面与传统建造方式

的对比结果。如表所示，装配式建筑以其先进的建造方式，在住宅节能减排方面明显优于传统方式。无论是从建造过程中的节地、节材与减排，还是从住宅使用过程中的节能与节水等方面，均明显优于传统建造方式。

装配式建筑在节能减排和环保上主要体现以下几个方面：

1）住宅的装配式建造大大减少了能源的消耗，其中住宅施工环节与使用环节预期节约电耗分别为 30％和 25％；

2）在节水方面，装配式住宅具有明显优势。装配式住宅施工程序使用水得到严格控制，工人生活用水合理化，降低了水资源的能源消耗；

3）装配式住宅采用新型墙体材料保护土地。更合理的布局住宅结构与空间，增加住宅使用寿命，提高土地利用率；

4）集成化和标准化比传统生产更能充分合理地利用建材资源。采用预制钢模板减少施工耗材。部分住宅构件可回收再利用，提高材料利用率；

5）装配式施工方式减少了对现场环境的各种污染，如烟尘、噪声、施工废水等。实现了节能减排、环境友好的建设目标。

装配式建筑与传统建筑的节能减排效果对比   表 9.6

分类	传统建筑	装配式建筑	节能减排估算
节能	现场施工大量耗能设备；建筑住宅的保温隔热性能相对难以保证,能耗较高	施工照明用电和部分设备用电减少；使用节能材料,使用能耗减少	住宅施工可节能 10％；住宅使用环节节约电耗 25％
节水	住宅建造施工用水效率低,浪费严重	住宅建筑施工用水和施工工人生活用水减少,节约冲洗用水	施工用水减少 36％
节地	土地利用率低,特别是砖瓦制造对土地资源消耗巨大	增加住宅使用寿命,钢结构与新型墙体材料提高土地利用率	空间利用率提高约 10％；土地资源利用率提高 1％
节材	建筑设计生产个系统独立,效率低下且相互影响；住宅部件不易更换回收	生产集成化和标准化,钢模板代替模板减少木材浪费；有利于住宅部件材料回收	建材节约率 25％
减排	住宅只能在末期进行粉碎性拆除,产生大量固体垃圾；生产废水、生活污水、施工现场清洗废水难以得到很好的处理；建筑施工的打桩、结构施工阶段噪声无法避免；建筑材料生产和运输,建筑施工和拆除过程分成污染严重	部分可更新替换,住宅寿命末期可按照部品规格拆除回收并循环使用；减少现场施工的阶段,施工废水,并重复利用养护用水；减少材料现场运输,采用装配施工,极大避免扬尘；构件分部品工程生产,避免现场拆模、切割等工序,减少噪声	建筑垃圾排放量减少 20％；工业粉尘排放量减少 30％

【专家点评】

大型居住社区浦江基地四期 A 块、五期经济适用房项目是 2011 年底开工建设的、装配率超过 70％的高层装配式混凝土框架-剪力墙住宅工程。当时相关的行业装配式混凝土设计规程、标准图集尚未出台，相关技术体系尚未成熟，相关配套产品和厂商缺乏，可借鉴的经验不多。上海隧道工程股份有限公司作为该工程的 EPC 总承包单位，克服困难，勇于开拓，研发了大量的新技术、新产品和新工艺，该项目的顺利实施为推动我国高层装配式混凝土框架-剪力墙住宅的发展做出了贡献。该项目特色可以总结为以下几个方面：

(1) EPC 项目总承包模式运用

该项目采用国际通行的工程总承包（EPC）方式实施，工程总承包单位上海城建市政工程（集团）有限公司对工程项目的设计、采购、施工等实行全过程的承包，并对工程的质量、安全、工期和造价等全面负责。在缺乏相关成熟技术标准体系情况下，该模式可以强有力的推动设计、制造、安装施工进行上下游一体化创新，确保本装配式项目的顺利成功实施。

(2) 创新的框架-剪力墙装配住宅体系

该体系做到了住宅内部 6.6m 的大开间，方便使用的同时，通过合理的建筑和结构布置，即实现了结构刚度均匀，又确保了很高的装配率和工业化水平，具有很高的参考借鉴意义。精细设计的湿式外挂墙板及防水密封构造，很好地平衡了结构可靠性、施工的方便性和建筑的耐久性；预制梁柱钢筋和节点构造，保证施工安装便利性。

(3) 全面的装配式建筑制作、安装及施工管理体系

制定了完整的预制构件生产、品控和工期管理的保证系统和流程，建立了系统完成的施工技术、质量和安全管理体系，为项目的顺利安全实施保驾护航。

(4) 勇于探索 BIM 技术在装配式建筑全过程中的应用，并取得良好效果。

将 BIM 技术从设计阶段即开始用于三维协同设计，深化阶段通过 BIM 技术减少构件碰撞，优化节点构造；在构件生产及安装阶段通过电子标签（RFID）技术进行全国过程质量、物流及安装管理，提高了效率。

综上所述，该装配式建筑项目在技术创新和管理创新走在了同时期国内同类项目的前列，为推动我国高层装配式混凝土框架-剪力墙住宅的发展做出了贡献。

（郭海山：中国建筑股份有限公司，科技部助总）

编写人

姓名：林家祥

单位名称：上海隧道工程股份有限公司

职务：中央研究院院长

职称：教授级高工

第十章　综合技术集成案例之万科云城

【案例 12】　深圳万科云城

摘　要

万科云城一期产业用房建筑面积约 33.4 万 m^2，建筑高度为 97.8m。采用清水混凝土预制外墙、预制楼梯、预制内墙板，铝模板施工，内外墙取消砌体和抹灰，预制率约 17%，装配率约 60%。采用"内浇外挂"装配式建筑体系，外墙板全部预制，竖向结构和楼板采用铝模板现浇方式，内墙采用预制内墙板，内外墙均取消抹灰，机电、装修也均采用工厂生产、现场安装的方式，在深圳开创了办公建筑采用装配式建筑方式的历史。同时，外墙在国内首次采用清水混凝土预制外墙，外墙无涂料等外装饰，只在清水混凝土表面做保护漆。

1　典型工程案例简介

1.1　基本信息

1）项目名称：万科云城一期产业用房；
2）项目地点：深圳市南山区西丽留仙洞片区；
3）建设单位：深圳市万科云城房地产开发有限公司；
4）设计单位：深圳市华阳国际工程设计股份有限公司；
5）深化设计单位：深圳市华阳国际工程设计股份有限公司；
6）施工单位：深圳市广胜达建筑工程有限公司；
7）预制构件生产单位：广州万友混凝土结构构件有限公司；
8）进展情况：8 栋 B 座于 2016 年 10 月完成主体结构封顶，7 栋结构施工中。

1.2　项目概况

万科云城项目位于深圳市留仙洞战略型新兴产业总部基地，是集公寓、产业用房、商业及公共配套活动广场等为一体的城市综合体工程，一期产业用房是深圳首个大规模建设的高层办公装配式建筑群。项目建设地块西侧为创科路，北侧为留光路，南侧为留新南路，用地中部东西向道路为留新一路、南北向道路为兴科一街，鸟瞰图见图 10.1。

万科云城一期产业用房建筑面积约 33.4 万 m^2，商业 0.9 万 m^2，公共充电站 0.11 万 m^2，总平面图见图 10.2。7 栋 C 座、E 座、F 座及 8 栋 B 座共四栋高层塔楼为装配式楼栋，建筑面积约 20 万 m^2，建筑高度为 97.8m。采用清水混凝土预制外墙、预制楼梯、预制内墙板，铝模板施工，内外墙取消砌体和抹灰，预制率约 17%，装配率约 60%。

图 10.1　万科云城鸟瞰图

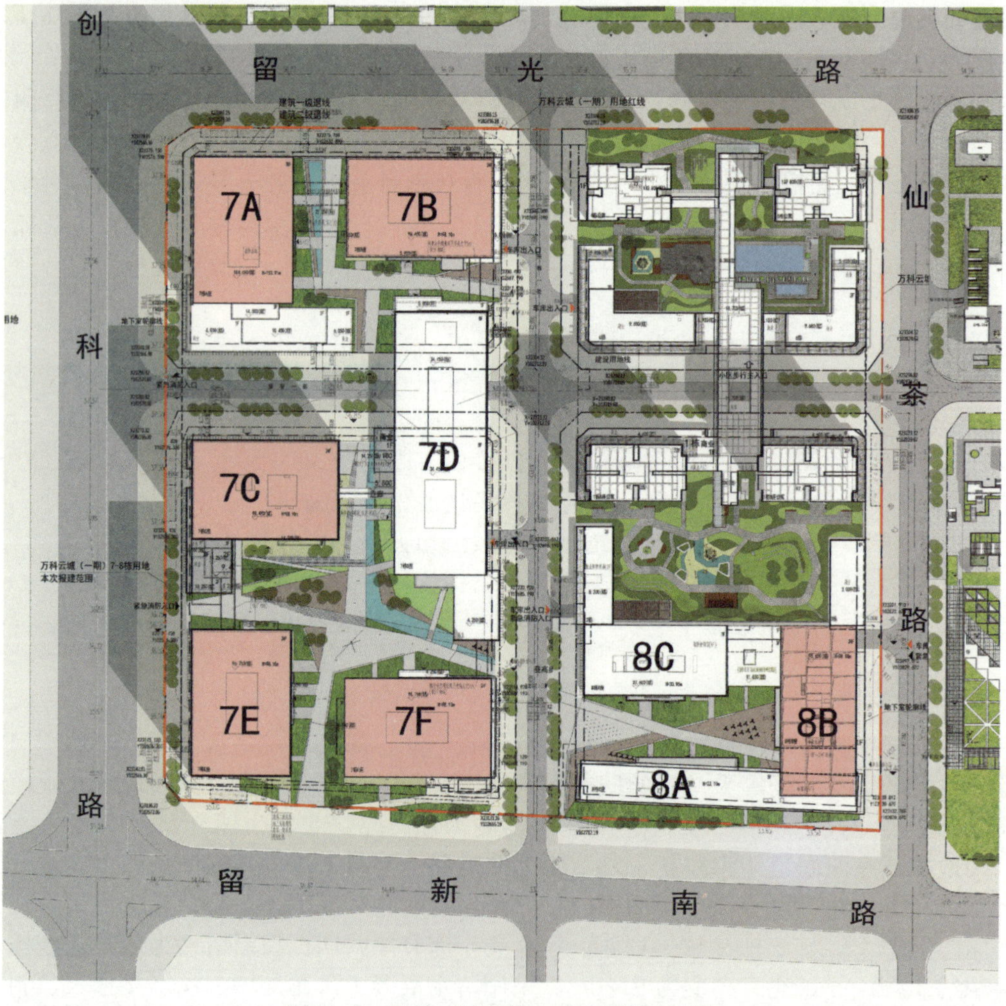

图 10.2　万科云城一期 03 地块总平面图

2 装配式建筑技术应用情况

2.1 建筑专业

方案设计的策略是在城市中为地块各部分建立高效的连接，分别在水平和竖向上设置城市公共走道、空中花园、休闲空间、提升研发产业办公环境。

4栋装配式楼栋均为产业用房，使用性质为办公功能，地上24层，地下1层，3层及以上为标准层，层高4.0m。

2.1.1 标准化设计

在方案设计初期经过装配式建筑技术策划，确定采用内浇外挂体系，建筑外墙采用清水混凝土预制外墙构件。通过标准化设计，4栋装配式楼标准层平面布局相近，轴网统一为8800mm，标准层建筑层高为4000mm，外圈梁截面统一为500mm×800mm，实现一种外形尺寸（三种规格）的标准构件和转角构件类型，见图10.3。

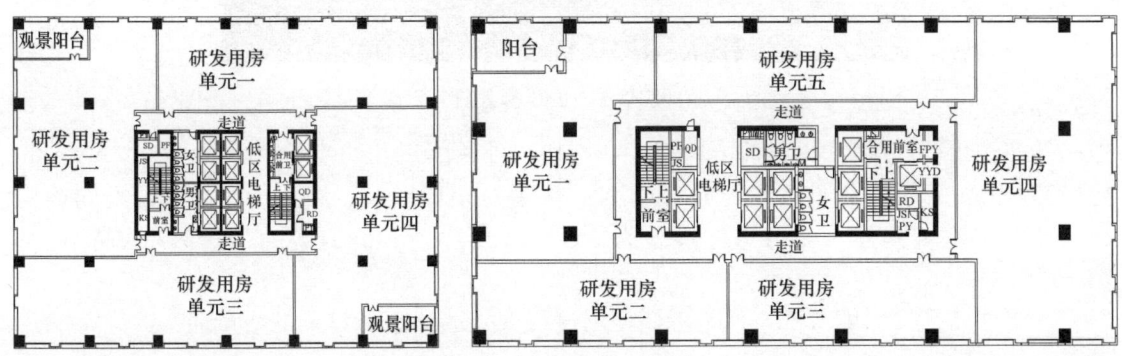

图10.3 标准层平面图

2.1.2 立面设计

立面设计以"少规格、多组合"为设计原则，追求干净、简约、大气的立面风格，建立统一的预制外墙立面系统，契合"云城"的概念。在"窗"元素的表达上，从标准立面单元出发，利用"深窗"、"平窗"、"斜窗"等手法，寻求立面的多样性，见图10.4。

1）西向立面兼顾遮阳及造型，以"深窗"为立面元素，突出横、竖向线条，同时利用窗间进深起到一定遮阳的效果，体现节能环保的绿色理念；

2）内院立面以"平窗"为立面元素，强调室内与外部空间良好的视线交流，共享整个景观丰富的中庭空间；

3）部分立面以"斜窗"为立面元素，窗与立面形成一定角度，形成多样的光影效果，使规整的立面形式变得更加跳跃、生动；

4）在材质的表达上，采用清水混凝土，避免了对城市的光污染，较传统的玻璃幕墙更加绿色节能，以素雅的清水面展示混凝土的肌理，呈现PC建筑返璞归真的工业化美感。

2.1.3 主要部品标准化设计

因在方案设计阶段对轴网、层高和外圈梁进行了统一设计，预制外墙构件类型仅有标

图 10.4 立面示意图

准构件和转角构件两种。标准构件共计 6300 块，外轮廓尺寸均为 4380mm（宽）×3980mm（高）×600mm（厚），构件重量约为 4.63 吨，因窗户预埋形式、局部预埋件点位不同等构件局部做法略有差异。转角构件尺寸为 740mm（长）×740mm（宽）×3980mm（高），见图 10.5。

预制外墙构件预埋窗框，杜绝后期使用过程中外墙漏水、渗漏的质量通病。

图 10.5 预制外墙构件图

2.2 结构设计

2.2.1 预制与现浇相结合的结构设计

主体结构为框架-剪力墙结构，采用内浇外挂体系，预制构件为非承重结构，原则上不参与结构主体受力，主要预制构件为预制外墙、预制楼梯，预制率计算见表 10.1。

8 栋 B 座预制率计算表　　　　　　　　　　　　　　表 10.1

项目类型		单体构件体积	数量	小计
预制构件	标准外墙构件	1.852	40	74.08
	转角构件	0.604	4	2.416
	预制楼梯	1.208	4	4.832
	小计			81.328
轻质隔墙板				72.576
现浇混凝土	柱			76.5
	剪力墙			84
	梁			216.65
	楼板			133.41
	小计			510.56
预制率				17.70%

2.2.2　节点设计

预制外墙构件为非承重结构，构件顶部出筋与结构梁连接，侧面与主体结构构造连接，底部与主体结构不连接，见图 10.6。

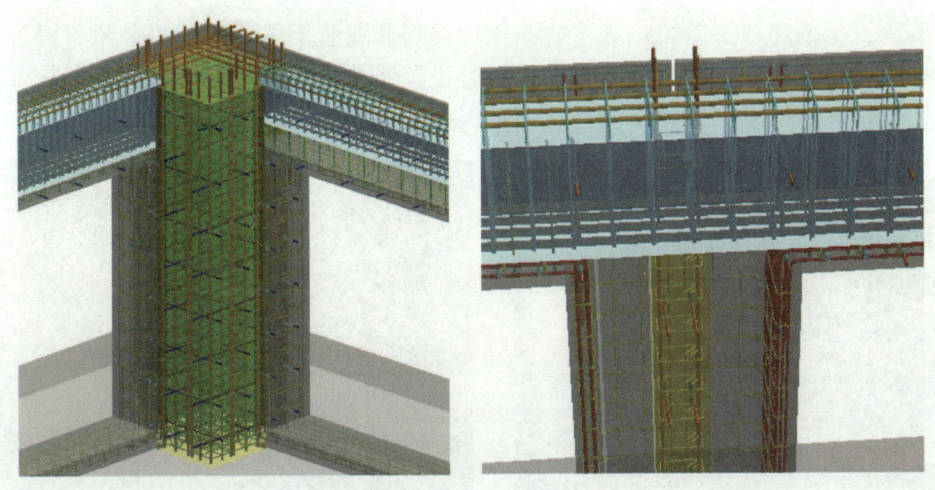

图 10.6　预制构件连接示意图

板板拼接水平缝采用企口和高低缝，为材料防水、构造方式以及结构防水相结合的构造做法；垂直缝设置空腔和排水导管相结合的构造做法，确保外墙防水性能可靠。

2.3　水暖电专业

室内生活污、废水采用合流制，室外雨水、污水采用分流制。研发用房选用多联机加新风换气机系统。整个项目采用 BIM 技术进行总平面和建筑单体管线综合设计，水暖电管线与主体分离。

2.4　全装修技术应用

本工程采用集成技术应用，采用轻质内隔墙板、架空地板、集成吊顶和装配式隔墙技术。

2.5 信息化技术应用

整个项目采用 BIM 技术进行总平面和建筑单体管线综合设计，检查各专业间在生产、施工过程中的碰撞问题。

在预制构件深化设计中，利用 BIM 模型导出预制构件统计表、预制率统计表、工程用量统计表。对进行构件连接节点进行设计论证、施工模拟，避免预制构件内预埋件与钢筋碰撞、构件出筋与主体结构钢筋碰撞。

3 构件生产、安装施工技术应用情况

3.1 生产

因建筑外立面为清水混凝土效果，需控制好构件表面的色差、平整度等。本项目构件生产采用不锈钢板模具，消除后期因生产过程中铁锈污染构件清水面的隐患，保证了构件表面光滑度和色差。

在堆放、运输和施工阶段，为了防止构件损坏和避免清水面被污染，构件外饰面采用两层保护膜包裹，并在支撑架与外饰面接触处设置胶垫，确保构件存放架不与构件外饰面直接接触。预埋窗框采用镀锌钢板进行窗框保护，见图 10.7。

构件生产模具　　　　　　　　　　　　　　构件成品保护

图 10.7　构件生产模具和成品保护图

3.2 施工安装

3.2.1 施工顺序

施工顺序见图 10.8。

3.2.2 工业化设计与塔吊设置配合

原方案转角处构件为标准构件＋转角构件，构件重量为 6.04 吨，按照 TC7030B 塔吊布置，43m 幅度半径不能全部覆盖塔楼（50m 半径可以全部覆盖），在塔吊型号不变的情况下，将转角构件的重量在 5 吨以下。转角构件修改为标准构件和转角构件，见图 10.9。

1.楼面放线	2.水平面调平	3.结构柱钢筋绑
4.水平缝防漏浆预防处	5.构件吊装	6.临时支撑安装
7.临时支撑安装及精度调节	8.防漏浆处理	9.铝模安装，浇筑混凝土

图 10.8　施工安装顺序示意图

　　因建筑外墙全部采用预制构件，标准构件预埋窗框。塔吊、施工升降梯与预制外墙接触部位的预制构件窗框后装，见图 10.10。

3.2.3　工业化设计与铝模施工配合

　　本项目标准层采用铝模施工，因预制柱截面尺寸 1.2m×1.2m，配筋密集，在设计阶段确定先绑扎柱钢筋，后吊装构件。预制外墙与现浇柱交接部位连接节点较为复杂，若预制外墙与铝模板采用螺杆对拉加固，施工难度较大。经过铝模厂家就铝模设计进行反复论证，确定铝模采用抱箍方式进行加固，实践证明对施工精度控制和施工效率有很多帮助。

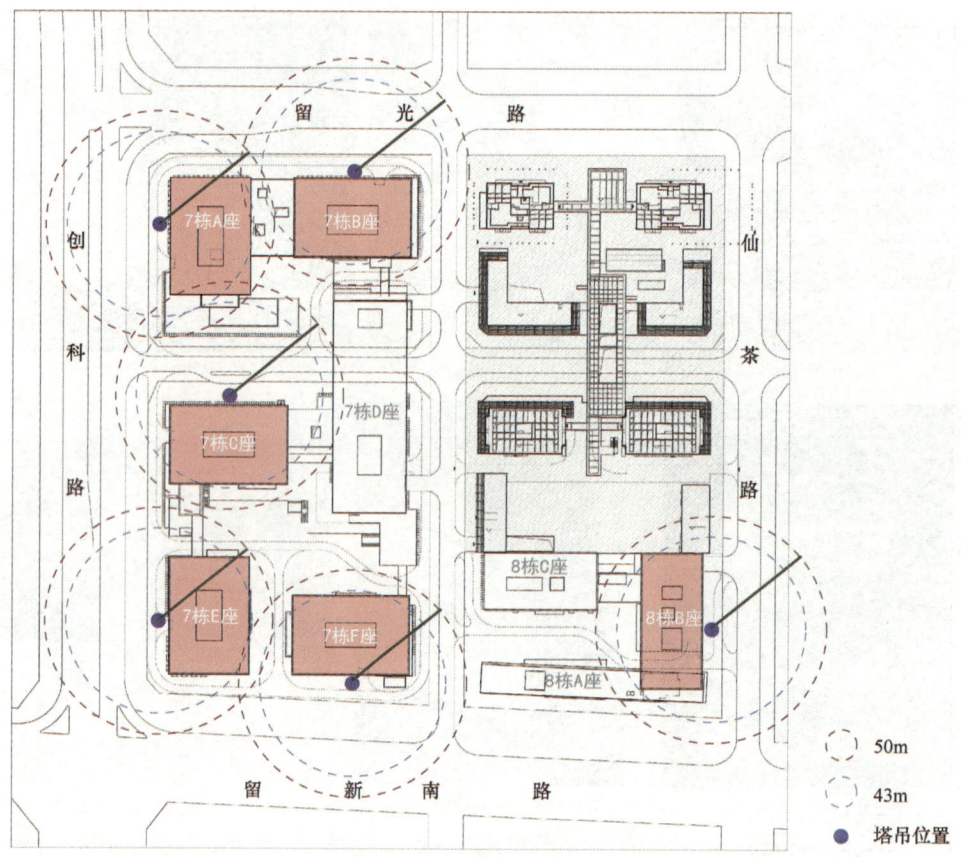

图 10.9　塔吊布置图

图 10.10　8B栋施工现场照片

4　效益分析

4.1　成本分析

预制外墙按照立面面积折算，预制构件综合成本约 $500\sim600$ 元/m^2，相比玻璃幕墙节约 50% 以上。

单栋建筑铝模的重复使用量为 22 次，基本上与木模持平。因多栋建筑梁柱截面相同，且同一项目多栋建筑分期施工，铝模可实现楼栋间的重复使用。综合成本低于木模。

采用自升式爬架施工实现主体结构与内装交叉施工，缩短项目总施工工期约 6 个月，经济效益良好。

4.2　用工分析

与传统建筑相比，本项目用工数量减少约 50%，主要原因如下：

1) 采用预制外墙、铝模等实现免抹灰，省去内外墙抹灰工、外墙装饰作业用工；
2) 因预制构件在工厂生产，采用机械化设备加工，减少现场混凝土和钢筋用量；
3) 铝模安装效率约 $25\sim30m^2$/人口天，为木模施工效率 2 倍，减少一半用工量；
4) 采用自升式爬架，可减少架子工约 70%。

4.3　用时分析

本项目各栋标准层面积约 $2000m^2$，标准层结构施工工期为 8 天，与传统建筑标准层土建施工持平。结构主体与内装施工交叉进行，主体结构施工同时可以开始进行内装施工，项目总施工工期可缩短约 6 个月。

【专家点评】

深圳万科云城一期产业用房项目虽然预制率不高只有 17%，但却是国内装配式商业建筑的精品。项目将相对成熟、适用的技术恰当的组合在一起，将"适用、经济、绿色、美观"平衡得非常好，这个项目的每个细节都在展现万科作为国内最资深、最专业的装配式技术领先地产商的深厚实力。在国内大力推进装配式建筑的热潮中，只有为数不多的地产商能够做到既能风光的得到用户、政府的认同，又能得到设计、施工单位的支持，最后还能获得不错的经济效益，我认为这个项目是万科装配式项目的一个代表性的作品。下面谈一下对项目的理解：

鉴于目前预制混凝土构件的价格要比现浇混凝土高，这个项目没有追求预制率，主要结构受力构件都是现浇。外墙采用湿式连接的预制混凝土外挂板板，技术成熟，安全性和密封性好，与商业办公建筑常用的玻璃幕墙相比，造价还有所降低。现场施工比较费事，也不算经济的楼梯也采用了预制混凝土结构，可谓都是用其所长。万科这种方案并不是完全投机取巧，而是在兼顾经济效益的同时不忘装配式建筑"两提两减"（即提高建造效率、提高建筑质量，减少施工现场用工量、减少资源消耗）的本意，在高装配率精装修，水暖电管线与主体分离，铝模板应用等方面做足了文章，既能达到高达 60% 的装配率，又能够取得"好，快，省"三者的良好平衡。此外，该工程在预制外立面与建筑风格的结合，多栋单体间的模数和构件的标准化，预埋窗框、BIM 技术的应用，铝模周转安排和施工模架及工艺方面做得很到位，能够让人感受到实施者用心打造的那种恰如其分的精致。

深圳万科云城一期产业用房项目虽然没有在某一方面指标和特别技术上一鸣惊人，但其优良的体系设计，恰当的技术组合和对装配式建筑各环节及细节技术把握及处理，体现了万科及其团队的深厚功力，也为我国装配式建筑健康发展提供了一个良好的样本。

（郭海山：中国建筑股份有限公司，科技部助总）

编写人

姓名：甘生宇

单位名称：深圳市万科房地产有限公司

职务：总工程师